薄荷实验
Think As The Natives

[英]帕洛玛·盖伊·布拉斯科 胡安·瓦德尔 著
刘月 译

How to Read Ethnography

Paloma Gay y Blasco
Huon Wardle

人类学家如何写作

民族志阅读指南

华东师范大学出版社
·上海·

图书在版编目（CIP）数据

人类学家如何写作：民族志阅读指南 /（英）帕洛玛·盖伊·布拉斯科,（英）胡安·瓦德尔著；刘月译 . —上海：华东师范大学出版社，2021

ISBN 978-7-5760-2190-5

Ⅰ. ①人... Ⅱ. ①帕... ②胡... ③刘... Ⅲ. ①文化人类学—研究 Ⅳ. ① G958

中国版本图书馆 CIP 数据核字（2021）第 211933 号

人类学家如何写作：民族志阅读指南

著　　者	［英］帕洛玛·盖伊·布拉斯科　胡安·瓦德尔
译　　者	刘　月
责任编辑	顾晓清
审读编辑	赵万芬
责任校对	李琳琳
装帧设计	周伟伟
出版发行	华东师范大学出版社
社　　址	上海市中山北路 3663 号　邮编　200062
客服电话	021-62865537
网　　店	https://hdsdcbs.tmall.com
印 刷 者	苏州工业园区美柯乐制版印务有限责任公司
开　　本	890×1240　32 开
印　　张	11
字　　数	234 千字
版　　次	2023 年 1 月第 1 版
印　　次	2023 年 11 月第 2 次印刷
书　　号	ISBN 978-7-5760-2190-5
定　　价	75.00 元
出 版 人	王　焰

（如发现本版图书有印订质量问题，请寄回本社市场部调换或电话 021-62865537 联系）

目　录

致　谢 001
引言——民族志所关注的问题和它的特殊性 003

第一章　比较：民族志世界观 001
识别比较 009 / 比较的作用和目的 013 / 比较与民族志概念的创造 017 / 结束语 022 / 第一章：练习 023 /《给予的环境：采集 - 狩猎者经济体系的又一视角》节选 023

第二章　环境中的人 037
区分是理解和解释的基础 044 / 个体与群体——民族志生活世界中的整合层次 048 / 多样性 VS 整合 051 / 结束语 058 / 第二章：练习 060 /《希腊北部的舞蹈与身体政治》节选 061

第三章　关系与意义 073
根据关键隐喻来构建关系图 082 / 将关系模式抽象化，为比较提供基础 086 / 民族志学者的分析和现实 091 / 结束语 094 / 第三章：练习 095 /《一种原始社会的关系行为规则》节选 096

第四章　叙述即时经验 103

短暂与重现 110 / 即时叙述与人类学论点的建构 117 / 结束语 124 / 第四章：练习 125 /《忧郁的热带》节选 126

第五章　民族志即论证 135

民族志论证与民族志经验之间的张力 139 / 证据和论证的相互塑造 146 / 民族志论证具有相关性 150 / 结束语 158 / 第五章：练习 159 /《缅甸高地诸政治体系》序言 160 /《缅甸高地诸政治体系》1964 年再版序言 164

第六章　背景和读者 171

作者和报道人 178 / 人类学读者和学术趋势 184 / 女性主义人类学：作为社会角色的民族志作者 191 / 结束语 197 / 第六章：练习 198 /《贺卡和节日中的女性世界》节选 199

第七章　定位作者 209

田野调查的故事 218 / 所有权和作者声音的建构 226 / 结束语 234 / 第七章：练习 235 /《一部世界主义的民族志》节选 236

第八章　大对话和投入模式 247

批判的思考者和元叙事的形成 254 / 表明知识忠诚 261 / 文本即编织的学术人格 266 / 结束语 270 / 第八章：练习 272 /《非洲企业及非正式经济》节选 273

结束语　人类对话中的民族志 285

民族志作为事实 290 / 民族志知识作为挑衅 295 / 民族志的解放作用 298

词汇表 305

参考文献 317

致　谢

非常感谢凯瑟琳·亚历山大（Catherine Alexander）对本书终稿提出的深刻而有益的意见，感谢基思·哈特（Keith Hart）和乔安娜·奥弗林（Joanna Overing）对各个章节的精辟评论，以及简·考恩（Jane Cowan）关于如何处理她的文章给出的建议。迪玛·卡奈夫（Deema Kaneff）在最后时刻拯救了我们，当时一个小小的家庭危机让我们可能又要延迟交稿，但是和往常一样，多亏了她。非常感谢胡安·赛拉诺（Juan Serrano）和艾奥纳·多布森（Iona Dobson）把我们从一些照顾孩子的任务中解放出来，让我们有必要的时间来完成这个项目。也非常感谢梅丽·艾肯黑德（Mhairi Aitkenhead）和刘兰（Orchid Liu）不辞辛苦地准备了节选。最后，向劳特利奇出版社的高级编辑莱斯利·里德尔（Lesley Riddle）致谢，有她的坚定决心，我们才能坚持做完这件事。

我们获得了重印以下作品节选的许可，非常感谢：

第1章中：Bird-David, N. (1990) 'The Giving Environment: another perspective on the economic system of gatherer-hunters', *Current Anthropology* 31(2): 189–96.

第2章中：Cowan, J. (1990) *Dance and the Body Politic in Northern Greece*, Princeton: Princeton University Press, 74-88.

第 3 章中：Fortune, R. (1947) 'The Rules of Relationship Behaviour in One Kind of Primitive Society', *Man* 47: 108-10.

第 4 章中：Lévi-Strauss, C. (1984) [1955] *Tristes Tropiques*, trans. John and Doreen Weightman, Harmondsworth: Penguin, 400-9.

第 5 章中：Firth, R. (1964) [1954] 'Foreword' to Political Systems of Highland Burma: a study of Kachin social structure, by Edmund Leach, London: Athlone Press.

第 5 章中：Leach, E. (1964) [1954] 'Introductory Note to the 1964 Reprint', in *Political Systems of Highland Burma: a study of Kachin social structure*, London: Athlone Press.

第 6 章中：Di Leonardo, M. (1987) 'The Female World of Cards and Holidays: women, families and the work of kinship', Signs 12(3): 440-53.

第 7 章中：Wardle, H. (2000) *An Ethnography of Cosmopolitanism in Kingston, Jamaica*, New York: Edwin Mellen, 24-42.

第 8 章中：Hart, K. (2006) *African Enterprise and the Informal Economy: an autobiographical note*, http://www.thememorybank.co.uk/papers/african_enterprise

帕洛玛·盖伊·布拉斯科　胡安·瓦德尔
于圣安德鲁斯大学
2006 年 4 月

引　言
——民族志所关注的问题和它的特殊性

本书旨在为那些刚接触民族志或者需要知识补给的人提供阅读指南。在本书中，我们将披露民族志写作的核心而含蓄的准则、惯例和关注点，以及人类学家如何运用它们来创作和传播关于各种经验世界的知识。我们将为读者提供分析民族志文本的技巧，并且引导他们一探人类学知识的特质。

传统的民族志导读往往采用以下两种方式：要么向学生介绍迄今为止人类学写作的主要主题和概念，要么归纳人类学领域不同学派的理论观点。本书的角度则不同：我们侧重于让读者学会批判地阅读民族志、学会人类学的思维方式，而不是单纯地向他们提供信息。为实现这一目的，我们用人类学视角对民族志作品进行分析，并像对待其他所有文化产品一样，对它们进行解构。本书通过教读者用人类学方法分析民族志，帮助他们理解民族志是怎样的一门学问，并让他们培养出自己的人类学认知。

我们的出发点，是相信民族志写作为提出和解答"人类的意义是什么"这个恒久的问题提供了一条有价值且独特的路径。民族志作者用一种特别的方法来处理这个问题——他们以田野经验为出发点，以人类学的标准、概念和讨论为架构，由此形成的民族志观点既借鉴，也丰富了这个人类命题的讨论洪流。当然,民族志写作,甚至其定义方法存在着惊人的多样性。有些作者认为人类学是一门科学,民族志则是一种为其服务的、客观呈现社会面貌的工具。另一些作者认为民族志写作类似于文学和艺术,应该把自我反思置于对客观性的追求之上。还有一些作者则试图中和二者,强调他们叙述的主观性,同时又试图生产出关于某些特定社会和文化世界的可传播的知识。但是,尽管存在这样那样的差异,我们仍然认为不同人类学家通过写作实现的内容有深层的相似之处。现有的民族志作品跨越不同的主旨、价值观和风格,但有一些共有的关键关注点和技巧,正是这些元素构成了人类学对话和差异表达的基础,为我们的学科提供了知识内核。在本书中,我们正是通过挖掘这些共通之处、研究这种多样性与一致性之间的张力,来探讨民族志作为一种认知和呈现世界的方法的独特性所在。

同样地,通过辨别这些关注点和技巧在特定文本中是如何体现的,读者将学会如何阅读民族志。阅读民族志不仅要能从中收集到关于某个群体、活动或理论的信息,还要求以人类学的方法来分析民族志文本,也就意味要能够解释:某个文本是如何体现出人类学作为一门学科所依靠的宗旨和文化设想的,是如何贯彻或者试图挑战民族志文体的通用规则和写作惯例的,以及是如何为创作它的社会文化背景提供例证的。正因为对这三个方面的回答各有不同,才有了风格迥异的民族志作品,但同时也存在一种统一性,使得民族志与其他复述人类经验的方式,比如小说、旅行志,甚至社会学、人文地理这些兄弟学科的文本区分开来。通过协调这三个方面,民族志写作者对这门学科做出特有贡献，并树立了他们的独特性。

问题是，民族志作品本身很少把这些宗旨、设想、规则、惯例和背景明确表达出来，不仅是对读者，对作者而言，确定这些内容往往也有难度。用托尼·柯鲁克（Tony Crook）的话来说，民族志写作和其他知识实践一样，遵循着"一种强大的、在从事它的人看来是理所当然的审美"（2006：38）。柯鲁克说，虽然所有的民族志作者都被要求具备再现这种审美的能力，也就是写出形式和内容上感觉都对的民族志，但这门技巧从未被清楚地表述出来（出处同前）。作者们通过不断的尝试和犯错，大量接触其他民族志文本、阅读文本来学习民族志写作。写民族志是这样，读民族志也是这样——通常没有人教人类学的学生如何阅读民族志，而是指望他们自己弄明白这是怎么一回事，这已经成了一种固定循环。最重要的是，民族志文本容易被当作传递信息的载体或者是单纯的文学作品来处理，而很少被当作一种创造知识的工具。

在本书中，我们将聚焦民族志写作在人类学知识创造中的作用，分析一系列对阅读民族志和对整个人类学而言都具有根本性的问题：不同的人类学家观点大相径庭，是哪些共同的关注点和认知让他们的交流和辩论成为可能？这些关注点是怎么影响民族志文本的，读者要如何识别？我们的学科是建立在哪些写作技巧和文体规则之上的？民族志作者是如何在作品中重现它们的？本书的结构随着对这些问题的说明而展开。第一到三章分析的是我们认为所有民族志文本共通的基本关注点，包括：

（1）通过彼此参照来理解不同的文化和社会生活世界，即比较。

（2）在对全局进行比较后，自然需要将比较对象置于其背景中考虑，分析背景和细节的相互影响，从而理解在比较中发现的差异。

（3）目的在于揭示作为民族志研究对象的生活世界体现了何种模式或逻辑，以此解释为什么人们会这样做或那样说。这个过程是对背景分析的进一步深入。

第四章和第五章进一步研究人类学家在处理上述关注问题时运用的独特的文体工具、信息处理技巧和论证模式。我们聚焦于（1）人类学家如何描绘生活经验；（2）在通过民族志写作进行某种论证时，他们是如何描绘这幅肖像画的。第六到八章从民族志创作的社会和文化背景展开讨论，审视（1）民族志文本与读者之间的关系；（2）这个过程中不可避免会形成的作者口吻或者说权威的民族志声音；这一讨论将继续引出对下一个问题的思考，即（3）民族志文本之间的关系，以及它们与学科内或大或小范围的对话之间的联系。在结论章，我们提出论点——民族志写作呈现了一种特别的知识形态，并详细探讨这种知识具体包含什么，以及民族志对"人类是什么"这个对话的持续重要性。

民族志关注的问题

民族志作者试图帮助读者理解某些特定群体的生活和思考方式，无论这些东西他们乍看之下是多么陌生而无法理解，又或者是多么熟悉而理所当然。面对一个新的语言和行为领域,人类学家毫无例外地都会将它和他们所熟悉的东西放到一起,也就是进行比较。他们将在田野调查中所看到的、所经历的事情与他们自己的生活、想法和期望进行比较。因为是为读者而写作,他们必定会将研究对象与读者可以理解的参照物来进行比较。同时,因为他们沿袭传统,把人类学的知识和讨论作为参考,所以还会把所了解到的关于研究对象的内容与在进行人类学思考、讨论和写作时获得的关于其他群体的知识进行比较。因而,不光民族志描述往往是具有可比性的,人类学家用来进行描述、建立论述的概念和分析工具也都是以比较为根基、为比较服务的。所以,在第一章中我们将列举民族志作者所进行的各种比较,探究比较在人类学世界观中的中心地位以及如何确定它们在具体文本中的作用。

如果说比较法是民族志作者试图让读者理解大相径庭的认知和行为方式的第一阶段和首要策略,那么第二章的主题——背景分析——就是第二阶段和策略。为了解释那些乍看无法解释的行为和意义——要么因为太过陌生而难以解释,要么因为太过熟悉而无需解释,所有作者都会为它们建立社会文化背景。他们要求读者将自己的第一反应放到一边,学会将具体事例放在其发生的特定背景中去理解,又或者理解事例本身对某个特定环境的体现。就像织布,最小的细节只有在被看作某个图案的一部分时才有意义,而图案本身又是所有细节巧妙交织的整体呈现。在第二章中,我们将研究背景环境在民族志写作中的运用,分析民族志作者如何在重要细节和背景结构之间建立距离,以及如何借由其中一方来理解和阐释另一方。

联系背景来解释生活经验的做法,是基于这样一种认知:人类生活的固有特点是其关系属性,换言之,人类生活是建立在各种关系之上的,比如夫妻之间、同事之间、领导者与跟随者之间,等等。在第三章中我们将解释人类学家是如何分析我们所处的各种不同关系的,以及它们体现了怎样的更广范围内的社会文化动态。民族志作者尝试从一次性的陈述和行为方式中提炼出某种关系模式,进而用这种抽象轮廓来理解具体的事例和细节。同时,他们也找寻不同领域和经验层次间的关系——既包括联系也包括其间的断裂,比如人们所做的和所说的事情之间的关系,行为与理性之间的关系。此外,为了对某个背景环境有更深入的分析,民族志作者经常聚焦自己在田野调查中与他人之间的关系。

民族志的特殊性

为了展开对他人的研究,民族志作者必须进行比较;为了揭示某个行动或某种信念的目的和意义,他们必须将其置于背景环境之中;同样,他们必须将意义和行动联系起来考虑,理解二者的互相作用如何对某个特定人群的生活质量产生影响。比较研究,将某个生活世界置于其背景环境下,揭露其中的各种关系,这就是民族志作者观察世界的三个主要视角。然而,这三者都不是民族志所独有的方法。在下文中,我们将从两部完全不同的小说中选取片段,两位作者都采用了上述三种方法来为读者展现独特的社会和文化世界。

第一个片段节选自《纯真年代》，作者伊迪丝·华顿（Edith Wharton，2006［1920］）向读者讲述了她所出身的纽约上层社会的故事。小说背景是19世纪70年代，在下面的段落中华顿描述了纽兰·阿切尔和艾伦·奥兰斯卡伯爵夫人参加的一次晚餐。阿切尔是个出身显贵的年轻人，而让他坠入爱河的奥兰斯卡伯爵夫人则不那么光彩。

> 晚餐有点令人却步。往最轻了说，和范·德·卢顿家庭共进晚餐也不是什么轻松的事，而在那儿和他们的伯爵表哥一起用餐则简直像宗教仪式般肃穆。阿切尔愉快地想，只有他这样的老纽约人才能感受到（在纽约）当一个伯爵和当范·德·卢顿家的伯爵之间的差别……正是因为这种区别，这个年轻人即便是在讥笑旧纽约时，也还是珍惜它的……
>
> 晚餐结束后男士加入女士们时，伯爵直接走向了奥兰斯卡伯爵夫人，他们在一个角落坐下来，很快就畅谈起来。两个人似乎都没有意识到，伯爵应该先向洛芙尔·闵格特夫人和海德丽·奇维斯夫人致意，而伯爵夫人应该先和来自华盛顿广场的温和而忧郁的乌尔班·达戈内先生交谈一番，这位先生为了见到她，打破了他从不在1—4月间外出用餐的固定习惯。
>
> （Wharton，2006：43–44）

华顿嘲讽的叙述呈现了对纽约上层社会的精准解剖，通过阿切尔的见证，她强调了纽约道德风俗的怪异和随意性，而阿切尔虽然能够审视这些风俗，却也屈从于它们的限制。华顿通过阿切尔和奥兰斯卡伯爵夫人的关系向读者突出展现了老纽约的特别之处；反过来说，联想到这些特别之处也就能够理解阿切尔的人生了。在文中，细节与环境巧妙交织，对所描述的社会进行阐释。华顿为我们揭露了她所描述的特定关系背后的组织原则，从而让我们既能从整体上理解老纽约人的生活，又能读懂阿切尔作为个体的动机和行为（他已经内化且最终无法逃离的道德观，以及他为何无法离开他的妻子）。最终，读者意识到：虽然在身处其中的人看来，他们所遵循的道德风俗是绝对且必需的，但其实这些风俗是具有文化特殊性的。在这个认知的基础上，读者得以对文中的世界进行彻底重构。

在下面这段出自理查德·摩根（Richard Morgan，2002）《副本》的描写中，也同样强调了道德的文化特殊性。在摩根想象出的未来里，人类意识可以被储存并从一个身体（或者说"套筒"）转移到另一个身体中。在节选的片段中，故事的主角，一个叫武石·科瓦奇的杀手，见证了一个年轻黑人在被重装到一个中年白人的身体中后与妻儿的团聚，他想到了自己的父亲：

清洁机器人缓缓走开了，我回来继续看倒刻在座椅靠背上方的涂鸦，它就像是在周遭的愤怒和绝望的自尊中倒置的一池平静，我发现有一句用汉字写的奇怪的俳句：

穿上新的肉身，就像借来的手套，*再次烧掉你的手指吧*

我望向大厅空无一人的角落……我自己的父亲在被重装后，径直走过了等着他的家人，走出了我们的生活。我们一直不知道哪个人是他,虽然有时我会怀疑我母亲是否在他经过时某个躲避的眼神、某些熟悉的身形或步态中抓到一点熟悉的痕迹。我不知道他是不是因为太过惭愧而不敢面对我们,或者更可能是因为走运,相比他自己被酒精毁掉的身体,他穿上了一个更强壮的套子,已经在规划去其他城市、找更年轻的女人们了。

(Morgan, 2002: 234–235; 斜体字参照原文)

和华顿一样,摩根巧妙地运用了比较的方法,《副本》则是围绕着"社会和文化的无限可能性"这一概念展开的。通过讲述科瓦奇的人生,摩根向我们强调了我们自身所处世界的特点,而为读者理解小说中虚构的未来社会提供终极参照的,也正是我们对自己社会的直觉性理解。小说呈现了复杂的行为和表达方式,只有与我们自身所熟知的特定社会文化模式对比,它们才具有意义。再一次,作者通过主角的情绪和选择来诠释他所处社会的特质,但同时,只有将这个社会本身置于背景中、揭示其关系模式,我们才能理解主角的情绪和选择。

如果比较、处境化和关系分析对其他描写人类经验的写作体裁,比如小说,也如此重要,那为什么我们会认为它们是民族志写作的特色呢?这是因为它们在民族志中有特殊的呈现方式,而且服务于某个特定且典型的民族志目的。下面的节选出自汉丽艾塔·摩尔(Henrietta Moore, 1986)的民族志《空间、文本和性别》,研究的是生活在肯尼亚的一个叫恩多(Endo)的群体。在这本书中摩尔论证了恩多男女两性对空间的象征使用是如何调节两性关系的。在这一节选中,她聚焦于恩多人空间思维的一个关键元素——灶台，或者更准确地说，灶台里的灰烬。

接下来的故事是关于两个西布村的女孩子的，发生在清晨打扫房子和庭院时：

切普可儿在清理壁炉里的灰烬。她用一个压扁的锡罐把灰铲到一个木制的箱子里，然后出门去集中堆灰的地方。路上遇到了她的朋友洁洛浦，她开玩笑地将装着灰的箱子倒向洁洛浦，洁洛浦吓得后跳一步，笑了起来。

对一个西方观察者而言，这一连串事件看似并不稀奇：做出假装进攻的样子，尤其是用某些被认为"凌乱""脏"的东西进攻，是公认的对一定程度的友情和亲近的体现。但是，要理解这一串特定的事件，必须与"灰烬"这个元素的一系列引申含义联系起来。恩多人认为只有女人可以清理灶台里的灰，这个说法认定了女性的身份，将她们与家庭、灶台和烹饪连在一起。然而，这种说法同时也暗示了灰烬的破坏力，这种"力量"源于灰烬与女性的社会和性破坏力之间的联系。有破坏力的灰烬，对男性和男性利益是有害的。因此，让男人去清扫灶台里的灰，是件不可想象的事。当切普可儿用灰来"威胁"她的朋友时，体现的就是其引申的破坏力。灰烬还被与不育联系在一起，这也强化了它的破坏性。这种联系的来源很简单，如果一个女孩不想接受婚姻，她会将自己埋在灰里。恩多人认为，这个举动说明她希望这场婚姻"消亡"并且/或者无后。

（Moore，1986：117）

摩尔继续描述了"灰烬"的其他积极的引申含义，包括与女性性征和创造力的联系，以及它在描绘整个宗族繁衍兴盛的蓝图中的意义。最后，她从灰烬对恩多人而言可以意味很多不同的内容这一点，得出了一些理论结论：

> 在上文中我指出：作为一个象征符号，灰烬一词具有多种不同的含义，可以用来在各种语境中代表很多不同的概念和认知。但是，这种多义性并不是因为它存在固有的歧义，进而可以进行各种比喻性的意义拓展。但灰烬的"意义"不可能在所有特定语境下都被重新解读，因为它充满了模糊性，既可以有一切意义又可以没有任何意义。之所以能拓展比喻意义，是基于我们承认它有一个更字面化的意思。这个字面或者说主要意思，让我们可以赋予它一系列的次要意思或象征意义。
>
> （Moore, 1986: 118）

在这里，摩尔借助她关于恩多人的资料参与了一场由来已久的关于符号的人类学对话，对话内容包括符号是如何发挥作用的、它们在社会和文化生活中扮演了什么角色等。她使用的概念——多义性、一词多义、隐喻、语境等，其含义都已经在讨论中打磨成熟，她则用自己的分析为这场讨论添砖加瓦。对熟悉她所讨论的观点和理论的读者而言，她的立场鲜明易见。

随着本书的展开，后文将会更深入地讨论这些特点。在目前阶段，我们可以将摩尔的民族志和上文两篇小说在某些方面进行比较。首先，这篇民族志文本是通过明显的比较来推动展开的：摩尔告诉读者，除了典型的西方式设想，还需要进一步研究相关的联想意义，并且把它们列了出来供读者思考。其次，这篇民族志中的语境和解释也同样是放在明面上的，而且主要是为了知识层面的考虑，而不是像在小说中那样为了直觉化的审美欣赏。实际上，摩尔要求我们检验的，不仅是她的描述，还有她的分析思路是否可行。同样地，因为她将自己的叙述作为一场大讨论的部分实证提出来，也为我们提供了例证。最后，在写作中，摩尔以作者的口吻回应了其他人类学家的一些理论观点和民族志描述。结果是，我们作为读者，不用像读《副本》和《纯真年代》那样为了融入书中的另一个世界而搁置自己的怀疑。相反，虽然我们会借助审美和想象力来进入民族志学者所描述的世界，但是我们要求她对所说内容的真实性负责。正如我们在结论章提出的，基于真实知识对民族志而言很关键，但这也只是民族志知识整体的一个方面。通过对某个经验世界进行全面描述，民族志可能对某些既定的关于人类意义的理解提出挑战。更进一步，它可以起到解放思想的作用，让我们跳出对社会、自我和人类的一些根深蒂固的预设去进行思考。

塑造民族志

民族志从来不仅仅是种回忆，它是从某个特定视角出发的对经验的反思、检视和论证，这个视角回应的是一些植根于人类学思想史的问题。为了解答人类学问题，民族志写作需要对经验进行重塑，因而所有的民族志学家都需要考虑文本和他们所试图解释的生活现实之间的差距。经验是混乱而多样的，在经验和对它的文本记录之间、生活和分析之间存在着矛盾，这是每个作者都必须处理的。而且，民族志学者吸收、借用人类学概念和讨论，旨在提出人类学观点，其民族志中呈现出的关于某个世界的经验知识和当地人认知理解那个世界的方式总会存在差距。处理生活与文本、当地人与人类学视角之间的差距，这是所有民族志都无法避免的任务，也影响着民族志写作，所有民族志学者都需要决定如何体现这些差距、如何连接它们。

在第四章中，我们会讨论人类学家是如何通过叙述的方式将经验转化为分析，而传递人类学知识、参与人类学对话的需求又是如何影响他们对眼前的日常生活的叙述的。我们会讨论完全不同的叙述方式如何在民族志文本中服务于不同目的，包括从对集体生活的高度统一描述到对具体个人在某些特殊情境下的反应的速写。这些不同的叙述受作者参与人类学和人类学历史研究的影响，因此是经人类学讨论和关注点调和之后的叙述。对即时生活的叙述成为了论证人类学知识主张的基石。

在第五章中，我们将继续研究民族志文本中经验变成证据、证据形成论证的过程。我们会揭示，民族志论点乃至民族志本身的产生，常常是与其他相关的论点和民族志相联系的。一部民族志的论点的提出——有时会浓缩成一个关键概念的形式——也无一例外是与其他民族志学家的观点相关的。要理解民族志中概念性用语或行业术语的使用，就需要记住：人类学家使用概念术语，是为了将他们的田野经验与更广义的人类学对话联系起来。

也就是说，民族志作者借助人类学的辩论、概念和分析工具来解释他们在田野中所见到和经历的事。无论人类学的写作风格和目的与其他非人类学的有多么接近，无论民族志和其他写作风格间存在多少不可否认的联系，民族志写作是置于人类学辩论的框架内的，这就将它与其他体裁区别开来。民族志文本经常将人类学作为知识和讨论的载体，它们更广泛的意义在于为更大范围的人类学对话做出贡献，第六到八章将详细讨论这一点。

在第六章中我们将探讨民族志和它的写作大环境之间的关系，出发点是认为文本和环境是不可分割的。因为民族志的作者是处于且参与社会和文化关系的个人，环境始终是文本的重要组成部分。通过研究民族志学者如何向某个假设的读者群体呈现他们的写作，我们将分析文本与环境的相互交织。这一章还将探讨写作时的知识环境如何从田野调查开始对民族志的创作产生影响，最后将讨论更大范围的社会、文化、政治环境以及它们对民族志文本创作的影响。

因为民族志学家是在特定社会环境中对特定读者写作的社会角色，我们需要看到民族志作者的关系属性。事实上，在第七章中我们提出，写作者正是因为其本人在田野和学界中所处的关系才成为了作者，也就是成为具有认知、呈现和分析能力的主体。但是，在民族志文本中这种作者的主动性并不是经常被公开展示或宣布的，反而常常是被隐藏和放弃的。因此，我们将追踪民族志文本中这种主观性的模糊不清，并论证它的作用是帮助肯定作者的权威性。最后，作为作者的民族志学家需要对文本作为知识的真实性负责。

第八章将这些问题再次放到更大的框架中讨论。民族志的存在本身是对更广泛的人类学对话的贡献。当然，对人类学家而言，民族志只是很多表达方式中的一种，其他的还有讲座、辅导班、毕业指导和非正式谈话等。我们将在这章中讨论民族志这种人类学对话的特征。虽然在教学中人类学历史总被说成是一种理论**范式***被另一种范式替代的过程，在人类学家们的写作中也仿佛这就是事实，但实际上人类学知识的传播并没有那么泾渭分明。把民族志看作作者在特定阶段的社会关系和由此形成的学术关注的体现，能获得更丰富的理解。比起自上而下将民族志看作某个学派的作品，我们更专注于研究个人的学术关注与或大或小的人类学对话之间的互相影响、互相推动。

本书的写作和使用

本书作者是两位执业中的人类学家/民族志学家：帕洛玛·盖伊·布拉斯科，主要研究西班牙的罗姆人；胡安·瓦德尔，主要研究牙买加城市地区且曾在那里工作。我们二人一个研究的是西班牙语社会，另一个是英语社会，都在苏格兰教授人类学。提到这一点，是为了强调我们会不可避免地将不同视角带

---

*本书中有些词汇是用粗体标出的。这些词的含义或我们对它的用法在词汇表中有相对应的解释。这些词通常只在第一次出现于文本中或第一次出现在特定的讨论中时才会被用粗体标出。

到本书中，同时这些视角会在一定程度上互相融合。正如民族志写作总是人类学对话的一部分，这本书本身也是我们二人对话的产物，在书中我们不仅评价其他人的作品，也评价我们对自己作为人类学家和民族志作者的认知。通过对本书结构的安排，我们希望传递一种开放式对话的感觉，尤其是对关键主题的阐释，可能会从某个视角引出来，但随着文本的展开又会从其他角度进行再探讨。需要说明的是，我们二人在民族志或者人类学的首要问题上并不总是意见一致的，并且在我们写下最后的文字、进行修改时依然如此。

本书的核心章节第一到八章由用英文出版的民族志的节选、对这些节选的深入评论和在这二者基础上形成的论证构成。我们主要关心的不是体现人类学思想的编年史，或者再一次讨论某些人类学学派和与它们相反的社会生活视角，相反，正如我们在上文解释的，我们是在寻找民族志具有共性的、特有的主题和文体元素。所以在每一章中，我们选用的文本会有着完全不同的理论方向、由不同时期不同流派的学者所著。

虽然我们在选文时尽量广撒网，但最后常常不可避免地选用了一些我们所熟知的作者写的、内容熟悉的文本，这些作者可能是我们学习人类学时老师介绍的，也可能是我们的同事。换句话说，本书中选用的民族志文本的作者，很多是我们在作为人类学家的职业生涯中认为重要的或者有意思的人，其他则是我们发现能很好地诠释某个点或者某种趋势的人。我们不敢说在书中作为讨论基础的民族志节选具有整体性或者绝对代表性，人类学家所著的民族志总量之大和主题、历史的多样性决定了这一点。我们基于自己作为读者的反应、作为人类学家的期望和作为民族志学家的经验,为读者构造了一个**启发式**的布局。同样地,随便拿中心论证的某个部分来说,我们也不敢假装这本书的视角跳出了我们作为学者的社会关系的限制。而且,肯定有人在看了本书所写的内容后,主要反应会是指出书中没有写到的东西。但我们认为这本书的优势在于,它将各种视角组合起来,提供了一个改进后的理解民族志的方法。

这对如何最大限度地用好本书具有重要意义。书中有出自很多不同的民族志的片段,读者或许可以把它们作为进一步研究的起点,简单地浏览节选和相关分析。八章中的每一章都会讨论一个特定的主题,并且以相对独立的形式展开,所以具体对比较法或者民族志论证感兴趣的读者,可能会分别想重点看第一章和第五章,因为这两章编入了不同著作和文章对相关问题的看法。但是,《人类学家如何写作》的写作是为了让读者积累不同的观点、拓宽视野,不仅了解某部民族志所揭示的内容,更能理解民族志知识在更广泛的人类学对话中的位置。

每一章后都有一篇较长的民族志节选和搭配的练习。读者可以单独阅读这些长节选(值得阅读),当然也可以用于本书以外的研究。但是,放在这里的主要目的是用来阐释每一章中讨论的主题,并为验证文中提出的一些观点提供思考工具。在每个节选之前,我们简单介绍了原作,并提供了一些我们认为能帮读者找到阅读重点的问题。

我们试图将紧密交织的对民族志的理解与期待切割开来,展示给读者看,目标是通过这本书赋予民族志应有的价值和地位。在过去的一个世纪中,民族志成了理解人类处境的一个重要途径,虽然它不是唯一的途径,但作为一种知识,其自身的特点是值得被理解和尊重的。

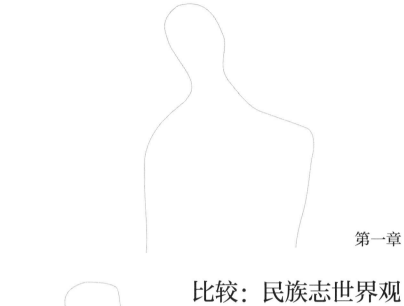

第一章

比较：民族志世界观

第一章 比较：民族志世界观

想象你突然一个人被放到一个临近土著村落的热带海滩，周围只有你的衣服，把你载去那里的船只或者小艇逐渐驶出你的视野。

（Malinowski，1978［1922］：4）

布罗尼斯拉夫·马林诺夫斯基在一战期间对巴布亚新几内亚的特罗布里恩人进行了田野调查，以上是他对这次调查开端的描述。他用这句简短的话告诉我们，人类学田野调查是一种冒险、一次与无聊的日常生活分离的不寻常事件，其特征是对周围环境的高度感知，我们在到达一个未知的地方时都会有这种感受。"想象你突然一个人被放到……周围只有你的衣服"，不知道接下来要去哪里、要做什么，犹疑地四周观望，震惊于周遭事物与你熟知的一切大不相同，但同时已经开始找寻线索，想了解在这个陌生环境中的生活是什么样的。这个时候，你无法不把你所看到的、听到的、感觉到的与你之前积累的经验相比较。和所有人一样，你通过对比和比较来理解所学到的内容。而且，作为一个人类学家，你所受的训练会让你主动寻找差异、解释差异，也就是进行比较（Gingrich and Fox，2002：20）。

这种与正常生活的分离感既是人类学田野调查的典型特点，也是民族志写作所必需的。就像上文马林诺夫斯基的叙述一样，民族志写作也是围绕从连续的经验中切割出的时间和空间而展开，赋予它们特殊的意义，通过对它们的呈现来揭示关于某个特殊群体的社会生活特质的重要信息。下面这一节选出自克里斯汀·赫利维尔（Christine Helliwell）对她在西婆罗洲格莱的生活的描述，她回忆了第一次见识长屋日常生活的声音时体会到的那种陌生感：

  住在格莱长屋时，我写了很多信回澳大利亚，在信中我描述自己是"声音社区"的一部分。虽然当时写下这个感受并不是为了记到笔记中，但它的确是我了解长屋居民核心特质的最恰当的方式。长屋中的声音以一种非凡的方式流动着，声音长长短短不断变换，看似独白，但其实是在不断和别人对话……在长屋中，声音营造了一种很强的群居意识。
  我在格莱的头两个月和一户人家一起住在一个长屋公寓中，当时我无法理解为什么女主人总是在和空气对话。她会大段地描述那天发生的事、她需要做的事、她当下的感受等等，然而在这整个过程中她只是一个人站在或者坐在自己的公寓里。对一个西方人而言，就算退一步说，她的行为看起来也太古怪了。直到很长一段时间以后，我第二次去的时候，我才意识到她看似独白的话其实是有听众的，这种对话是不同长屋间确认和再造联系的一种方式，让她成为社区的一分子。而且，我慢慢意识到她其实一直在回答飘荡在不同公寓之间的问题，只是因为我对长屋标志性的嘈杂声音感到困惑而无所适从，所以没能分辨出那些问题而已。直到现在，对于这些对话的记忆仍然让我感动,对我而言它们是长屋生活最清楚的定义,也最能将那里的生活与我重归至今的澳洲生活区分开来。

(Helliwell,1996:138–139)

赫利维尔描述了她在面对迪亚克人的住家生活方式时一种近乎实感的尴尬不安。她的描述说明,把我们发现的东西与已经知道或记得的东西进行比较和对比,这是一个自动或者说无法避免的过程,是我们与他人相遇时的固定元素。更重要的是,她的叙述体现出,正是通过把她作为一个西方女性的预期和在长屋的实际经验进行比较,赫利维尔才意识到迪亚克民居生活的人类学意义。重读上面的节选,你会发现有一系列的因素将赫利维尔对差异即时的、无可避免的认知转化为典型的人类学知识(而不是观光、纪实或者文学之类的知识)。首先,她借助了一系列人类学中重要的反身和比较用语,有意地探索她自身和被调查者之间的距离,包括"现在"和"当时","这里"和"那里","我"和"他们","田野调查者"和"报道人","民族志学者"和"研究对象"。第二,她在对西方生活和格莱生活的差异分析中找寻模式和规律。和所有的民族志作者一样,赫利维尔感兴趣的是特异与常规之间的关系,所以她告诉我们,她朋友的独白并不像最初看上去那么古怪,而是迪亚克人独有的"不同长屋间确认和再造联系的一种方式",以此"成为社区的一分子"。最后,赫利维尔通过对格莱生活的再现回答的是一个著名的人类学问题,即群居生活的构建过程,在这段节选中这种探讨比较含蓄,在文章其他部分则是直接讨论。

对自身和"其他"之间的比较是赫利维尔这篇文章的核心，也是所有民族志写作的轴心，所有的民族志学家都把自身或者关于自己所处社会的知识作为理解他人和其他社会的起点。但是，具体如何比较则有很大的差异，并且能在很大程度上体现一个作者的理论立场和文体风格，以及他们在具体作品中的主旨和目的。赫利维尔选取的是很私人化的方式，以她的个人经验为基础进行自传式的叙述。她谈到"在格莱的头两个月"，谈到后来再次回到田野，谈到最初的"困惑"以及"最后我也能欣赏和理解这种近乎实体的声音围绕，能从空中相互交织的声音中辨别出每个人的嗓音"（1996：139）。实际上，关注个人经验对赫利维尔采取的人类学的现象研究方法和她在这篇文章中的论证是至关重要的。她解释道，留意迪亚克人房屋的居住和使用，能够帮助我们跳出区分公共和个人经验领域的西方思维方式（这种思维在这儿没什么用），从而更好地理解迪亚克人如何构建社区生活。

相比赫利维尔对自身经验的强调，其他作者会构建一幅理想化的西方文化或社会图景来作为比较的基准。为此，他们可能会到人类学或其他学科，比如政治学、社会学、心理分析的作品中寻找对西方生活或西方思维方式的学术描述。在从个人经验到抽象描述的广谱上，与赫利维尔相对应的是史翠珊对普通西方人有关人与物关系的观念的论述。在研究巴布亚新几内亚高地两个群体中性别与财产的关系时，她将上述观念作为比较分析的部分内容。道罗人（Daulo）有女性专用的储蓄和交易所以及网络，而在哈根（Hagen）只有男性会参与这类活动。因为在哈根，财富被归为男性"家当"，女性工作创造的财富被汇入男性掌管的集体企业。女性把钱交给男性，她们所付出的辛勤劳动得不到承认，这在西方女性看来似乎是一种剥削。女性的劳动不受重视，对所创造的东西没有所有权——实际上，的确有其他民族志学家这么分析过哈根。但是，史翠珊问道：

> 是什么促使我们谈论劳动被轻视或者权利不被承认？在我们关于"财产"的概念中，内含的是对他人或者以他人为代价行使的"权利"，我自己也一直在使用这些概念……但是（这个概念）带着一些预设……作为主体人可以操纵物，如果他们拥有对他人的权利关系，甚至可以把这些他人放到物的角色中。在这种把人当作"人"或者"物"的对立中，"人"被定义为可以通过他的权利来辨认的行为的主体，自然也包括对劳动产品的控制权……可以说，从对财产的控制权来讨论社会关系，实际上也是在讨论某一类人在多大程度上是作为行为主体的"人"。
>
> 这种概念合成可能适用于我们，也适用于其他一些文化。但是在巴布亚新几内亚高地，关于人的概念不一定是与主体－客体两分法绑定的，也就不涉及附带的关于控制权的问题了。
>
> （Strathern，1984：162，括号说明由本文作者添加）

在西方观念里，对财产的权利体现了一个人创造财产的行为，忽视某人的所有权，就是不把他看作活动的主体，而是当成一个无生命的客体来操纵。道罗人似乎承认女性劳动和由此产生的财产权之间的联系,而哈根人没有。但是,如果问题不在于哈根人剥削女性劳动,而在于我们误用了西方对行为主体和无生命客体的区分呢?

史翠珊在道罗人、哈根人和西方人之间比较,旨在证明从一个案例推断出另一个案例的结论是多么困难。比较法在她的文章中扮演了双重角色:它强调了美拉尼西亚人思维方式的独特性,也揭示了人类学分析该地区性别关系的前提或假设。正如史翠珊所强调的,这些前提基于西方特有的关于等级制度和不平等的思考方式,并不足以解释发生在黑根山或道罗人之中的事情。

赫利维尔和史翠珊的节选支持了马克·霍巴特的说法,即比较"或明或暗地支撑着几乎所有谈论其他文化的方式。无论我们是在研究农业还是食物,叙事还是神话,神明还是女巫,都是在将自己的大众或专业类别与他人的进行比较"(1987:22)。换句话说,民族志写作往往是一种"我们"与"他们"之间、跨越多种背景的交流,写作者在他们自身和研究对象之间、在后者和他们自己所处社会之间、在这二者和他们接触这门学科所积累的有关其他群体的"二手"知识之间来回移动。这种多层次的翻译实践的核心不仅在于观察、抽象和得出结论(例如,达雅克人之间的社区建设或美拉尼西亚的社会层级和不平等),而且在于创造和运用新概念(如"社区"、"性别"或"财产关系")。这些概念在各种不同的生活、感知和谈论世界的方式之间搭起了桥梁。

在本章剩余部分,我们将以比较法在人类学理解、解释社会和文化差异的实践中所占的中心地位为出发点。我们将着眼于:(1)如何识别文本中的比较,即使乍看之下无法察觉;(2)不同种类或风格的比较在民族志文本中的作用;(3)比较如何推动人类学核心概念的创造和修正。

> **要点概括**
>
> 1. 撰写民族志是一种翻译实践,因此也是一种比较实践,民族志学者在多种语境或领域之间进行调和或翻译。
> 2. 所有的民族志作者都以他们自身和对自己社会的了解为起点去理解和描述其他社会。
> 3. 一些民族志学者采用经验比较法,另一些则借助于抽象的表征或模型进行比较。

识别比较

上一节中赫利维尔和史翠珊的节选是明确的比较,其本身很容易被识别。这类作者不仅将比较作为一种获得关于特定群体的人类学见解的方式,同时也在有意地解答跨文化翻译中涉及的问题。然而,不同于赫利维尔和史翠珊,很多民族志学家选择不明确描述他们自己或自己的社会,甚至也不写他们如何通过比较得出关于一个特定群体的结论,而且还经常避免谈论其他人类学家所描述的其他社会。这就意味着,乍一看,许多民族志似乎只涉及作为作者的民族志学家和他所描绘的群体。在这类民族志中对比和比较依然存在，只是以潜台词、隐藏脚本或未承认的背景的形式呈现，尽管如此，它仍然影响着作者的描述和论证方式。这种含蓄的比较在莎伦·霍奇森（Sharon Hutchison）对努尔人父子关系的描写中得到了很好的体现：

努尔人并不认为稳定的精子供应对胎儿的健康成长是必需的。因此，男人认为他有权在妻子怀孕后的任何时候中止与妻子的性关系。虽然有些男性在妻子怀孕早期仍与妻子发生性关系，但大多数在其怀孕五六个月后就放弃了。男性还会让自己远离分娩过程，他们认为分娩令人反感且污秽，只有在需要立即做出牺牲或医疗干预的紧急情况下才会参与。事实上，有的父亲甚至在孩子出生后的一两个月内都不会抱他。有些男性坦承抱着这么小的孩子会觉得很尴尬，因为他们意识到自己没有什么重要的东西可以提供，孩子想要的只是吃奶。断奶的禁忌，即禁止与哺乳期妇女发生性接触，进一步疏远了父亲与母亲和新生儿的关系。

（Hutchison，1996：177）

乍一看，这不是一段比较性的叙述。不管是在这段节选还是它所出自的长达九页的"血缘：母婴关系"一节中，霍奇森都没有明确提到其他群体或者她自己在西方生活的经历。然而，如果跳出比较的框架，首句（"努尔人并不认为稳定的精子供应对胎儿的健康成长是必需的"）将是毫无意义的：为什么要在读者很可能也不相信某件事时，专门提到努尔人不相信它呢？乍一看，这是一个很奇怪的否定，它的作用是什么呢？这句话和节选中其他内容一样，只在一种情况下完全说得通，即读者知道还有很多其他群体（例如生活在巴布亚新几内亚的），他们认为精子的稳定供应对胎儿的健康成长是必需的，与霍奇森笔下的努尔人相似，他们将这个信仰转化为一些态度和禁忌。因此，她不仅描述了努尔人，还含蓄地将他们与这些其他群体进行比较，既借用了人类学关于怀孕与人格的意识形态的知识储备、关于世界各地不同社会的父亲为保证婴儿健康所采取的行为的知识储备，也是对这类知识的补充。最后，她在写作时也考虑到了一系列长期存在的人类学争论，并为之做出贡献。这些争论至少可以追溯到20世纪20年代马林诺夫斯基关于特罗布里恩人的作品，讨论的是人类学理论发展的基础性问题，其重要性不亚于血缘的本质和父权的社会意义这两个问题。换言之，这不仅是霍奇森与读者之间的对话，也不仅是霍奇森、读者和努尔人之间的对话，还有不知道多少"影子"贡献者参与其中。

所有民族志写作都涉及霍奇森节选中体现的隐含式比较：所有民族志学家写作时都会考虑关于其他群体的知识和关键的人类学争论或讨论，而这类知识和学科背景不可避免地会影响他们在田野中以及分析材料时提出的问题，也会影响他们如何向读者进行描述、提出结论。同样地，阅读民族志也是一种隐性的比较练习：霍奇森的读者很可能接触过其他对努尔人和别的群体的民族志描述，在读她的叙述时会建立自己的联系、自己进行对比和比较。理查德·法登（Richard Fardon，1990a）强调了其他学科中的人类学文献和叙述对民族志写作的重要影响。他对民族志写作是只涉及"自我"（作者）和"他者"（研究对象）的对话这个观点提出质疑，并且进行了解释：

> 民族志也是对过往叙述的再创、推翻和修正……民族志写作和对田野经验的叙述是作者个人的，但同时也离不开一些影响，尤其是学术界过往作品的示例、更广泛的（通常是西方文化的）先入之见，以及最重要的，（被研究的）主体文化成员允许民族志学者了解他们的条件。
>
> （Fardon，1990a：22）

因此，最好将民族志写作定义为一种具有内在比较性的、跨越时代和地域的对话。正如古德曼和里韦拉（Gudeman and Rivera，1990）所解释的那样，这场对话包括数个参与者——作者、他所描述的人、过去和现在的人类学家，以及他们对同一或其他群体的描述。民族志作为对话的观点是本书论证的基础，我们将在接下来的章节中继续展开。

要点概括

1. 所有民族志学者都是带着对其他群体的已有知识来接触他们的研究对象的。

2. 虽然比较总是影响着民族志文本的写作，但它往往是不明确或不可见的，可能更像是隐含在其中的。

> 3. 民族志写作就像一场有很多参与者的交谈，而不仅仅是民族志学者与研究对象间的对话。

比较的作用和目的

民族志写作具有内在的比较性，因为它总是通过参照他人来解释特定的生活和思考方式。然而，现在应该清楚的是，并非所有的民族志文本都是以同样的方式进行比较的：在各种方式中，我们已在上文讨论过经验的与抽象的、含蓄的与明确的比较风格。我们需要研究的下一个问题是，不同种类的比较在特定的民族志中扮演什么角色？通过注意文本中比较的用法，你能得到哪些关于作者的目的和立场的信息？以下节选出自玛格丽特·米德（Margaret Mead, 1963 [1935]）的经典作品《三个原始社会中的性别与气质》。这本书是围绕着对巴布亚新几内亚三个邻近部落的比较来组织的，其中阿拉佩什（Arapesh）部落所占的篇幅和得到的关注比蒙杜古马（Mundugumor）部落和德昌布利（Tchambuli）部落更多。在依次对每个部落的性别系统进行了详细的描述之后，米德总结道：

> 我们现在已经详细地考察了三个原始民族中每一性别所认可的个性。我们发现，阿拉佩什人无论男女都表现出一种……我们从父母亲角度将其称为母性、从性别角度将其称为女性的

个性。男人和女人一样,都被训练得乐于合作、不咄咄逼人、响应他人的需求……与这些态度形成鲜明对比的是,在蒙杜古马人中,男人和女人都发展成了无情、好斗、性欲亢奋的个体,而母性关爱他人的性格被降到了最低程度。男人和女人都接近一种性格类型,而这种类型在我们的文化中只会出现在无纪律、非常暴力的男性身上。无论是阿拉佩什人还是蒙杜古马人都没有从两性的对比中获益……在第三个部落的德昌布利人中,我们发现了一种与我们自己的文化完全相反的性别态度,女人是占主导地位、没有人情味、管理事务的伴侣,男人则是更少承担责任、情感上有依赖性的人。于是,这三种情况给出了一个非常明确的结论。如果那些我们传统上认为是女性化的脾性态度,比如被动、回应、乐于呵护小孩,可以这么轻易在一个部落中被确定为男性模式,而在另一个部落中又被大部分女人和大部分男人摒弃,我们就没有理由认为这些行为态度与性别有关了……我们称为男性或女性化的许多(如果不是全部)个性特征与性别其实没有太大关系,就像一个社会在某一特定时期赋予某个性别的衣着、举止和头饰一样。

(Mead,1963[1935]:279-280)

从这一小段摘录中可以明显看出,米德在《三个原始部落的性别与气质》这本书中的课题,正是建立在这三个群体之间以及这三个群体与西方的比较之上的。只有根据以上三种情况所提供的综合证据,米德才能反驳西方人的设想,即男人和女人的情感属性和社会角色与他们的生理结构有关,她才能反驳说这种性别属性是具有文化特殊性的,因此是可变的。阿拉佩什部落(她最了解的)、蒙杜古马部落和德昌布利部落她都同样需要,因为三个部落分别以不同方式挑战了西方的性别定型:德昌布利几乎直接反转了西方的性别角色,阿拉佩什人男女都具有母性特质,而蒙杜古马则男女一致咄咄逼人。它们一起提供了一组极为整齐的替代方案,而且彼此距离很近,"都在100英里范围内"(1963:I)。米德采用了20世纪30年代典型的**实证主义**写作方式,她的民族志叙述是对科学数据的披露,就像她解释的,看似"完美到不可置信的"模式实际上是对三种文化中本身存在的形式的反射(1963:I)。也就是说,她提供的是观察到的事实,而不是解读。她的角色是阐述而不是诠释,她说是数据本身引导她得出一个"非常明确的结论",并推动她构建一个宏大的性别角色理论。

米德想要揭穿一种极其普遍而根深蒂固的西方信仰,这种信仰用生物普遍性来解释社会安排。然而,她提出的替代选择也同样具有普遍性:如果性别角色在这么小的范围内可以变化如此之大,如果米德发现的任何一种排列都不同于西方模式,那么性别化的性情和角色必然是普遍可变的。她认为,任何地方的性别角色和气质都是由社会和文化背景,而不是由身体决定的。在下面这段帕洛玛·盖伊·布拉斯科对西班牙罗姆人(或吉塔诺人)的评论中,可以看到一种相反的比较策略。在这里,比较并没有服务于大规模的归纳。相反,盖伊·布拉斯科运用比较是为了突出西班牙吉塔诺人和另一个与他们有广泛相似之处的群体相比所独有的特征。

卡斯滕对马来西亚岛民"遗忘"的分析已经说明，关于过去的态度对理解某个群体的行为方式和自我认知的形成十分重要。她对马来人不愿谈论过去的描述让人想到这些吉卜赛人，她解释道，"遗忘是创造共同身份的重要部分"，因为"没流传下来的知识具有反面意义，它们让其他属于现在和未来的共同身份的图像脱颖而出"（1995：318）。"身份"在这里是一种简写，既指血缘关系，也指与地方的联系，因而更广泛地指向社会和政治组织的关键特征。

在卡斯滕笔下的马来岛民中，"遗忘"与这个东南亚国家边界地带普遍的人口迁移一起发生（1995：326ff.），而在我下文讨论的吉塔诺人中，主要的参考点则是经济、社会和道德的边缘化，对文化和政治同化的抵抗，尤其是群体内部严重的破碎和分散。而且，在马来西亚的案例中，人们对地方和他人的依恋是建立在当下和未来的同族情谊基础上的（Carsten，1995：323），而在佳热那（Jarana），吉塔诺人对自身身份的共同认知是以个人的文化表现为前提的，包括这些表现在他人看来是否足够符合吉塔诺法度，即高度物化的吉塔诺性别道德。

（Gay y Blasco，2001：632–633）

在这篇文章中，比较的使用相对克制：马来人不再出现，其他群体（主要是其他罗姆人）出现得更少。作者的目的不是要提出一种普遍的或广泛的关于记忆和遗忘的理论，而是要详细地阐明马德里一个小社区的吉塔诺人是如何对待过去的。选择马来人是因为卡斯滕提出的问题和分析为盖伊·布拉斯科自己的注释提供了一个有用的出发点：他们不愿意谈论过去这一点让人想起吉卜赛人，但它的形式、背景和根源都非常不同。盖伊·布拉斯科在第一段中描述了这两个群体之间以及卡斯滕和她自己的解释之间的相似之处，在第二段中则重点描述了其间的差异。这样的比较让她得以避开只讨论罗姆人或西班牙人的限制，将她的问题和民族志学资料置于更广泛的讨论领域中。这两个群体之间的对比和差异也为接下来的详细的民族志描述做好了铺垫，这也是本文的核心。这里的比较几乎只是顺便提到的，用作描述和分析的过渡点。与米德强调数据客观性的实证主义方法相反，这里强调的是材料和解释的相互塑造。

> **要点概括**
>
> 1. 比较可以在文本中起到多种不同的作用。
> 2. 比较的两个常见用途是帮助概括和突出差异。
> 3. 关注比较在文章中所起的作用可以很好地帮助你了解作者的目的和理论立场。

比较与民族志概念的创造

我们已经指出，民族志写作是不同群体之间的对话：民族志学者、他们研究的人，以及其他作者和文本。在这场对话中，人类学家对此前民族志描述的了解，包括对他们所研究的人和其他群体的描述，决定了他们带到现场的问题以及他们的描述和分析。随着时间的推移，从大量的这类人类学对话中，以及从如上所述的内隐和外显的比较中，出现了我们所说的民族志学概念。使用这些术语（如"**母系**"或"**游牧民族**"）是为了根据与其他案例共享的标准来组织民族志材料。民族志学概念对人类学事业至关重要，因为它们以独特的人类学术语（而不是简单的西方或个人术语）使他人的想法和实践变得可以为我们所理解。这些概念是解释和翻译的工具，而不仅仅是对我们"在外面"看到的东西的描述。我们将在第二章和第五章中更深入地讨论，民族志学概念不仅产生于田野观察，而且产生于抽象和分析，尤其扎根于比较的过程。

民族志学概念起初是用于对特定的民族问题进行注解的分析工具，通常产生于与特定地理区域相关的讨论：例如，**母核制**一词最初是被创造出来形容加勒比家庭组织的特性的，但后来逐渐有了跨越地域界限的更广泛的意义。其他概念，如**采集-狩猎者**，一开始就有更为广泛的应用。在这两种情况下，特定的概念和特定的人群往往紧密联系在一起，相互定义。地理上受限制的概念会被迁移运用，尽管它们的产生是出于解释某个地方的某种社会或文化现象的需要，但是当用到另一个地区或之后再用于同一群体或现象时，会被发现同样适用或者被质疑（Fardon，1990）。相应地，当人类学家讨论诸如采集-狩猎者这类看似广泛的概念时，他们脑海中往往会浮现出关于哈扎人（Hadza）或夸扣特尔人（Kwakiutl）等具有地理特殊性的民族志知识。所有这些过程和变化都包括描述和分析层面上的内隐和外显的民族志学比较。

在某个概念从对特定区域的描述发展为更具普遍性的术语的这个过程中，比较发挥着关键作用，"**裂变宗族**"的概念就是一个例子。在《努尔人》(1969)[1940]中，埃文斯-普里查德描述了在政治上被划分为若干部分的部落，而这些部分本身又被划分为更小的子部分。各群体在其政治冲突中联合起来反对其他群体，从而在各部分之间和各层级之间产生融合，由此形成了部落制度的凝聚力。埃文斯-普里查德构建这个模型是为了理解努尔人的血缘关系和政治组织，在与其他社会（主要是非洲，也包括其他地区）的比较中，该模型得到了讨论和完善。从这场争论中诞生的**宗族**理论在20世纪40年代和50年代的英国社会人类学领域占据主导地位，并指导了对远至中东、中国和南美等国家和地区的社会的解释。到20世纪60年代中期，裂变宗族模型及其跨文化适用性受到挑战，替代理论（alternative theories）开始主导对亲属关系和政治的研究。在下面的文章中，莫里斯·弗里德曼（Morris Freedman）使用并评论了埃文斯-普里查德的叙述，以便阐明他的中国材料：

埃文斯-普里查德对努尔人的经典研究将人类学关注点置于对称分割的系统上，并对宗族的观点产生了重大影响。在《努尔人》关注的社会中，社会同质性和政治集中制的缺失可以被证明与一种政治和法律秩序有关，这种秩序是由各个部分的平衡实现的……但对中央集权宗族的最新研究让我们了解到，当权力由中央行使时，会出现一种不同的分割构造……这个案例最重要的一点是，无论是在宗族内部还是外部产生的政治和经济力量，都会促使某些群体将自己分为不同的部分，并为它们提供物质手段，让它们在很长一段时间内作为独立的实体而存在。

（Freedman，1966：38–39）

弗里德曼告诉我们，努尔人模型提供了一个有用的分析起点，但要将中央集权的国家和阶层化的社会都涵盖进去，还需要对其进行修改。尽管如此，今天我们仍然能经常遇到着重依赖努尔人宗族模型的民族志描述。下面，我们将《努尔人》中的一段描述（左侧）与奥德·塔尔（Aud Talle，1993：92-94）关于索马里宗族的一段描述并排放在一起，该节选出自一篇关于女性阴部封锁的文章：

在这种分割的宗亲关系结构中，不同的群体相互对立，但同时又有共同的血统、母系关系和婚姻关系。传统上，这些宗族群体在"最初级"（往前追溯至6至10代……）是异族通婚的；但是，各个群体行为差别很大，甚至总体上有族内通婚的趋势。 （Evans-Pritchard，1969［1940］：137–138）	索马里人口被分成几个大的父系氏族，每个民族有几十万人。这些民族的分群或更小的部分在经济上和政治上充当社团群体的角色，它们的内部关系按照平等主义和牧歌式的意识形态建立。对个人来说，这些小群体比部落更有实际意义…… （Talle，1993：92，94）

塔尔没有引用埃文斯-普里查德的话，也没有提到努尔人，然而很明显，一个非常相似的裂变宗族的概念指导着她对索马里社会亲属关系和政治组织的理解。这反过来又为她分析女性阴部封锁提供了基础。在此将这两段节选并排列出，意在说明民族志写作中一个非常普遍的现象：特定的概念化和呈现民族志材料的方法会发展成为固定的人类学思维，在原始模型被质疑或抛弃很久以后仍会继续为民族志文本提供论辩起点。换句话说，通过包含比较的学科内辩论，人类学知识以概念的形式变得形式化和具体化，尽管这些概念可能被修改和否定，但往往具有惊人的韧性。这种韧性的原因之一是，通过在共享的核心概念的基础之上进行分析，新的见解和民族志领域可以加入人类学的对话。既然可以根据裂变宗族的术语来识别索马里民族志，那么关于阴部封锁的富有挑战性的争论就会在人类学领域内得到讨论。

> **要点概括**
>
> 1. 民族志概念是民族志比较的形式化结果，往往与特定的民族志区域密切相关。
> 2. 当被应用于新的民族志环境时，民族志概念会为新的比较提供基础。
> 3. 民族志概念有助于巩固人类学知识，使新的材料和思想进入人类学对话。

结束语

本章中我们讨论了比较在典型的人类学知识的生产中发挥的关键作用。我们表明，人类学家常常通过与他们自己、与他们对自身社会的认识和其他人类学家关于其他群体的撰述进行比较，来描述他们的研究对象。民族志比较可以是外显的，但更多是隐性的，而且可以服务于多种目的。上文中我们讨论了用于辅助归纳和用于强调文化独特性的比较，但你在学习过程中还会遇到其他用途的比较。

我们已经强调过，撰写民族志不仅仅是描述我们在田野中所遇到的事情，还要进行抽象、解释和分析。从这个意义上说，我们认为不可能将正在被比较的数据与民族志学者为了解释和分析它而组织起来的分析结构分开。事实上，在这一章中我们介绍了民族志学者对概念的借用和挑战——他们通过这个比较过程引出分析文化经验的新视角。如果无法将民族志材料与民族志解释分开，就会产生一系列关键的问题：当人类学家进行比较时，我们所比较的是什么？我们是在比较"外面的"现实吗？社会和文化是"物体"、是可以进行科学研究的"事物"吗？又或者我们是在比较我们自己的解释，比较我们为翻译观察到的东西而建立的模型吗？换句话说，人类学知识的对象是什么？这些是我们将在第四章和第五章中讨论的问题，在这两章中我们将思考人类学家如何将他们在田野中极其个人化和特殊的关系转变成关于其他族群生活的模型和模式化描述。

第一章：练习

以下节选出自《给予的环境》，作者尼里·伯德－大卫（Nurit Bird-David）分析了印度南部那雅卡（Nayaka）采集－狩猎者群体对环境的理解和他们的经济体系，并将他们与邻近的群体和其他采集－狩猎者进行了比较。仔细阅读节选，回答以下问题：

1. 举例说明伯德－大卫是如何使用明确的比较来建立关于那雅卡人交换的论点的。
2. 你能从节选中辨别出本章所讨论的隐性比较吗？
3. 伯德－大卫是如何将她论述开头广泛的概念讨论与她所研究的具体民族志联系起来的？
4. 节选中所使用的比较方法和上文举例中米德所采用的比较方法有何相似之处和不同之处？
5. 通过她所做的比较，伯德－大卫为人类学对话引入了什么新概念？

《给予的环境：采集－狩猎者经济体系的又一视角》节选

在过去二十五年里，人类学家一直对人类与环境的关系，尤其是采集-狩猎社会中人与环境的关系很感兴趣。他们认为这些社会"从定义上看，其特征是成员直接从野生自然资源中获取食物和其他所需"（Woodburn，1980：95）。他们根据西方的生态标准来研究这些社会的环境，并研究了食物收集者是如何适应这些环境的。例如，他们发现，在采集食物的人群中，付出而不期待同等回报的做法比其他任何人群中都更常见，而且是大多数采集食物的社会的一个特征。他们解释说，这是一种降低风险的方法，是一种"针对自然波动的集体保险"（Ignold，1980：144）……

然而，这种援引现代经济和生态观念的说法，不太可能被采集食物者自己所接受，因为他们对环境的看法正如来自玛合帕（Mahopa）的昆人夏舍总结的那样："世上有这么多的蒙贡果，我们为什么还要种植呢？"（Lee，1979：v）。此外，这种说法也无法解释这些人对给予的要求和最近被描述为需求共享的行为（Bernard and Woodburn，1988：12；Peterson，1986：1）。为什么他们不断地要求分享而不要求人们生产更多（参见 Barnard and Woodburn，1988：11）？当他们在自己的能力范围内满足物质需求和欲望没有什么困难，甚至可以很悠闲时（Sahlins，1968：85-89；1972：1-39），当有些人可以从农作的邻居那里获得替代资源时，为什么还会有这种"针对自然波动的集体保险"呢？

……

由于传统的方法在某些重要问题上已经无能为力，本文将从另一个角度探讨采猎者的经济安排。这个新视角认为，采集-狩猎者与其他族群的区别在于他们对环境和自身的独特看法，与此相关的是一种以往未被承认的特殊的经济类型。他们认为自己所处的环境是给予的，所以他们经济体系的特征是基于类似家庭中的付出构建的分配模式和财产关系，而不是基于类似亲戚间的互惠原则。

这一观点的提出结合了对南印度的采集-狩猎者那雅卡群体三个层面上的分析，在1978—1979年和1989年期间，我两次到他们中进行了田野调查。首先，我将那雅卡和他们的耕种邻居库鲁巴贝特人（Bette Kurumba）和库鲁巴木鲁人（Mullu Kurumba）进行了对比，后两个群体也进行广泛的狩猎和采集。其次，我简短说明了那雅卡人与他们的邻居以及其他森林采猎者如俾格米姆布蒂人（Mbuti Pygmy）和巴泰克尼格利陀人（Negrito Batek）与他们各自的邻居之间的相似之处。第三，我提出了关于采猎者的一般假设。

……

给予的自然和回馈的自然

那雅卡人与库鲁巴贝特人和库鲁巴木鲁人在看待共享环境的方式上有很大的不同。这些差异反映在无数日常的口头表达和行动中，体现在亲属称谓和仪式中，还体现在其他各个地方。

总的来说，贝特人和库鲁巴木鲁人，就像巴泰克尼格利陀人的马来语邻居和俾格米姆布蒂人的班图语邻居一样，认为自己"不是生活在森林里或森林边，只是蔑视森林……用恐惧、不信任和偶尔的仇恨来与它对立"（Turnbull，1976［1965］：

21），并试图"在自然的海洋中开辟一个文化孤岛"（Endicott，1979：53），而那雅卡人则与姆布蒂人和巴泰克人一样，认为自己生活在森林里（Endicott，1979：10；Mosko，1987）。那雅卡人看待森林就像看待自己的父亲或者母亲一样。对他们来说，森林不是"在那里"机械或被动反应的东西，而是像父母一样；它无条件地为孩子提供食物。比如，那雅卡人对住在森林里的山川、河流和岩石中的灵魂的称呼与对直系祖先的灵魂的称呼一样，都是"大爸爸"、"大妈妈"，而他们自己在这些灵魂面前则是"儿子"、"女儿"。他们相信"大爸爸"、"大妈妈"会照顾他们并满足他们的需求。如果那雅卡人行为不端，这些灵魂就会像父母那样让他们体会痛苦，当他们表示后悔并承诺改正时，就会取消惩罚；不过，他们从不把扣留食物作为惩罚。

类似地，俾格米姆布蒂人把森林比作给他们食物、住所和衣服的地方，就像他们的父母一样（Turnbull，1976 [1965]：19）。在青年参加完两个月的社群启动仪式（仪式旨在让孩子与父母分离而走近祖先）回到森林营地后，他们惯例的第一个行为是坐在母亲的膝上，表明"他们仍然认为自己是森林世界的孩子"（Turnbull，1976 [1965]：65；参见 Mosko，1987）。

这种认为森林是提供一切的父母的看法，可以与把大自然构建为给予回馈的祖先形成对比。后一种模式认为自然会向适当的行为提供食物作为回报，有学者提出非洲的耕者和耕者-猎人群体就是这种模式（Gudeman，1986：ch.5）。当后代提供献祭并遵循约定俗成的行为准则时，祖先会保佑他们在狩猎和耕作中取得成功。如果后代不能满足祖先，那么收成和狩猎就会失败。

库鲁巴贝特人与非洲的本巴人（Bemba）和比萨人（Bisa）一样视自然为祖先。那雅卡人和库鲁巴贝特人都崇拜赫塔雅（Hetaya）神，但是他们都坚持认为自己的赫塔雅与对方的不同（von Fürer-Haimendorf，1952：28）。对那雅卡人来说，赫塔雅意味着生育者（p.24），也就是父母。对于库鲁巴贝特人来说，赫塔雅意思是"最先死去的老人"（p.27），也就是祖先。此外，那雅卡人会在采摘水果、捕捉猎物、收集蜂蜜和丰收之后（p.24）向他们的赫塔雅献祭，感谢赫塔雅给予他们的东西。而库鲁巴贝特人会在第一次播种的时候向赫塔雅供奉祭品（p.26），希望获得丰收的祝福。库鲁巴木鲁人也会在他们外出狩猎前向他们的神祈祷（Rooksby，1959：361-362；Misra，1971：58），并以神的认可或否定来看待狩猎中的成功和失败（Rooksby，1959：373）。

那雅卡人对森林的看法也反映在他们将自身看作兄弟姐妹的观念上。虽然核心家庭是主要的社会单位，但除此之外的所有群体都被称为桑塔（sonta），意思是像兄弟姐妹一样亲密的亲戚的集合。住在一个村子里的人是自己的桑塔，或者所有住在当地的那雅卡人都是自己的桑塔。那雅卡人还以其他隐喻的方式将自己视为一个共同家庭的成员。他们把本地群居的所有小孩都称为儿子和女儿，所有年长的人称为小父亲和小母亲。（姆布蒂人刚好也有类似的用法，参见 Turnbull，1983：33）。总的来说，那雅卡人对母亲和父亲的亲属关系给予同等的重视，其社群可以被概括地描述为一个双边社会。

相比之下，库鲁巴贝特人和库鲁巴木鲁人的群体则是围绕父系关系集聚的，在有限的某些情况下是母系关系。他们把构成的社会群体看作特定祖先的后代。他们把自然视为祖先的观点与他们认为社会由父系氏族组成的观点一致，在这种氏族中，长老和他们的后代通过复杂的义务相互联系在一起。（Misra，1971：41；Rooksby，1959：238；von Füerer-Haimendorf，1952：21，26）

上文所有的民族志学细节都指向"森林是父母"这个比喻，它将那雅卡人与他们的邻居区分开来，后者的主要观点是"自然是祖先"。在人与环境关系的物质维度上，"森林是父母"引出的观点认为环境是"给予的"，就像父母一样；而由"自然是祖先"产生的看法认为环境是"回馈的"，就像祖先一样。围绕这两个比喻产生的地方经济模式，可以用"给予的环境"和"回馈的环境"来概括。借由这些观点，我们有可能获得对那雅卡各方面经济生活的新见解。

给予和要求被给予

把森林比作父母，以及延伸出的那雅卡人彼此是兄弟姐妹的认知，意味着食物要与兄弟姐妹共享（特别是在同一个家庭中）。那雅卡人互相给予，互相请求，期望得到他们想要的，并且觉得有义务给予他们被要求的。他们不以一种经过计算的、有远见的方式互相提供资源，不期待得到某种回报，也不要求偿还债务。

……

分配过程的差异在猎物的分配上体现得尤其明显。那雅卡人的猎物分发是一场仪式般的给予，它强调分享的重要性，不意味着接受者对肉类供应者的任何个人义务。那雅卡人将猎物平均分配给村里其他人。拿着猎物回来的猎人把猎物递给另一个人，这个人有时在猎人的帮助下，把动物的每个部分分成小块。屠夫把肉分成一堆堆，每一堆都将分发给村子里的一户人家，每家得到的分量与家庭人口成正比。儿童得到的份额几乎与成人相同。屠夫工作时，人们站在他周围，帮助评估不断增长的肉堆的质量和体积，不断地建议屠夫应该把每块肉放在哪里。仅仅是生活在这个村里就赋予了一个人得到分享的权利，包括永远无法做出回报的老人和体弱多病的人。猎人得到的和其他人一样，不过他通常得到的是皮（巴泰克人也有类似做法，见 Endicott，1988：117）。

与那雅卡人不同的是，库鲁巴木鲁人对大型猎物的分享是一场互惠的庆祝活动，强调等量回报的重要性。猎人根据特定的规则，得到与他在狩猎中发挥的作用对应的肉。例如，有一种狩猎中猎物分配采取以下形式：发现动物的踪迹并召唤其他人参与狩猎的人分到一条前腿，最先用箭或子弹击中动物的人分到的是头、从脖子开始五根肋骨之间的肉、肝脏和另一条前腿，最先接近动物尸体的人得到肺和腰骨之间一半的肉，诸如此类，总共有 11 类帮手（Misra，1971：110）。

总之，库鲁巴贝特人和库鲁巴木鲁人将自然视为与他们互相回报的祖先，将内部彼此间视为亲戚，通过互惠行为和要求以后偿还的互惠请求彼此联系。那雅卡人把森林看作给他们食物的父母，把他们自身看作兄弟姐妹，彼此间通过给予以及不要求他们第二天偿还联系在一起。

馈赠所有人的环境

在土地的所有权问题上也存在相同的差异。那雅卡人相信作为父母的森林向所有那雅卡人提供野生资源，也就是说，所有那雅卡人生来就直接拥有土地和无需付出劳动就可获得的资源。对那雅卡人而言，即使是做了准备工作，付出劳动的人也不会因此拥有对那项资源的专属权利。例如，为了捕鱼，那雅卡人围住了一段河流，将毒药投入水中，然后用手抓鱼。准备工作需要三到四个小时，然而其他人可以和那些做准备工作的人一起抓河里被药倒的鱼（巴泰克人的情况与之类似，见Endicott，1988：114-115）。

那雅卡人承认与特定地区相关的特定群体。这些群体围绕家庭而形成，那些家庭被认为是最先在该地区定居的人的后代，而第一个家庭的男性后代被称为摩达（*modale*，第一个，最年长的）。这种联系的经济含义结合"森林是父母"的比喻就很容易理解，这意味着土地不是可以拥有的对象，而是人们可以与之产生密切联系的对象。"父母"代表的特殊关系不一定与生身父母完全等同，它带来的关系不是归属性的，而是一种实践，不是封闭的，而是可培养的。

每年或至少每几年一次，这种关系会通过一次 24 小时的节日得以重新建立。在这一天中,那些自称为儿子和女儿的庆祝者,以及被称为大父亲和大母亲的当地祖先和森林的灵魂,通过萨满这一中介进行交谈。我在三个不同场合录下的谈话记录显示,这些谈话详细阐述了庆祝者遵从"大父母"精神的责任,以及后者"照顾子女"的责任。这一天结束的时候,人类和灵魂们共享同一个炉子上煮熟的饭。

摩达的主要职责是在他生活的地区组织每年的宴会,但是所有住在那里和周围地区的那雅卡人都可以且通常会贡献食物并参加宴会。由此,他们确立了在当地采集野生资源的权利,因为通过他们的贡献,他们重申了他们与摩达作为兄弟姐妹的关系,也重申了他们作为孩子与当地森林的关系。摩达在特定群体和特定地点的关系中发挥着中轴作用,但他既不是所有者,也不是权威者;在这个环境中,他是第一个、最年长的孩子和手足。

相比之下,库鲁巴木鲁人和库鲁巴贝特人的土地则与家庭联系在一起,其中许多是组合而成的大家庭。大家庭的头领(*Mupan*)将土地分配给组合中每个家庭的户主,这些户主之后会继承土地,建立起他们与土地的直接联系(Misra,1971:74-75;von Fürer-Haimendorf,1952:29-30)。

……

采集−狩猎者和给予的环境

借由那雅卡、姆布蒂和巴泰克人的例子,我说明了采集 - 狩猎者虽然在赖以生存的物资上可能无法与其他群体（尤其是他们的邻居）严格区别开，但他们确实有着独特的经济体系。它涉及由"森林是父母"的基本比喻延伸出的特定环境观。由此产生的直接问题是，这些群体在多大程度上代表一般的采集-狩猎者，因为他们都是热带和亚热带森林的居民，都有"即时回报"系统并与他们的邻居进行广泛贸易。我怀疑那雅卡人（还有姆布蒂人和巴泰克人）代表了某个主题的一种形态，这个主题是一般采集-狩猎者共有的特征。我提出了一个假设：采集-狩猎者都有一个共同的特点，即他们的成员对环境的看法都围绕基本亲缘关系的比喻展开，尽管不一定是父母关系。这些比喻包含的共同观点是环境是给予的，只是方式各有不同。这个假设正在其他地方被探索，还会被评估。

　　由此提出的进一步假设是：只要他们普遍认为环境是给予的，采集-狩猎者的经济体系就会有共同的核心特征，我通过对那雅卡人的叙述讨论了这种经济体系（其他方面可能会有不同，一定程度上与构成当地经济模式核心的不同家庭关系相关）。他们最显著的共同点是建立在给予基础上的经济体系。例如，我猜想，即使在最制度化、正规化的形式中，采集-狩猎者之间的分配仍然是建立在给予的基础上的。比如昆人的萨罗（*hxaro*）（Wiessner，1977，1982），虽然它被描述为一个交换体系，但总是发生在家庭成员之间（Wiessner，1982：70），而且交易通常以给予和请求被给予的方式进行（参见 Draper，1978：45）；交易的物品是个人财产（Wiessner，1982：70-71），这些物品没有神秘的互惠义务（参见 Barnard and Woodburn，1988：22）。

结论

我的狭义观点是，有充分的理由将采集-狩猎者和他们的邻居区分开来，尽管他们在生存方式上的区别可能不那么明显，并非后者只进行某种形式的耕种而前者只进行采集和狩猎。他们的不同之处在于对共同环境的不同看法，这些看法围绕着不同的比喻——"自然是父母"与"自然是祖先"——展开。采集-狩猎者的经济体系是根据"森林是父母"这个比喻而建立在给予的基础上的，它意味着人们有强烈的共享伦理，并且践行需求共享，它要求人们分享更多而不是生产更多。

更广义的观点是：虽然自莫斯（Mauss，1954［1911］）以来，许多人类学家已经广泛讨论了建立在互惠基础上的经济体系，但那雅卡人展现的这种经济体系尚未得到承认。总的来说（可参见 Price，1975），给予和互惠在分析上并没有被区分开来，即便是萨林斯也把采集-狩猎者的"分享"视为一种互惠，而且是作为广义互惠的一个典型例子（1972：13-14）。关于礼物经济和商品经济以及它们之间的关系，人们已经做了大量的工作。我认为有必要探索第三种经济，它和其他两种经济一样，在不同领域、以不同程度广泛存在（见 Appadurai，1986）。

Bird-David, N. (1990) 'The Giving Environment: another perspective on the economic system of gatherer-hunters', *Current Anthropology* 31(2): 189-96

参考文献

Appadurai, A. (ed.) (1986) *The Social Life of Things*, Cambridge: Cambridge University Press.

Barnard, A. and J. Woodburn (1988) 'Introduction', in *Hunters and Gatherers, vol.2: property, power, and ideology*, eds T. Ingold, D. Riches and J. Woodburn, Oxford: Berg.

Draper, P. (1978) 'The Learning Environment for Aggression and Antisocial Behaviour among the !Kung (Kalahari Desert, Botswana, Africa)', in *Learning Non-aggression: the experience of non-literate societies*, ed. A. Montagu, Oxford: Oxford University Press.

Endicott, K. (1979) *Batek Negrito Religion: the world view and rituals of a hunting and gathering people of peninsular Malaysia*, Oxford: Clarendon Press.

—— (1988) 'Property, Power, and Conflict among the Batek of Malaysia', in *Hunters and Gatherers, vol 2: property, power, and ideology*, eds T. Ingold, D. Riches and J. Woodburn, Oxford: Berg.

Gudeman, S. (1986) *Economics as Culture: models and metaphors of livelihood*, London: Routledge and Kegan Paul.

Ingold, T. (1980) *Hunters, Pastoralists and Ranchers*, Cambridge: Cambridge University Press.

Lee, R. B. (1979) *The !Kung San: men, women, and work in a foraging society*, New York: Cambridge University Press.

Mauss, M. (1954) [1911] *The Gift: forms and functions of exchange in archaic societies*, London: Cohen and West.

Misra, R. (1971) *Mullu-Kurumbas of Kappala*, Calcutta: Anthropological Survey of India.

Mosko, M. (1987) 'The Symbols of "Forest": a structural analysis of Mbuti culture and social organisation', *American Anthropologist* 89: 896–913.

Peterson, N. (1986) 'Reciprocity and the Demand for Generosity', paper presented at the 4th International Conference on Hunting and Gathering Societies, London, England.

Price, J. (1975) 'Sharing: the integration of intimate economies', *Anthropologia* 17:3–27.

Rooksby, R. L. (1959) 'The Kurumbas of Malabar', Ph.D. dissertation, University of London.

Sahlins, M. (1968) 'Notes on the Original Affluent Society', in *Man the Hunter*, eds R. B. Lee and I. DeVore, Chicago: Aldine.

—— (1972) *Stone Age Economics*, Chicago: Aldine.

Turnbull, C. M. (1976) [1965] *Wayward Servants: the two worlds of the African Pygmies*, Westport CT: Greenwood Press.

—— (1983) *The Mbuti Pygmies: change and adaptation*, New York: Holt, Rinehart and Winston

Von Fürer-Haimendorf, C. (1952) 'Ethnographic Notes on Some Communities of the Wynad', *Eastern Anthropologist* 6: 18–32.

Wiessner, P. (1977) 'Hxaro: a regional system of reciprocity for reducing risk among the !Kung San', Ph.D. diss., University of Mich., Ann Arbor Mich.

—— (1982) 'Risk, Reciprocity, and Social Influence on !Kung San Economics', in *Politics and history in band societies*, eds E. Leacock and R. Lee, Cambridge: Cambridge University Press.

Woodburn, J. (1980) 'Hunters and gatherers today and reconstruction of the past', in *Soviet and Western anthropology*, ed. E. Gellner, London: Duckworth.

—— (1988) 'African Hunter-gatherer Social Organisation: is it best understood as a product of encapsulation?', in *Hunters and Gatherers, vol 1: history, evolution, and social change*, eds T. Ingold, D. Riches and J. Woodburn, Oxford: Berg.

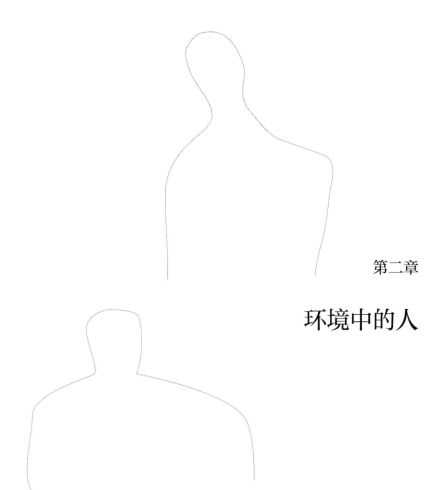

第二章

环境中的人

1901年，英国殖民部队占领了西非的阿桑特王国，并将其并入黄金海岸殖民地（现在的加纳）。二十六年后，人类学家、英国驻西非政府官员罗伯特·S.拉特雷（Robert S. Rattray）上尉出版了一本民族志专著《阿桑特的宗教与艺术》（*Religion and Art in Ashanti*）。拉特雷关注的是呈现对阿桑特社会生活的整体描述，包括在四分之一个世纪前被帝国统治压制的传统元素。在专著的下面这段中，拉特雷开始论证如何通过把自己置于阿桑特的经验世界中来理解以前在国王死后所做的活人祭祀。

然而，阿桑特国王葬礼仪式的一个方面引起了人们的广泛关注。这就是所谓的"嗜血欲"和由此对受害者看似无区别的屠杀……我有一些受人尊敬的、白发苍苍的年长朋友曾参与过这些活动，我相信他们不会反对让英国公众了解事实，希望这样能帮助阿桑特人摆脱所谓在他们的国家被我们的政府接管前是残忍嗜血的野人这种污名。我现在意识到，在我们对似乎与举国哀悼分不开的屠杀现场做出判断之前，除嗜血和残忍以外，还有其他动机应该被了解和考虑。欧洲人似乎对死后的未知有着天生的恐惧，这就是精神分析学家所称的"死亡恐惧症"，它被恰当地定义为我们"对生命热情、专注、近乎嗜血的执著"。因此，要说服一般人相信这些流血事件的背后有某种东西，即使不能使人钦佩，至少应该使人产生一种远非厌恶或虔诚的恐惧的感觉，那是不容易的。

（Rattray，1927：104–105）

拉特雷继续提出证据，证明（如今已白发苍苍的）刽子手和被处决者都接受了活人祭祀的合法性，因为这符合他们对生命和死亡的理解，尤其是对来世的组织方式的理解。不仅刽子手觉得有牺牲"受害者"的必要，"受害者"也心甘情愿地走向死亡。拉特雷要求读者在对阿桑特的整体文化有更多了解之前不要急于下结论，他要求读者放弃草率的刻板印象（"残忍的野人"），并审视自己更深层次的情绪平衡（"死亡恐惧症……近乎嗜血的执著"）。他的论点是基于这样一种主张，即在不参考某一文化元素所属的文化整体的情况下，我们不能对其做出充分判断。即使是像活人祭祀这样明显不同寻常的事情，如果放到它作为一个元素所属的整体背景下来考虑，也是可以理解的。随着本章的发展我们将会发现，这种将文化或社会作为一个包罗万象的整体的意识，并不是所有民族志学者都认同的。尽管如此，拉特雷在这里所展示的将某一元素置于环境中的过程仍然是民族志写作的中心。

无论是对非洲王国、纽约的毒品贩子还是世界银行官员的田野调查，民族志都是对经验世界的一种探索。民族志的读者总是被要求置换掉一些对自己世界的个人知识和期望，以便理解生活在一个完全不同的认知、行为和参与事件的框架里是什么样子。民族志写作的一个关键维度就是为读者建立一个基础，让读者可以暂时搁置对某些不熟悉的行为和认知的怀疑甚至道德义愤。由此产生了两个相辅相成的过程：一个是广泛整体的，即理解特定细节所在的整体文化背景，而这种细节可能是某种令人不安的文化实践；另一个是具体的，说明这些细节如何在体现背景的同时也在大背景中得到解释。

因此，民族志的世界是通过讲述细节来揭示的，而细节在更宽广或狭窄的语境框架中获得意义。我们可以结合罗达·梅特罗（Rhoda Metraux，2000［1953］）在 20 世纪 50 年代的描述进一步探讨这一点，她试图对海地人和她自己在加勒比海海地岛的某些陈述进行分析。

1. 格德来了。（格德是一个神的名字）
2. 格德在提约的头上跳舞。（提约是个男人）
3. 乳汁涌上了她的头，把她逼疯了。（说一个被认为精神失常的女人）
4. 母亲把她的感冒传给了孩子。（一个美国人，也就是我说的）

对于说克里奥尔语的人来说，第一句和第三句是简单的事实陈述。第一句的意思是，神格德附身于一个男人或女人，他就在眼前跳舞、享受。第二句是对同一事实的一种委婉表达。第三句是对因果关系的解释：一个哺乳期的母亲太过害怕或生气，以至于乳汁真的涌上了头，把她逼疯了。第四句是我向一些海地农民所做的解释，却引发了他们的怀疑和不安的逗笑，因为他们难以相信母亲会让自己的孩子生病……

前三句和对第四句话的回应提供了关于海地克里奥尔人世界观的线索。但是……只有当分析者最原始的参考点不是他自己的感知系统，而是（搁置自己的系统）这些克里奥尔场景发生的环境时，这些句子才有可能被理解。

（Metraux，2000［1953］：389–390）

民族志作为一个完整的文本，是基于对"这些场景发生的环境"的理解，将各种不同的元素、情况、行为、表述和反应组合到一起。梅特罗暗示，海地文化中还有很多其他的线索可以被用来补充或替代目前所用的这些。她意识到，这些语句所特有的某些特征（例如语调、伴随的手势）被丢失了，因为它们已经融入对这个语境（海地克里奥尔人对世界的看法）更宏观的理解中，成为要素。她告诉我们，有很多不同的文化材料，包括人类学家自己的感叹，都可以提供对另一个经验框架进行语境化理解的切入点。

人类学家罗伊·迪利（Roy Dilley）指出，语境（context）这个词的词源是拉丁语动词 *texere*，意思是编织。与之相关的拉丁语动词 *contextere* 表示"编织到一起"、"交织"、"连接"或"组合"的意思（1999：4）。将创造语境比作编织有助于理解：当我们看织成的布时，我们把各种不同的颜色和形状视为一种设计，把布视为一个整体，但可能不太注意构成它的具体的线。民族志的前提思想是，语境化可以为我们解释那些零散的、有时令人困惑的细节，这些细节构成了人类的社会经验，在语境化过程中被视为"编织"社会或文化的元素。我们需要搁置自己的即时反应，学会将具体事例放到它产生的大结构中去理解。创造背景环境的过程，就是将社会文化细节置于一个或多或少整合的大画面中进行排序组合的过程。这种分析层次之间的相互依存有时被称为解释学循环（Hodge，1944：27；Dilley，1999：14-17）。我们会发现，民族志本身的一些特性使任何试图终结解释和语境化的过程都变得复杂化。

在本章中，我们将首先探讨为了对特定环境中的人进行描述，就必须识别或区分出他们作为具有特定地位和角色的社会行动者区别于其他人的品质。第二部分讨论这些层次之间的互动以及它们是如何融合的。虽然民族志中对不同主题的解释整合是使文化元素具有意义的关键，但在田野调查经验的固有多样性和为了解释它而走向同质化的民族志经验之间，不可避免地存在着一种平衡。最后一部分探讨了这种平衡：所有的民族志学者都会采用语境化的方法，但在不同的民族志中，将什么作为语境可能有很大的不同。

要点概括

1. 民族志强调提供文化背景，而不是立刻对特定文化细节进行评估。

2. 因为民族志提供了一个进入不同于我们自己的经验世界的入口，也就暗示着我们需要搁置某些判断。

3. 民族志中细节的意义，在于它是一个或一组更广泛的解释框架中的部分。

区分是理解和解释的基础

在一篇对渔民的简短的民族志分析中,巴特(Barth,1966)概述了挪威渔船上的"网老大"这一特殊**角色**。他认为,拥有网老大身份的人能够做和说一些不在这个位置上——比如说作为一名普通船员时——就不能做和说的事情。也就是说,他区分出了一些特征,这些特征是网老大在周遭各种活动同时进行的场景中所特有的。

网老大扮演了一个非常不同的角色(相对于船长);他率直,喜欢争论和讲笑话,总能证明自己拥有猜测灵感、天赋和微妙的感觉。他是公认的、也是名副其实敢于承担自身行为后果的;他可以吹嘘赌博和酗酒。这些性格都被看作他的资质,说明他技巧纯熟,能够找到鲱鱼的方向并且敢于在关键的最佳时间撒网。同时,他开的玩笑是在不断拒绝任何试图在船桥上宣称权威的人,是对船长的挑战,这又与他自己在撒网时不断粗野咒骂和声称权威的固定模式形成鲜明对比。

在网老大的发展过程中,有证据表明他在上一代的活动范围更有限,角色扮演也不那么明显……当时,作为网老大……缺少上面描述的"首席女高音"特点。随着资本的投入、回音和潜艇声呐设备的增加,网老大如今演变成了船长的逻辑对立面,而这两种角色在以往是可以合二为一的。

(Barth,1966:8-9)

网老大往往是言谈粗俗又有魅力的人，但这个角色在船上的地位并不是一成不变的：巴特认为，这种地位是在挪威捕鱼技术和实践的广泛变化中产生的，这些变化影响了两种不同机制的建立（船长对渔船的控制和网老大对捕鱼作业的控制）。显然，巴特的民族志始于他在渔船上进行田野调查的各种个人经历。在理解这些经验的过程中，"网老大"的形象从一般的场景中显现出来，被认为具有重要的民族志学意义。通过关注这个角色，渔船场景的语境特征变得更加清晰。在一个多种角色同时在场的场景中，网老大的行为清晰地勾勒出了自己的轮廓。特别是，我们由此了解到在渔船这种技术复杂的环境中，等级制度、竞争和平均主义是如何实现的。而且，通过明确网老大的固定行为模式，巴特也能够将挪威渔业的变化和连续作为其背景进行分析。在这里，对民族志的细节和更广泛背景的解读协同进行，促进我们对二者的理解，其结果是提供了一个简洁而生动的进入民族志世界的入口，在这个世界中，不同行为在同一个清晰的背景框架下得以被理解。

识别和区分特定人员在特定文化背景中的角色定位是民族志的基础。但是民族志学家在分析其他社会和文化现象，如说话方式、群体共有的道德原则或可识别的身体行为时，也会进行区分。我们所说的"区分"，是指辨别并突出某些在整体解释中具有重要意义的特征，而将其他方面留在背景中。民族志学家集中关注与当下问题有关的某些特征，并将它们分离出来，只描述他们认为对理解某种行为、信仰或者人群有重要意义的经验。这些维度被赋予更大的解释权重，细节再一次促进对背景的理解，反之亦然。

虽然研究重点与巴特非常不同，但像巴特一样，保罗·安泽（Paul Antze，1987）在对一个匿名戒酒组织的研究中也进行了区分。巴特重点关注网老大的角色是为了理解挪威渔业中技术和社会实践的结合，而安泽则希望从整体上阐明美国文化，尤其是医学理解是如何融入常识的。为此，他分析了将酗酒者视为美国社会中特定文化角色的观念，并探索"匿名戒酒会"（AA）是如何将自己的意义赋予这个角色的。在接下来的段落中，他探讨了"匿名戒酒会"对酗酒是一种医学状况、一种疾病这一观点的强调：

> 成为酗酒者首先就是成为一个病人。这是什么意思？今天，酗酒是一种疾病的观念被如此广泛地接受，以至于认为这种观念具有任何特殊的民族志学意义似乎都是错误的。人们往往把它看作医学常识的简单反映，不予深思。然而，这种想法是严重错误的。当 AA 在 1937 年第一次宣告酗酒是一种疾病模式时，这种观点还远远没有流行起来。事实上，杰利内克（E. M. Jellinek，1960）已经说明，这种观点的流行在很大程度上得益于 AA 自身成功的治疗效果，以及这个组织由此在医生和大众中产生的影响。另一方面，当前的医学研究还远远未证实疾病模型在解释强迫饮酒综合症上的适用性。
>
> （Antze，1987：155）

安泽认为，酗酒是一种疾病的观念如此理所当然，以至于美国人很难不从医学角度来看待酗酒者，即认为酗酒是一种导致酗酒行为的疾病。而当前美国社会对"酗酒者"的理解，来自于匿名戒酒会的观念和活动模式。

安泽的解释让我们想起解释学循环，它将读者从特定的行为或角色带到更广泛的文化意义层面，然后再返回。在这个过程中，他通过对"酗酒者"进行探究和语境化，对人们不假思索地接受当下看似自然而明显的"酗酒者"概念提出质疑。他指出，应该将这个角色的意义看作一种反馈环路，它的成功取决于参与者的意愿，他们愿意用匿名戒酒会提出的说法来定义自身的经验。为了达到这个层次的理解，在一个整体的解释框架内，"酗酒者"的概念被仔细地描述为一个独特的、有其自身历史和结果的文化意义。

民族志写作通过将现实进行对比、通过分离和强化某些品质、通过明确某些现实的边界来完成，也就是说，民族志解释和分析围绕着对比区分展开。通过这种方式，我们从对挪威渔船上生活的一般性评论，转向对相互沟通的三类角色（网老大、船长、船员）间关系的描述，进而转向对某些行为的解释。或者，我们以酗酒者的身份为例，通过把它置于背景中重新考虑，从本质上重新解释了它的意思。

要点概括

1. 民族志世界的阐述涉及区分的过程，例如对特征角色或身份的突出对比。

> 2. 对一个环境中某类身份社会定位的区分，使我们能够对其特有的社会能力或作用有一个正确的认识。
>
> 3. 与简单描述相反，对民族志现实的某些特定方面的对比区分，创造了理解／解释的基础。

个体与群体——民族志生活世界中的整合层次

我们已经看到，民族志的一个关键目标是展示特定人员的生活，这些人以某个经验生活世界为背景并被从中区分出来。但是，区分的过程远不止是展示特定社会地位或角色（如网老大或酗酒者）的特征和作用。在对他们所在的更大群体和组织的行为进行描述时，这些角色本身的社会人格形式就具有了进一步的意义。在分离出组成某个角色、活动或概念的相关特征后，接下来的过程就是展示社会活动在民族志所呈现的特定情况和整体图景中是如何被整合的。

通加人（Thonga）进行辩论或讨论的方式与我们通常习惯的非常不同，他们从来不投票表决。讨论由族长主持，某个长老提出一个命题，通常是用简短的疑问句，所有人安静听着，直到发起人以充满活力的语气词"阿海那"（相当于"好了"）结束……另一个人继续解释这件事，他说："你没听见他说什么吗？他说……"这就是附议的方式。辩论继续进行，逐渐有人提出反对意见，最终大会得出结论。

族长经常一句话也不说；长老们意见一致时，如果他没有反对意见，就只是点头表示同意。所以决定是在没有任何投票的情况下做出的，多数人的声音并非通过举手来确定，而通常是凭非凡的直觉感知的。全程围成一个圈蹲着讨论的严肃长老们站起来，四下散去，清晰地知道刚才得出了什么结论。

（Junod，1962［1912］：434–435）

在这段1912年对南非通加人的描述中，亨利·朱诺（Henry Junod）试图评价一种微妙的达成协议的方式，这种方式似乎依赖于"非凡的直觉"。这个案例中，缺少了西方式集体交流的一个主要特点，即集体的决定是将每个参与者的看法聚集到一起，并且在理想情况下，通过举手表决来体现。相比之下，在这里，个人观点似乎被并入了集体之中，但每个参与者都能凭直觉知道共识是什么。这段文章通篇隐含的对西方和通加集体活动的比较，让人想起了第一章中提到的主题。朱诺这段描述的价值在于提醒我们，民族志中语境化和解释的循环很可能带领我们偏离熟悉的对个人和社会之间关系的理解，并在这个过程中破坏我们对两者的隐含期望。无论如何，民族志学者都致力于阐明为他们的研究对象提供生活背景的群体，威廉·富特·怀特（William Foote Whyte，1943）的以下描述和分析也证明了这一点。

诺顿和意大利社区俱乐部属于不同的社会层面，它们的组织基础也截然不同。同时，他们也在很大程度上代表了科纳维尔生活。对诺顿的大多数概括也同样适用于其他一些街头帮派……1937年秋天的一个晚上，我站在诺顿街上与奇克·莫雷里、菲尔·普林西比奥、弗雷德·麦基和卢·达纳罗交谈，弗兰克·博内利和纳特西走过来，站在了我们旁边的一个位置上。我站在两群人之间。我跟奇克、菲尔、弗雷德和卢谈了谈，然后转过去又跟弗兰克和纳特西谈了谈。没有所有人都参与的交谈……从头到尾奇克和菲尔都没有直接跟弗兰克或纳特西交流过……

虽然他们经常在诺顿街见面，但奇克和菲尔、纳特西和弗兰克属于不同的社会团体，团体之间没有密切联系。卢、弗雷德和我与这两个团体都能融洽相处，因此可以充当中间人……

只有当两个团体之间的差距足够小时，中间人才能发挥作用。当差距扩大到某一程度时，就没有人能跨越它了。

（Whyte，1943：94–96）

在这段节选中，怀特分析了他在20世纪30年代研究的美国街头的意大利帮派的组织特征。这段叙述的一个有趣特点是，他指出了每个人的名字，并平铺直叙地介绍了他们的一次偶遇（见第四章）。与此同时，他清楚地说明，只有结合奇克、纳特西和其他人所在的社会团体的背景，才能理解他们之间的这次交流。奇克·莫雷里和纳特西彼此不说话，因为他们被自己所感知到的界限无形地分开了，就像遵从实际的边界线一样。在这段节选的最后，怀特谈到"两个团体之间的差距"时，他使用了一个空间比喻来描述人们之间的社会距离，这些人的地位取决于他们所归属的同一个街区的不同子群体。这个比喻很贴切，因为纳特西和弗兰克确实与奇克和菲尔保持了空间距离，而这个小场景也被映射到更大的社会情境下。民族志的一个主要目的不仅在于清晰地描述与某个生活世界相关的人的能力和活动，与此同时，还在于体现这些不同人群之间互相联系的重要性，也就是整合框架的重要性。因此，大量的民族志分析都被用来解释不同的人、不同的活动之间的区别和联系是如何产生、维持并受到挑战的。

> **要点概括**
>
> 1. 民族志通过展示个体生命在更具包容性的社会形式中的融合，赋予了他们更多的语境意义。
> 2. 民族志说明个人的能动性不只是依赖于角色或地位所固有的能力——其地位是与社会整体的组织层次相对应的。
> 3. 民族志旨在展现社会模式的各个部分之间不仅是互相区分的，也是互相联系的。

多样性 VS 整合

民族志是建立在田野调查的基础上的。田野经验提供的潜在可能具有内在的多样性。也就是说，民族志学者在田野调查中所接触到的众多的人，在语调、言语意象、行为和手势、情感好恶上有着无限的多样性和微妙性，其结果可能是一座有着各种不同的语境化理解和分析的通天塔。但实际结果往往并非如此，这是因为民族志学者倾向于通过相对有限的问题和概念来处理他们掌握的材料，这些问题和概念在学科发展过程中形成并具有持久影响力。然而，这样仍旧不能解决多样性与语境化的对立，而每个民族志学者在写作中都必须务实地面对这个问题。

在关于某个英国乡村生活的民族志中，奈杰尔·拉波特（Nigel Rapport, 1993）讲述了他的田野经验是如何引导他关注个体世界观的多样性，而不是共同的文化背景的。希德和多丽丝是他的两个主要报道人，但他们这些村民的特殊之处并不是在既定的文化框架内扮演了可识别的角色，而在于他们个人十分独特的理解世界的方式。希德和多丽丝不断地在对方的话语中寻找关联性，在这个过程中，他们能找到"部分重叠"的时候。但最终，他们在自己的主观推理"闭环"中找到了意义。这些闭环由反复出现的表达和动机构成，他们通过这些闭环将不同的"自我"整合进不同的情境中。他强烈反对把这些个体消减到他们的民族志背景中，那样一来，当人们成为"理想的演讲者和演员"时，个人性格的固有多样性就消失了（1993: 180）:

> 很明显，多丽丝的一些观念和希德有很大的不同。他们两人的观念闭环差异很大（只有部分是重叠的），甚至很难说他们总是活在同一个常识世界里。其次……我从来无法将多丽丝和希德在自我和观点上的差异归因于看似客观或明显不同的处

境。他们的多样性不能用常规的工作-角色来解释,不能像比较同伴之间和地位不等的人之间的玩闹、交谈那样来解释他俩的不同。

(Rapport,1993:123)

拉波特认为个人意识具有一种广泛的文化背景所没有的整体连贯性。不同个体的世界观只能达到部分重合,这个事实说明人类交流存在多样性。当然,拉波特也对希德和多丽丝进行了语境化分析,认为定义他们不同话语的是他们固有的个性和表达的循环,这种循环让个性得以在村庄背景中延续。他承认,民族志作为一种智力行为,不可避免地要对民族志学者试图理解的信息进行选择和塑造。而且,在他的分析中,个体也赋予更大的文化背景以意义。然而,在进一步的解释循环中,他否认了个性的全部意义都来自其文化背景的观点。在这一点上进行争论,就是要抹杀他试图突出的多样性。

为强调这里所说的语境化过程与田野调查经验多样性的对抗,可以将拉波特的民族志与另一部作品进行比较,后者用不同的方式对类似的问题进行了语境化分析,讨论了西方和印度对精神疾病的处理方法。在他的例子中,为了对两个关于何为"一个人"有不同理念的文化背景进行比较,斯坦利·汤拜亚(Stanley Tambiah,1990)故意排除了许多直接经验的多样性。值得注意的是,拉波特所描述的人类个体固有的性质——融合了多个更小的"自我"的独立意识,在汤拜亚的理解中是西方关于自我的思想的一部分,也就是更广泛文化背景的一部分。

为了进行鲜明的比较，我们假定存在某种关于精神疾病的、以有界自我的观念为依据的西方理论……人类作为有界的存在，以自我为中心，社会只是个体的集合，社会的存在是为了促进这些个体的利益。这些个体伸展出有限数量的吊桥，将他们与外界连接起来……治疗……专注于自我的内化过程。于是，自我……被视为分裂成多个更小的自我或部分，彼此隔绝，这是一种内部沟通的失败……

相反，印度人则认为宇宙是由各个社群和群体之间、家庭之间、人与人之间，乃至个体内部的流动构成的……因此，经验个体被视为多孔、可渗透的，随时受到外部影响……自然，治疗要解决的就是引导病人与其他重要的人建立牢固的关系，而不是像西方疗法那样，尝试强化病人的内在意识水平、自我反思和对过往的回忆，也不以任何方式有意地操控病人的负罪感和羞耻感。

（Tambiah，1990：133–134）

拉波特描述的与文化背景相对的个体内在的多样性和汤拜亚描述的西方心理学对个体的理解之间，存在惊人的相似性。在拉波特的描述中，意识在整体的推理循环中掌握着它的各种自我，个体意识之间只有部分重叠。而在汤拜亚的讨论中，西方关于自我的观点认为"有限数量的吊桥"将自我的"内化"过程与他人的内化过程连接起来。有界的自我可能会分裂成"更小的自我或部分"，需要重新整合。

这里可以引发讨论，但因篇幅所限无法展开。汤拜亚所采取的高层次方法在多大程度上忽视了人类多样性占主导地位的田野调查经验呢（想一想比如"为了进行鲜明的比较"这类说法）？拉波特又在多大程度上将预设的关于个性意义的"西方"共识引入到他的分析之中，仿佛这种共识本身就是事实呢？当然，从田野经验中产生的多样性并不局限于个体意识的多样性，而是可能具有更广泛的形式。从当前讨论引出的更普遍的观点是，多样性和背景之间无法进行绝对的区分，二者间的关系视民族志试图回答的问题而定。即使是那些强调人类多样性原则的民族志学者，也需要将某些特定的背景编织在一起才能得出结论，也必须区分构成这种多样性的特征，这个过程中达成的妥协将成为进行有创造性的学科辩论的起点。

此外，在书面的民族志（与田野经验本身相反）中，生活经验的多样性始终与智力整合的过程互相平衡，后者是为了给所研究的人类学问题提供一个清晰的框架。以莫妮卡·亨特（Monica Hunter）1937年对南非班图农场工人和白人农民之间关系的这段分析为例：

> 仆人和雇主之间的关系差别很大。在有些农场，他们私下里关系非常友好，仆人和雇主彼此认识很长时间，相处得很好。有时，农场主会对他的仆人的学校感兴趣，参加他们的音乐会，偶尔还为教师工资捐款。有些农场主的妻子会在农场仆人的儿女结婚时做婚礼蛋糕，有些人会收到仆人的妻子种的绿色玉米和其他新鲜农产品作为礼物。在其他农场，则存在着相互愤恨和恐惧的情形。一位雇主告诉作者，他没带左轮手枪时从不会

走近仆人的小屋;另一位雇主说,"我有时觉得,我们停止喝啤酒就是自掘坟墓。如果他们(班图仆人)喝了酒,就会自相残杀。如今他们越发多起来,就要来杀我们了"。

(Hunter, 1937: 397)

亨特分析时的谨慎("有些……有时……有些……在其他农场……")与她正在研究一个新主题的事实相符。尽管到20世纪30年代末,已经有大量关于"传统"班图人社会生活的作品,但关于因殖民主义而流离失所的人们生活的著作却相对较少,这些人在欧洲人拥有的农场里工作。亨特谨慎地避免假设所有农场都有一个共同的文化框架。相反地,农场有可能造成深刻的相互误解和潜在的暴力。但这并没有阻止她以一个概括性的陈述作为文章的结尾:"尽管极度贫困、自由受到严格限制,非洲农场工人仍成功地维持了自尊,并与邻居们愉快相处。"(1937: 404)在这里,对多样性的强调间接帮助说明了班图工人在贫困和失去自由的情况下,生活中少数的不确定性。

我们可以通过布鲁诺·拉图尔(Bruno Latour, 1996)对法国技术和技术人员的最新调查,进一步探索多样性与背景之间的平衡。拉图尔的民族志《阿拉米斯或对科技的热爱》(*Aramis, or the Love of Technology*)关注的不是某种单一的文化,而是一个项目,是20世纪80年代为巴黎打造新的自动化交通系统"阿拉米斯"的一次失败尝试。为分析阿拉米斯项目,拉图尔在技术人员、政治家、经济学家和其他利益相关方的观点之间转换,每个人都有自己的优先关注事项和对未来的想象。他还把阿拉米斯的观点虚构为一个反对声音,来动摇其他人的真理主张。他的陈述风格是有趣而不稳定的,通过使用不同的字体和其他视觉/写作技巧来展示完全不同的视角。尽管看似专注于共同的项目,但每个小组都在夸耀自己对现实的构建,在某些时候试图动摇他人的现实主张,另一些时候则为了在项目推进过程中维持自己的愿景而做出妥协。

难道为了给严肃的题材注入一点感情和诗意,我就非得离开现实吗?相反,我想要足够接近现实,让科学世界可以再次成为它们曾经的样子:不同可能的世界在冲突中移动和塑造彼此。我必须随意对待现实吗?当然不是。但我必须在其中任何一种现实成功统一局面之前,让所有的现实都恢复自由。

(Latour, 1996: ix)

本章开头讨论过,拉特雷和梅特罗谈到某个独特的文化或经验世界,并让我们尊重这个世界自身合理的优先事项。相比之下,拉图尔希望体现混合的不同现实和局部的解决办法。他描述了汇聚在一个未实现的项目中的各种可能的世界。但是,不同方法的差异性或许并没有看起来那么大。在拉图尔的作品中,这些"科学世界"的元素组成各不相同(包括对未来的想法),只有放到把它们汇聚在一起的这个项目的整体框架中,才能最充分地理解其多样性。拉图尔要求读者相对化地看待不管哪个"世界"的居住者所提出的主张,避免认可某个单一的世界观,而是要留意将这些世界联系在一起的现实之间的竞争。换句话说，他在用标准的民族志技巧来回答一个新问题。拉图尔认为，不同角色的世界版图是可塑的、发展中的，因为糟糕的表现将导致日常的失败。就像拉波特对希德和多丽丝的推理循环的描述，拉图尔希望证明这些利益集团的世界观是足够稳定的，可以随着时间的推移保持自我相似性。多样性在特定的背景约束之下发挥作用，在他的分析中有着特殊的论证作用。

> **要点概括**
>
> 　　1. 人类实际经验的多样性对民族志的语境化和整合提出了挑战。
> 　　2. 试图解决特定的民族志学问题时，不可避免地要对融合和多样性进行平衡。
> 　　3. 在民族志中，可以用多样性的概念来挑战已被接受的观点，并为辩论奠定基础。

结束语

　　和许多其他原始民族一样，雷利人（Lele）没有系统的神学，甚至没有任何半系统的学说体系来研究他们的宗教。按照他们的做法，似乎只不过是各种扑朔迷离的禁令，总是针对某些人，或在某些时候针对所有人。对于遵守这些禁令的人来说，可能存在着某种背景让这些禁令是有意义的。但其中可理解的内容不是从宗教仪式中提取出来的,也不是以神话和教义的形式表现出来的。就像所有的仪式一样,它们有象征性,但是其意义对于那些只关注仪式本身的学生来说必然是模糊的。线索存在于同样使用这套符号的日常情境之中……通过将这些符号放在世俗语境中进行研究,我们可以找到一条了解雷利宗教的秘密路径。为解释他们的仪式,我们需要理解他们有关礼节、男女和个人清洁的观念。

(Douglas,1975:9)

民族志超越了单纯的描述,因为它渴望理解和阐释。用道格拉斯的话说,如果问题能被恰当地框定并置于情境中,那么人类经历的"扑朔迷离的多样性"就能得到解释,这是所有民族志的格言。道格拉斯在评论雷利人的宗教思想缺乏系统性、具有可变性的同时,也为她的语境化奠定了基础。为了解释雷利人的禁忌,必须将符号的世俗使用与仪式使用区分开来,区分男性和女性的不同角色,并对这些不同的层次和角色进行比较和整合分析。

如果说道格拉斯以一种方式处理多样性与融合的问题,我们已经看到其他民族志学者采用了不同方法。置诸语境的过程虽然是民族志的基础,但它本身并没有提供任何创造人类学知识的不可挑战的技术。每部民族志都是细节与共性之间斗争的一个例证,是两者反复交替的一个过程。进行解释就是参与一个整体的循环运动,在这个过程中,一旦被框定在一个背景中,每个重要元素就会从普遍的多样性中作为证据凸显出来；与此同时，背景也因支持它的证据而得到提炼。同样，我们将在后面几章中看到，还有许多方法可以将民族志经验作为与特定讨论相关的证据处理。

第二章：练习

以下节选出自《希腊北部的舞蹈与身体政治》，简·考恩对希腊乡村社会生活的一种新发展——咖啡厅——进行了语境化分析和阐释，因为它体现了索霍斯（Sohos）镇上性别关系的变化。咖啡厅（*kafeteria*）出现在索霍斯镇最早是在 20 世纪 70 年代后期。在那之前，索霍斯人去的要么是咖啡店或只接待男性的店（*kafenia*），要么就是面向女性和家庭、售卖甜点和饮料的店（*zaharoplastia*）。公共社交空间有很明确的性别划分，这与索霍斯人对男性和女性的看法有关。相比之下，在相对新潮的咖啡厅中，未婚的女性可以与男性交往。在本书的这一部分中，考恩首先将咖啡厅作为一种新的文化空间进行了语境化，然后提供了五种有关咖啡厅、性别观念和关系变化的评论。每一个声音都代表着一种对女性、她们的能动性和人格的独特看法。在这段经过编辑的节选中，我们收录了这五种声音中的两种。阅读节选并回答以下问题：

1. 为什么咖啡厅是理解索霍斯镇性别关系的重要机构？
2. 考恩在这段节选中所呈现的细节如何体现出整体的背景？

3. 在考恩的论述中,对多样性的呈现起到了什么作用?

4. 通过她呈现的声音,考恩强调了哪些不同的角色和能动形式?

5. 在考恩的叙述中,你能看到"解释循环"的元素在起作用吗?举几个例子。

《希腊北部的舞蹈与身体政治》节选

女人在咖啡厅喝咖啡的时候

索霍斯有三个咖啡厅,其中一个几乎只有高中生光顾,尽管这个地方在一天中的某些时候是男性领地,但是成群的女孩经常放学后聚集在这里。她们既在女生中社交,也与男同学交往。另外两个咖啡厅的主要顾客是青少年和壮年男性。然而,在任何一个工作日的下午,都有一两群女孩分散在男性顾客的主体中。她们几乎都是未婚。她们会买果汁、汽水或雀巢咖啡,聊一会儿天,跟彼此还有咖啡厅里碰到的其他熟人说笑。然而,她们似乎始终都会意识到周围男性的目光。她们来去都是三三两两的群体,从不单独行动。

作为一个不完全符合人们所熟悉的性别和空间分类的机构,咖啡厅是索霍斯人讨论的一个话题。这种对话表面上关注的是这个地方的道德基调,但其潜台词围绕的是"男人"和"女人"(尤其是后者)这两个类别的性质和道德能力。"女孩子在咖啡厅消磨时间是好事还是坏事？"索霍斯人意见不一。在众说纷纭的意见中心，是性别定义的意识形态斗争。在我倾听并试图分析所听到的内容的过程中，有五个声音脱颖而出，每一个都清晰地表达了对女性和咖啡厅的不同立场。尽管原因不同，有三个人支持主流的性别意识形态。剩下的两个人对它提出了质疑——一个是不情愿的，另一个则是坚定的。

……

斯特里奥斯的妻子

斯特里奥斯认为，女人想去咖啡厅只有一个原因：追求性冒险。（注意他指的明显是已婚妇女，提及孩子的命运也说明了这一点。）斯特里奥斯觉得，这种强烈的诱惑是无法抗拒的。在他看来，女人通过拒绝这样一个地方甚至是根本不想待在那里，来表现她们的良善，正如他在描述他妻子的反应时指出的那样：

简：跟我说说，你爱人来听这个演讲了吗？

斯特里奥斯：没，她听说了，我当时在睡觉，她告诉我的。我跟她说："你怎么不跟附近的女人们一起去？"她笑了，说："去干嘛？"

简：她为什么不想来？

斯特里奥斯：她说，"去干嘛？"我告诉她，"也许你对家里的现状有点儿牢骚想发呢？"

阿玛莉亚：哦呵！你为什么会认为只是来听这个演讲就说明她一定有牢骚要发呢？

斯特里奥斯告诉我们，他的妻子不仅嘲笑咖啡厅和关于妇女问题的演讲，而且对这种她可能不满于个人处境的暗示嗤之以鼻。

这是第三个声音。虽然这是一个女人、一个妻子的声音，但它是由一个男人发出的，从某种意义上说很合适，因为已婚女人的声音是最能体现男性话语、最缄默、最矛盾的女性声音（参见 Irigaray，1974）。虽然我们必须记得这第三个声音来自一个不在场的女人，是由她丈夫引述的，但她的话所表达的态度并不让人感觉陌生。已婚女性在和丈夫或其他女性说话时，很可能会否认自己对参加女性聚会或出去喝咖啡有任何兴趣，她甚至可能会嘲笑那些这样做的人。这是事实。安娜是一位参加了这次妇女节讨论的已婚女性，也参与了我们的对话，她描述了自己和另一位一起参加聚会的女性的这种遭遇。

我们在来的路上边走边聊，有几个女人问我们："你们要去哪儿？"我们回答时有些担心。"我们要去参加聚会，"我们对她们喊道，"跟我们一起去吧！"但我们一说完，她们就开始取笑我们，说："出什么大事儿了，你们居然想去这个聚会？男人们会怎么说啊？"但其实我们在家说这件事的时候，我们的丈夫说："去吧，听听，看会发生什么。"

对此，阿玛莉亚说：

说"你打算去做什么？"的往往是女人。很多女人都这样，她们认为女人来这里听会是不正确的，是想违背她的丈夫，是愚蠢行为。

斯特里奥斯的妻子、安娜遇到的镇上女性，以及阿玛莉亚说的"很多女人"，都是在引述中被提及而不是在现场自己发声的，她们表达了类似的意思：想去咖啡厅，不管是去听演讲还是去喝咖啡，都是不合法的。这种行为挑战了已婚妇女用良好行为换取丈夫保护和尊重的隐性契约。

然而，否认对外出感兴趣（一种道德行为）是否等同于没有这种渴望呢？年轻的已婚妇女经常向我抱怨，她们感到无聊和受限制，希望有地方可以让她们走出家门。她们承认，现在她们有了更多的自由，可以和丈夫一起去俱乐部，或者参加由地方居民组织主办的正式舞会。事实上，她们知道自己对娱乐的期望相比她们的母亲和祖母更高。但是她们觉得，在日常社交方面，她们享受某些小乐趣的权利没有得到承认。这些妇女常常以贬低的口吻提到关于她们在公共场合活动的种种禁忌，认为这体现了社区令人难以忍受的保守主义。"在别的地方，"她们说，"结了婚的女人可以出去喝咖啡，但在这儿，嘭——嘭——嘭！"她们这样表示，但带着几分轻蔑的态度，说明了如果实践这个愿望她们将遭到的非难。在这个过程中，她们将这种渴望的特质标记为：在她们所在的世界是异想天开、无法实现的。

……

已婚妇女在家庭团结的现实和公共形象上都负有特殊的责任。只要女性身份是由家庭定义的,在这个意义上,她的能力、自我价值和满足感就可能与她履行家庭责任的能力密切相关,包括经营家庭关系的情感工作。与此同时,对这样一位女性而言,公众对她家庭情况的看法可能同她自己对家庭状况的评价和体验一样重要。已婚妇女非常重视维护和谐家庭的形象,因为只要人们认为女性应该对家庭负责,那么任何家庭和婚姻问题都会造成对她的负面印象。这可能会造成真正的痛苦。就像经常有女性对我说的那样,"人们会说'要怪那个女人'"。因此,虽然有些女人可能真的不想去咖啡厅,但这种说法不能只听表面。第三个声音中对这种兴趣的否认与很多女性私下的坦白相矛盾,她们想去但没有去,因为害怕可能的后果:流言、谴责、嘲讽、家庭矛盾、来自丈夫或公婆的口头或身体攻击,或者给家人带来麻烦。讽刺的是,这种既来自女性也来自他人转述的已婚妇女的声音,支撑着主流的性别意识形态,因为维护她作为一名女性、一个自主的人的权利,就是违背她作为妻子、母亲、社区中一名淑女的利益。而女性对这种棘手矛盾的回应更多可能不是真正的接受,而是康诺利(Connolly)所说的一种"预先投降"(1983:91)。

前三种声音虽然带有复杂性和矛盾性,但都重申了在公共休闲空间隔离无关系的男女的正确性。尽管这些声音在一定程度上是通过赋予咖啡厅道德品质来被阐明的,但他们争论的关键是关于女性的一个特殊概念和她在这个世界上的行为的意义。

在这种观点中，女性主动在咖啡厅"享受她的快乐"暗喻着对性的积极追求。因此，斯特里奥斯说她是一个典型的、不知足的荡妇，卡蒂娜将这种女孩定义为"享乐的受害者"，而第三种声音则认为正经的已婚女性就应该"拒绝"这种享乐。

……

苏拉和阿玛莉亚

第五个声音来自两个女孩，苏拉和阿玛莉亚。尽管她们一直在评论别人的解释，但她们对女性有一种不同的理解，这清楚地体现在她们说的话和做的事中。首先，她们会去咖啡厅。阿玛莉亚是一个非常世故的中学毕业生，苏拉的父母在当地是相当开明的，因此作为个人她们是引人注目的，但是在来咖啡厅这件事上她们不是唯一的。可以肯定的是，女孩在顾客中只占少数，她们的到场仍然存在争议。但是镇上的人认为咖啡厅是年轻人聚会的地方，尽管他们可能不赞同，却也承认女孩们越来越多地在那里消磨时间。

值得注意的是，与已婚妇女相比，女孩去咖啡厅得到了尽管也不情愿但相对宽容的视线。父母们承认，孩子们面对的现实并不是他们儿时所知道的那样。他们还承认，女孩子喜欢看到年轻男人，也喜欢被年轻男人看到，这是可以理解的。当然，被人看到是一个矛盾的过程。父母们可能会因为女儿们"被看到"在那里做什么——比如抽烟或调情——而与她们争吵，不管这是谣言还是事实。但从父母的角度来看，这给未婚女孩造成的后果没有已婚女性严重。

同样清楚的是，虽然带有无可辩驳的罪恶内涵，咖啡厅作为现代教养和文明奢侈的象征而享有声望。在一个与周围小村庄相比可以算是熙熙攘攘的大都市并且以此为荣（但又总是痛苦地意识到它相比于现代城市塞萨洛尼基的落后）的社区中，这些咖啡厅属于索霍斯人宣称进步的那一部分。这至少部分地解释了为什么我，一个女人，第一天就被米哈里斯（Mihalis）带到了那里，为什么市长，一个在城市里长大的进步男人，安排在那里举行妇女节演讲。女孩们想要证明她们去咖啡厅的正当性时，也会利用这一点。

苏拉和阿玛莉亚所捍卫的女性概念，来自于她们对媒体和两大左翼政党政治活动中出现的女性主义话语的理解，也来自于她们由年龄和性别所决定的社会地位。在利益或义务方面，苏拉和阿玛莉亚都不像已婚妇女对核心家庭那样投入。因此，她们可以更自由地表达自主、自决的女性理想。村里的女孩面临着无止尽的、在她看来不合理的道德责任的要求，对此苏拉感到愤怒。她哀叹道，女孩们因为害怕公众的指责而不断审查自己的行为：

> 在村子里，不管是结婚、订婚、分手，还是女孩做任何事，她们想的都是*别人*。如果我吸烟别人会怎么说，如果我二十岁后订婚别人会怎么说，如果我订婚后分手别人会怎么说，如果我结婚又离婚别人会怎么说？她们从来不说，我该做些什么来让自己快乐？

对于任何一个曾在可以说任何规模的希腊社区待过的人而言，这种抱怨听起来都很熟悉。但是，认为应该承认女孩的个人需求和欲望的合法性，这种主张在希腊并不典型。

苏拉和阿玛莉亚坚持认为，女性应该根据自己的需要、欲望和兴趣，而不是根据别人说什么来决定如何行动。她们认为对名誉的关注是虚伪和因循守旧的，痛惜女性以此来安排自己的生活。她们不认为当一个女人对女性聚会或者和朋友喝咖啡表示出兴趣时，就背叛了她的丈夫。与在周围看到的那种等级森严的所谓互补婚姻相比，她们在自己与男性的关系中想要得到的东西明显是平等和相互的——不过她们并不认为这是可以期待的。她们借用个人主义的修辞来为不同的女性概念辩护，坚决地强调女人首先是"人"。

在约格斯（Yorghos）表达关于男女两性的对立以及所谓"自然"的物化女性的悲观论调后，苏拉做出了回应。她认为，她们讨论了整个下午的平等不是身体素质的完全等同，平等意味着将女性当作主体而不是客体。

> 但是约格斯，这就是我们想要做的。想要看到女人无论走到哪里，男人都不会把她当作物品来看待。他为什么要把她当作物品呢？我们想做的是让男人把女人当成人看待。

这个时候，阿玛莉亚害羞而试探性地补充了她自己的非凡论断。她认为，女性的欲望和采取行动的权利应该被允许，其正当性应该得到承认。在男人们得意地打趣苏拉说"女人也会看（渴望并且物化）男人"之后，阿玛莉亚反驳道：

> 你知道后面会发生什么吗？每个人都说，是男人挑逗女孩，男孩挑逗女孩，但如果一个女孩喜欢某人，先接近他，对方就会认为她"容易"到手。如果她被认为"容易"，那就完了，没戏了。但是她喜欢的那个家伙，可能永远都不会迈出第一步。

苏拉和阿玛莉亚拒绝将女性的道德良善等同于被动性，即使她们也受到了这种影响。在接受另一种关于女性的观点时，她们重新定义了其权力、兴趣、渴望，以及其性别和行为在这个世界上的意义。她们通过出入咖啡厅来实现自己的独立，然后（被我这个人类学家激发）把它当成一个论坛来表达和探索"女人作为人"的意义。无论她们的声音多么微弱稚嫩，都能够延伸出来，让其他声音只能直接描述的矛盾有了具体声音。

模棱两可的抵抗

性别和性别差异的重要社会含义出现在围绕日常社交的话语中，并通过其所包含的实践得以再现。这些实践是琐碎而令人愉快的，大多时候通过非语言的方式阐明了特定的关于女性、其性别、权力和道德能力的主导观念，这些观念又会影响女性作为社会角色被如何看待。而发言者们则用语言清楚地表达了指导这些实践的隐含意义。

在描述消费对象和地点时，索霍斯人声称男性和女性表现出了不同的对甜味、刺激性味道或者咸味的"自然"偏好。他们用性别来形容物品，比如称某些饮料"适合男性"、"适合女性"，这种做法进一步把这些预设的偏好与体质差异联系起来。一个女人爱吃甜食，这表明她是社会化的人、善于交际。这套关于感官喜好的说法不仅是性别的表现，也是一种道德行为。索霍斯人在这种解释里模糊了自然与道德的界限，在定义男性和女性以及他们的欲望时，进一步掩盖了权力和利益在其中是如何发挥作用的。

然而，新的休闲空间的出现，为人们提供了一个随心所欲的空间，在这里，一些市民开始对针对女性本质和地位的霸权思想提出异议。咖啡厅在象征性的细微之处带有复合、欧式和现代感觉，迎合了一种新型的人，用威廉姆斯（Williams, 1977：128-135）的惊人之语来形容，这些人正在生成一种新的"感觉结构"，咖啡厅也因此混淆了明确的性别界限。当咖啡厅在概念上冲击似乎僵化的性别空间分类时，造成的冲击波则轰隆隆地穿过日常世界。

年轻女性进入以前由男性控制的公共休闲空间，这无疑象征着对当地父权限制的有力抗议。然而，就此将咖啡厅视为女性获得享乐自由的新时代的先驱是不合理的。这种结论只能建立在这样一个假设上，即性别不平等只存在于沿袭传统的性别隔离形式的社会中。这种结论也意味着，采用了西方的方式——学者们和索霍斯人通常都称之为"现代的"方式，女性地位就会自动得到提升。

这种抵抗行为的含义比较模糊。尽管在咖啡厅中，当地性别意识形态的传统限制正在受到挑战，但它仍然算不上是一个革命性的机构。相反，具有讽刺意味的是，最近在索霍斯出现的咖啡厅表明，希腊和欧洲的城市机构、社会象征和社交形式正在取代其土著对手，强势渗透进了一个马其顿社区。咖啡厅提供了一种新的人类"存在"模式，强调休闲、奢侈，以及男性和女性表面上平等的消费机会。在这样的背景下，咖啡厅所代表的消费社会的性别不平等的微妙表现很容易被掩盖。索霍斯女孩和妇女为想象与实践女性人格的新定义而进行的斗争，将不可避免地反映出她们日常生活中相互矛盾的各个方面，以及其中关于性别和欲望的相互矛盾的论述。

Cowan, J. (1990) *Dance and the Body Politic in Northern Greece*, Princeton: Princeton University Press, 74-88

参考文献

Connolly, W. (1983) *The Terms of Political Discourse*, Princeton NJ: Princeton Univeristy Press.

Irigaray, L. (1974) *Speculum de L'autre femme*, Paris: Minuit.

Williams, R. (1977) *Marxism and Literature*, Oxford: Oxford University Press.

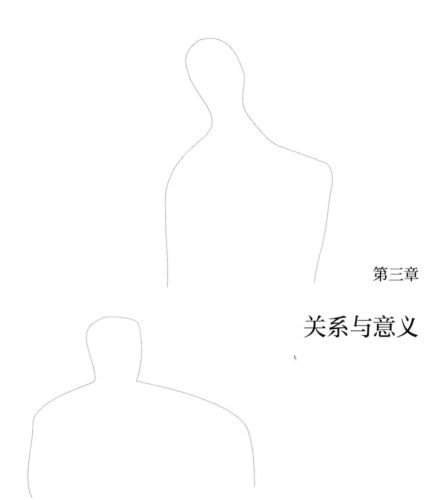

第三章

关系与意义

第三章 关系与意义

小说家、剧作家、电影制作人和词曲作者等都对人际关系感兴趣。当然,西方社会作为一个整体也痴迷于"人际关系",任何一本光鲜亮丽的杂志都能说明这一点。近藤多林(Dorinne Kondo)对一位日本奶奶婚姻回忆的描写提醒我们,人与人之间微妙的关系也是创作民族志的原材料:

> 她声称,他是一个真正的"明治人",一个暴君……但她仍然出色地履行了作为妻子的职责……"每天早上,"她说,"我都会在门口送他,帮他穿上鞋子,向他鞠躬,说'一路顺风'。"换句话说,她是个模范家庭主妇。但他一走出家门,她就嘶嘶地低声说:"臭老头!"
>
> (Kondo,1990:133)

然而,尽管有这类引人入胜的例子,学生们还是经常为专业人类学家描写人际关系时冷漠而疏远的方式感到沮丧。"其他人的生活是这么有趣的事情,为什么在人类学家笔下变得如此无趣?"是一种常见的抱怨。这是因为人类学家经常以高度抽象的方式讨论人际关系。看看这段对巴索托社会世界中一些核心关系的描述:

> 当姐姐的儿子想娶妻时，必然会托妈妈的兄弟帮他找到必需的牛，他的舅舅会给一些在他姐姐结婚时收到的牛，或者甚至可能从自己养的牛中给他一些，因为舅舅相信将来外甥结婚时会回赠给他牛。

（Radcliffe-Brown, 1979 : 26）

在我们开始阅读民族志时遇到这样的段落，会很容易迷失在错综复杂的关系和不同于我们熟悉的任何事物的当地观念中。另外，在看过电影和小说之后，我们自然会期望在民族志中也获得一些与人物情感或直觉上的联系：这个姐姐的儿子是谁？他是什么样的性格？他对不得不从舅舅那里要牛有什么看法？虽然民族志偶尔会给我们提供那种个人体会（前面近藤的文章就是一个很好的例子），但更经常呈现给我们的是比预期中更疏离、非私人化、不那么直接的知识。甚至那些更个性化、更吸引人的描述也常常被用来论证一些感觉抽象或与日常生活脱节的观点。学习阅读民族志需要熟悉人际关系的抽象思维方式，以及这些思维方式所隐含的意义。

在这一章中，我们将研究（1）民族志学者如何从更广泛的模式或框架的角度来描写人际关系；（2）人际关系图景在民族志作品中是如何建立和整合的；（3）抽象的关系模式如何成为比较的基础。而且，因为民族志是从一个非常特别的角度来写作的，有一套惯例和特定的受众，我们也将探索（4）民族志作者的分析和生活经验之间的距离／差异。

民族志学者是如何写关系的

在第二章中，我们展示了民族志学者如何区分特定行动者的特定社会能力，并将其作为情境化过程的一部分来建立某个生活世界的图景。例如，巴特强调网老大在挪威渔船中的特殊作用，从而展示了那个社会环境的动态特征。现在，一个重要的人类学观点是，任何社会角色或社会能力在本质上都是具有相关性的，这一点乍一看往往难以理解。在谈到社会能力的"相关性"时，人类学家的意思是这些能力或**能动性**的形式不可能存在于关系的框架之外。例如，网老大的角色只能存在于船长和船员的关系之中。在这些关系模式之外，网老大的特殊能力或作用毫无意义。把"网老大"从这个背景中抽离出来，我们讨论的这个人就不再是（至少不再是个积极的）网老大，而是扮演了一个新的角色，有了不同的能力——丈夫、选民或电视观众。民族志的部分任务就是阐述关系模式，从而让网老大这类**人格**类型可以被理解或解释。

那么，民族志的一个基本前提是社会生活是相关的。从在子宫里的时候、从出生开始，我们就处于各种关系之中，它们塑造或影响着我们的行为能力，构成了我们当前和未来能力的基础。作为社会存在或社会人，至少从人类学的一个角度来看，我们可以被理解为我们关系的总和。这就是民族志学者和小说家之间的一个重要区别。小说家通常会把我们的注意力集中在个人、他们的奋斗和动机上，而一个类似的出发点会把民族志学者引向一个抽象的方向。人类学家会从某个或多个生命的直接特征中提取出关键元素,并利用它们来理解和概括看似属于个体的能力和动机的社会性方面。在接下来的例子中,人类学家皮埃尔·布迪厄想让我们忽略法国咖啡馆中一群人的特殊性,而是考虑他们的互动——他们彼此间的关系——是如何创造出某种关系情境的:

咖啡馆不是男人去喝酒的地方,而是去找伴儿一起喝酒的地方,在那里他可以建立起一种熟悉的关系,这种关系的基础是搁置陌生人之间普遍存在的审视、习俗和礼仪……在咖啡馆里,开玩笑这个典型的流行艺术被赋予了完全自由——把一切都当作笑话的艺术……还包括以"胖子"为对象开玩笑或者发明笑话。他总是适合玩笑,因为在流行规则里,他的肥胖与其说是一种缺陷,不如说是一种独有的特征,还因为人们认为他生性善良,预设他能够善意地理解这些玩笑并且看到有趣的一面。

(Bourdieu, 1984: 183)

布迪厄告诉我们,咖啡馆的场景在某些关键方面是与外面的生活相反的。咖啡馆是一个在陌生人之间建立"熟悉关系"的地方,友好的关系不受礼貌规则的限制。建立这些关系并积极展示它们的一种方式是开玩笑,尤其是"把一切都当作笑话的艺术"。在这种模式中,"胖子"扮演了一个有趣的角色,成为群体成员展现个人幽默的焦点。他的肥胖在咖啡馆中获得了一种在其他地方所没有的特殊意义。这是因为咖啡馆的关系模式不同于别处,以及这里把肥胖视为特殊而不是缺陷的"流行规则"。也就是说,人们所参与的关系改变了表述和行为的意义。

在这篇文章中,布迪厄要求我们跳出对一个典型的咖啡馆场景("多么有趣的人物"、"多么无聊的一群人")的第一反应来进行思考。再一次,与小说家不同,布迪厄的分析不是将胖子或者他诙谐的朋友们作为个体来关注,而是作为互动模式中特定的主体。"胖子"的人格在这个模式中具有意义,在模式外则没有。把他放在咖啡馆的关系框架之外,他的人格也会随之改变。事实上,所有的民族志都忙于在关系中确定规律性元素,通常是通过关注一种经详细解释的角色框架。让我们看一个1927年的经典例子,选自马林诺夫斯基的《野蛮社会中的性与压抑》。他告诉我们,在特罗布里恩群岛,婚姻关系的含义与对典型的西欧人而言婚姻的意义不同:

> 首先,丈夫不被认为是孩子的父亲(在我们使用的这个词的意义上);生理上,他与他们的出生没有任何关系……在当地的信仰中,孩子是以幼小灵魂的形式被投入母亲的子宫,通常是出自母亲已故女性亲属的灵魂授意。
>
> (Malinowski, 1927:11)

因为特罗布里恩的孩子在身体上和精神上只与母亲以及她的亲属有关,所以特罗布里恩的一名父亲与英国或法国的中产阶级家庭的父亲是完全不同的角色：

> 因此，父亲是一个深受爱戴的、乐善好施的朋友，但不是孩子们被承认的亲戚。他是一个陌生人，通过他与孩子的个人关系拥有权威，而不是通过他在家族中的社会地位。
>
> （Malinowski，1927：10）

特罗布里恩的孩子与其父亲有着友好互爱的关系，但是在身体上和精神上都和他没有关联。相反，孩子与母亲以及母亲的祖先有关，并在其家族中占有"社会地位"：正是从她们那里，孩子继承了自己在社会中的正式地位，包括社会、政治和宗教角色，以及财产。所以，马林诺夫斯基向我们解释的是，如果我们知道特罗布里恩人是如何组织和思考其他社会关系，尤其是关于家族成员和继承的，我们就能更好地理解"父亲"这种身份在特罗布里恩的文化意义。特别是，我们需要知道特罗布里恩人认为我们最重要的一些身体、精神和社会属性，也就是那些造就我们的特征，是只通过母亲以及她的母系祖先（其**母系家族**）遗传的。

布迪厄和马林诺夫斯基给我们展示的是一种法国咖啡馆或特罗布里恩村庄里的关系模式地图，我们可以以此来判断法国和新几内亚的某些社会生活经验。所以，在他们关于法国和特罗布里恩群岛这些关系的民族志描写中，是布迪厄和马林诺夫斯基对由各种不同的人际关系构成的更广泛模式的理解。在这两个例子中作者都告诉我们，为了理解一种特定的关系，我们必须对更广泛的关系组织有一个概念，反之亦然。

最近，人类学家已经指出，马林诺夫斯基等民族志学家经常在他们的分析中提出关系模式，这些模式也经常在更广泛的人类学对话中得到应用，这是一种**全息性质**（Strathern，1991；Rumsey，2004）。如果你把一张照片剪成几片，你只能得到完整图像的一部分。相反，全息图的一个奇怪的特点是，如果你把它切成小块，小块会呈现与大图相同的内容，只是清晰度更低。在更小的微观世界中，基本关系的模式与在更详细的宏观世界中相同。在马林诺夫斯基的父子关系图中，我们可以看到更广泛的特罗布里恩社会的微观版本。当讨论特罗布里恩社会整体时，我们会发现这种中心关系还是整个讨论的核心。布迪厄的分析则是基于一个有所不同的框架，咖啡馆是外面生活的"对立面"，它是系统中的系统——依赖于更广泛的系统，但在模式上与众不同。

> **要点概括**
>
> 1. 民族志力图揭示中心角色和社会能力的关系基础。
> 2. 强调特殊的关系是为了说明更广泛的模式。
> 3. 民族志学家通过抽象化和突出某些关系，将其作为更广泛模式的基础，试图描绘出独特的社会世界。

根据关键隐喻来构建关系图

我们在本章和上一章中已经看到,对于民族志学者来说,识别和解释人类社会经验的真正多样性,反倒需要对社会生活体验进行一定的语境化和形式化。有些关系,以及这些关系的某些方面,是以牺牲其他内容为代价而得以强调的。事实上,试图解释每一种关系只会得出一个概要或列表,一个没有终点也没有起点的列表。相反,对关系的民族志分析通常与对被讨论群体所使用的关键思想、形象和隐喻的探索同时进行。布迪厄对咖啡馆的描述就给我们提供了一个重要的隐喻——可爱的胖子;让特罗布里恩女人怀孕的巴洛玛(Baloma)魂灵是另一个例子。民族志学者认为,这些是关键的隐喻、想法或形象,让人们对这些特定关系模式的参与具有意义。

正如我们所看到的,民族志学家倾向于通过一种抽象且因此简化了的形象来研究核心的关系联结,也就是我们所说的关系模式。他们将这个形象从人们对具体的人际关系经历的陈述中分离出来,并进行比较。在关于一个叫爱姆顿的英国乡村的民族志中,史翠珊(Marilyn Strathern,1981)展示了为什么定义爱姆顿社会生活最重要的隐喻之一是"真正的爱姆顿人"的概念。据村民们说,"真正的爱姆顿人"属于少数几个家庭,他们历史上的血缘关系被认为是这个村子生活的"核心"。与他们形成对比的是那些从外面来村里的人("伦敦人"、"周末人"或

"陌生人"），他们声称自己属于这里，但并不是"真正的"，因为他们没有这种被视为血脉相连的长远亲属关系。因此，她的这部民族志被命名为《亲属关系是核心》。通过探索这个将"真正的爱姆顿人"和外来者区分开来的关键关系形象，史翠珊虽然不能也不试图在她的民族志中展现乡村生活中同时发生的所有关系，但让人得以了解了整个村庄关系的组织。

史翠珊认为，村民们形容某些家庭从历史上来看是"真正的"爱姆顿人，这种描述是基于一套主张，他们通过这些主张解释了当下社会关系的组织方式。因此，

> 如果我们只从字面上理解这些关于古时的陈述，而不去理解这套观念的真正意义，那将是一个错误。这些观念包含了一种信仰（某些家庭与爱姆顿有关）、一种分类（他们的成员是真正的爱姆顿人）和一种亲属关系的解释（他们是相互关联的）。这个说法有着历史渊源，把当下的情况看成是过去事情的产物。
> （Strathern，1981：16）

在这一段话中，史翠珊介绍了三个观点。村民们声称有"真正的爱姆顿人"，他们与其他人天生不同，这是基于（1）一种分类方法，将世界分为两类村民；（2）一种信仰，坚信历史证明这种划分世界的方式是正确的；（3）一种对现实的解释，认为通过家庭形成的关系具有真实性，从而又强化了长久以来的世界观。不用说，通过揭示村民说有"真正的"村民（以及其他非"真正的"村民）意味着什么，文章提供了对爱姆顿社会关

系的一种解释，这与村民自己可能提出的解释完全不同。

事实上，当我们透过这个分析镜头来看爱姆顿时，爱姆顿人关于谁是村民的陈述，与特罗布里恩岛民关于身为父亲的意义的陈述非常相似。正如爱姆顿的新来者不是"真正的村民"，因为他们与村庄没有真正的血缘关系，特罗布里恩岛上的父亲虽然在其他意义上是父亲，但是与他们的孩子没有生理上的联系。在爱姆顿的案例中，史翠珊可以参考教区的记录，这些记录表明，某些被认为是"核心"家庭的家庭比一些没有这种荣誉的家庭更晚来到村庄。这进一步证实了她的观点，即关于"真正的爱姆顿人"的说法不能只看表面。相反，它们必须与爱姆顿目前的社会关系组织方式联系起来被理解，包括与阶级、地位和特权相关的关系。在特罗布里恩的例子中，马林诺夫斯基进行了强有力的论证，把特罗布里恩人关于生育的信念（父亲与孩子的出生没有生理联系）与他们的经济和政治关系组织方式（人们只从母系亲属那里继承遗产，属于她们的家族）联系起来。只有参照特罗布里恩社会关系的逻辑，我们才能理解为什么在特罗布里恩人对现实的表达中，父亲在孩子的孕育中没有起到生物作用。除了表明人际关系存在模式外，民族志学家还试图表明它们之间也存在逻辑关系：也就是说，某些类型的关系的组织方式会影响到其他类型的关系。展示并启发对于这种逻辑的各个方面的理解，是民族志的一个关键任务。然而，民族志学者并不总是明确地表示这就是他们想要实现的目标。

我们在这两个例子中都发现，关于什么是或什么不是"真实的"的当地观念，可以被充分证明是符合某些基本的社会关系的。在这两种情况下,民族志学者都通过对社会关系以及人们对这些关系的看法进行区分来证明这一点。马林诺夫斯基和史翠珊并没有"按字面意思"处理特罗布里恩人或者爱姆顿人的言论,而是将人类学家所阐明的抽象的关系框架与人们具体谈论关系和地位的方式分离开,然后再开始进一步的整合过程。

这种对关系进行抽象描绘,形成一个模式或框架的做法,有两个目的。其一,它使生活经验的多样性和复杂性在思维上变得可控。框架作为**启发式**装置,一个简化的模型,我们不应该把它与生活现实混为一谈,但是可以用来帮助理解现实(在第五章中我们会探讨启发式模型的各方面内容)。其二,这个模型为那些可能看起来荒谬或被理所当然地认为正确的观念提供了一个关键框架。因此,尽管特罗布里恩人关于父亲身份的说法在我们看来可能是明显错误的,一旦与特罗布里恩的核心社会关系联系起来考虑,这些观点的关系逻辑就在民族志读者的面前显现出来了。相比之下,我们可能会认为爱姆顿村民关于"真正的"居民的说法显然是对的,而看不到其核心的隐喻。因为他们的观点对我们来说比较熟悉,我们很容易忽略的事实是,它们和特罗布里恩人的观点一样,都是建立在一系列社会关系之上的。建立一个社会或文化框架,以此来解释关于现实的重要陈述或解释行为,这是民族志学者的一种主要工具。

要点概括

1. 民族志学者的目标是抓住赋予特定社会关系意义的关

键隐喻。

2. 通过把社会关系和关键隐喻放到一起分析，民族志学者建立了一种这些人的生活所特有的关系逻辑。

3. 这种逻辑为思考概念（如父权）或背景（如爱姆顿村）的新方法提供了基础。

将关系模式抽象化，为比较提供基础

在第一章中，我们说明了无论是含蓄的还是明确的，比较都是民族志分析的核心。在本节中，我们将基于这个概念以及上述对关系模式的讨论继续展开。因为民族志让我们能够从模式化特质的角度来思考人际关系，所以它成了比较人类存在方式的有力工具，进而产生和修正那些让跨越不同背景的比较成为可能的概念。从一开始，通过探索关系模式和逻辑来检视我们的西方或人类学思想，就一直是民族志写作必不可少的，下面这段里弗斯（W. H. Rivers）在1914年的评论也是如此。通过集中关注美拉尼西亚莫塔岛上父母和孩子之间的一种特殊关系，里弗斯将西方对家庭关系的思考彻底颠覆：

在班克斯群岛，收养他人子女的做法非常常见，并伴随有许多有趣的特点。其中最重要的一点是，满足一定条件的人可以带走别人的孩子，哪怕父母不愿与自己的子女分离。如果别人想要孩子，真正的父母可能无法留住自己的孩子，这样联系起来，有趣的是"收养"这个词似乎主要有"抓走"的意思……

在莫塔岛，谁付钱给生产时的主要帮手或产婆，新生儿就会成为谁的孩子。父亲的妹妹决定谁做产婆，所以在这一点上父亲通常有优先的信息，如果他愿意，他通常会在现场……但是，如果他没有足够的钱，或者他不在场，可能发生而且经常会发生的是，另一个人在他之前介入，成为孩子的"父亲"。

（Rivers，1914：50）

里弗斯指出，莫塔岛人的收养行为对20世纪早期人类学家分析亲属关系的方式，尤其是对他们把血缘关系或同宗关系视为亲属关系的决定性特征的倾向产生了重大影响。跟前面几节中的马林诺夫斯基和史翠珊一样，他请读者跳出他们对人际关系想当然的思维方式，为其他可能性留出空间，从而做出对人类社会经验的新判断。他的分析重要且有趣，因为他揭示了莫塔岛人和西方人都有亲属关系的概念，但是这种关系的基本含义却不同。西方人发现在他们的亲属定义中很难解释收养，而在莫塔岛，收养是亲属关系概念和行为的核心（虽然对莫塔岛人来说，收养和"抢"孩子是同义词）。因此，作为一个要用来解释西方和莫塔岛两种模式的术语，亲属关系的人类学概念不得不被重新定义：

现在来考虑一下我们所说的亲属和亲属关系是什么意思。首先要考虑的是这些术语是否可以根据血缘关系或同宗关系来定义。在我们自己的社会中，如果没有收养，这种用法是完全适用的，一旦遇到收养，它就站不住脚了；而收养在许多社会远比在我们的社会中普遍，所以这种亲属关系的定义模式必须被放在一边。例如，在美拉尼西亚的某些地方，孩子属于哪个家庭不是由出生的生理行为决定的，而是取决于某些社会行为；在其中一个岛上，给接生婆付钱的男人就会成为孩子的父亲。

（Rivers，1924：52）

里弗斯汇总了莫塔岛上同一种亲属关系模式下的某些互动，并整理了西方关于家庭关系的思维方式中对应的特征。接下来，他比较了这两种关系的逻辑，并修正了亲属关系这一人类学概念的含义，当时民族志领域内正在为此激烈辩论。再一次，里弗斯的例子为前文所说的**全息方法**——一个小的例子（一个微观小岛上的收养行为）如何成为一种关系模式——提供了例证。这种模式可以通过或多或少的上下文细节来展示。然后，它可以被用来挑战我们在学科中使用的概念。通过呈现一种关系逻辑的特征，民族志学者能够重新定义概念，并为思考生活经验的新方法的产生创造基础。

如果我们对人类学家本人在关系逻辑中的角色进行考察，就会开启另一个分析的维度。因为他身处他所研究的生活环境中（他的存在影响着社会关系的发生，以及他自己和他人如何理解这些关系），所以将民族志学者**反身性地**加入到模式中，会对民族志中做出的判断产生重大影响。在《可以变成大象的人》中，迈克尔·杰克逊（Michael Jackson，1989）通过他与报道人穆罕默德的关系,展现了塞拉利昂库兰科人(Kuranko)变形背后的关系逻辑。他一开始就告诉我们,库兰科人相信人可以把自己变成动物的想法来源于他们对人格(*morgoye*)的认知。

> 人格的概念反映了……社会关系相对于个人身份的优越性……人格并不意味着个人身份、独特的个性或自主的道德存在……
>
> 存在不一定仅限于指人。因此,人格虽然是社会存在的一种品质,但并不一定或仅仅存在于人与人之间的关系中。换句话说,社会关系的领域可能包括祖先、偶像、丛林精灵、有神性的创造者、图腾动物以及人。人格……因此可能出现在人与祖先、人与安拉、人与丛林精灵、人与图腾动物等关系中。
>
> (Jackson,1989:106)

为了解释库兰科人关系逻辑的某些特征,杰克逊分析了库兰科人在讨论人格时所指的关系。对于库兰科人来说,判断你是谁意味着评估你所参与的关系。库兰科人的关系领域包括一系列我们相对陌生的联系。根据库兰科人的说法,在特定的情况下,一个库兰科人与他的图腾动物之间的关系可以导致人的变形,使人可以变成大象。然而,在论证正是库兰科人的人格观使得变形成为可能后,杰克逊又强调,库兰科人的个人经历不能被简化为"传统智慧"。相反,他告诉我们"生活经验是不可简化的,无论库兰科人多么狂热或不加批判地支持变形的传统信念,显然,不同个体以不同的方式诠释着这信念"(1989:108)。

杰克逊接下来创建了另一个层次的分析。他告诉我们：

理解如何在主体间相互作用下构成，可以通过观察土著人的交流来进行民族志研究，但也可以通过关注民族志经历本身来进行反身性研究。在这种情况下，理解的界限往往是由民族志学者的人类局限性所决定的，并由他在田野或在人类学专业内的社会关系以及所使用的方法、所拥护的理论来界定。

（Jackson，1989：111）

换句话说，杰克逊认为，通过分析人类学家在田野中的个人关系，可以提高我们对社会组织和当地观念的敏感性。他解释说，在人生的某个阶段，他的报道人穆罕默德是如何急于向杰克逊展示他变身大象的能力，而六年后，穆罕默德不再有兴趣谈论这些问题，因为他自己在库兰科社会中的利益平衡已经改变。反过来，杰克逊将穆罕默德的个人变化与他自己的变化以及他们之间关系的发展联系起来。通过将自己与某个人的个人关系跟对库兰科人传统智慧的抽象描述进行比较，杰克逊将一幅简单抽象描绘库兰科人有关变形想法的图象，与丰富的生活实践进行了对比。

杰克逊对他与穆罕默德之间关系的反身研究，使他能够在两种观点之间进行调节，一种是用相对抽象、形式化的术语描述库兰科社会，另一种则更加随机地把人类关系视为由主观理解的事件和事故构成。换句话说，杰克逊表明，民族志学者对人际关系的认知和对其进行的抽象模式化，依赖于他和他所研究的人之间的关系。

> **要点概括**
> 1. 区分分析的领域、模式或层次是建立民族志知识的关键。
> 2. 不同的分析领域——例如,侧重于关系逻辑、文化隐喻、世界观或反身维度——生产特定种类的民族志知识。
> 3. 民族志通过建立新的知识框架、重新混合已确定的领域或层次,以及通过对比和比较民族志知识模式来创造新的见解。

民族志学者的分析和现实

讨论到这里,我们需要更仔细地审视人类学家所构建的模式的抽象本质,他们根据这些模式来理解和解释具体的陈述和行为。显然,这些框架主要以图像的形式存在于民族志学者的脑海中:它们代表了民族志学者对所遇到的现实做出的一系列判断的集合。它们也是通过应用我们学科中随时间发展出来的概念(如"血统"、"社会地位"、"社会关系"、"分类"、"信仰"、"亲属关系")而形成的。正如我们在上文和第一章中所解释的那样,这些概念是人类学家互相对话并就某些观念进行辩论的产物,对这些观念的含义他们或多或少有一些共识。当然,就像在任何智力事业中一样,概念和解释会经常受到挑战,甚至在专门的辩论中被废弃或名誉扫地（见第八章）。

有些人认为，日常生活没有模式，因此民族志写作给没有模式的社会现实强加了一个完全无关的外来框架。这不是一个完全天真的反对意见，但它仍然是天真的：从理性的角度来看，任何真正相信他们的社会关系完全没有模式的人，都应该生活在对自己接下来不知会遭遇什么事情的极度恐惧中。在日常生活中，人际关系符合或超出了我们的预期，是因为我们认识到了它们的规律性：正常的事情是常见的，罕见的事情很少发生。例如，经济学家阿玛蒂亚·森（Amartya Sen，1976）已经表明，在极端情况下，比如饥荒中，人们在关系中追求义务和权利的标准概念，其结果往往是灾难性的。从这种意义上说，社会关系更多的是一种预测而不是现实，更多是想象的而非真实的（Weber，1962）。

在他的民族志《变性人》（*Travesti*）中，唐·库利克（Don Kulick，1998）调查了巴西萨尔瓦多市一些男性同性恋的生活，他们为了接近理想的女性特征而改造自己的身体。马林诺夫斯基或许会强调在一个男人和女人都以特定方式存在的社会中，变性人是如何占据特定的"社会学地位"的。我们将在第八章讨论美国**文化人类学**与英法**社会人类学**在重点上的这种差异。然而在这里，库利克认为，作为变性人所涉及的关系模式，展示了一种"未被表达的"文化逻辑：

在我看来，人类学的难题在于注意到上下文的交流，并尝试明确从底层支持这些交流中未被表达的逻辑，这种逻辑让人们可以不假思索地做出反应或者对别人说些什么并期待得到理解。我在这本书里的目标是通过关注他们的身体和社会实践，以及他们用来谈论自己生活的词汇，来尝试对变性人进行这种分析。我在这里尽量让变性人自己说话，而不是替他们说话。所以，虽然这本书里的解释都是我的，但在接下来的章节里很多词都来自他们。

（Kulick，1998：17–18）

库利克将变性人使用的含义和隐喻与他自己的模式分析分离开来。他在材料中识别出一组模式，这进而引导他确定一种"从底层支持"的文化逻辑。他认为自己有责任让变性人"自己说话"，同时提出他自己的分析，提供他对这种文化逻辑的解释，不同于变性人和其他巴西人所说的内容。库利克认为，变性人的言谈举止反映了巴西文化中存在的对男女关系的更广泛的关注。然而，与巴西人通常说的不同，变性人不仅仅是对男性的主流模型的反演，他们兼具"男性和女性的一般想法、表达和实践"（1998：9）。对这个基本逻辑的分析，让我们得以理解变性人的世界观如何在更广泛的文化前表达自己，从而让变性人所说的话、所做的事能被其他人理解。

显然，民族志作者把自己的模式加诸现实之上，但这并不意味着社会生活本身就没有模式。你将读到的社会关系是以下内容的交汇点：（1）人类学家被告知的和他自己理解的，人们关于社会生活是如何或应该如何发展的观点；（2）人类学家在田野中实地观察和参与的许多面对面的社会交往实例；（3）他们在我们称之为人类学的对话中慢慢建立起来的专业观点。

> **要点概括**
> 1. 民族志中提出的关系逻辑，建立在民族志学者从其民族志材料中识别出模式的基础之上。
> 2. 人们的行为基于可预测的和模式化的关系，这一事实为民族志学者分析关系逻辑提供了基础。
> 3. 对社会模式的民族志学分析，是人际关系被有选择性探索的方面与经人类学辩论的概念之间的连接点。

结束语

在最好的情况下，民族志可以像一本优秀的小说甚至是一部电影或一首歌一样，描绘出一个引人入胜、审美结构复杂的世界。但我们在这一章中提出，民族志的主要任务包括一个额外的重点：通过多种多样的方式，试图从一个尽可能接近研究对象生活实际的角度来研究社会生活的逻辑。通过这种做法，民族志将日常人际关系转变为社会关系。这种知识转变取决于这样一个事实，即所有的人际关系中都包含着更广泛模式的元素："父权"本身就带有一系列源自更广泛的相互关系的期望。关系本身也会产生更多模式——一旦一个人成为父亲，就会产生新的人与人之间的延伸联系和新的期望。

民族志不可避免地会选择性区分出相关的关系、关键隐喻或观点。这里，民族志学者的判断以及他们强调、简化和抽象的工作是很重要的。通过关注当地的观点来指导分析，并通过考察这些观点和社会交往之间的相互作用，民族志学者试图建立起一幅关系画面，强调在这种背景下社会生活的逻辑特征。我们已经看到，民族志知识是通过创造不同的分析层次而建立起来的，这些分析层次是上述过滤和组织过程的产物。分析层次的分离——例如，通过强调民族志材料的反身性立场——使得创造新的民族志知识和发展新的概念成为可能。当然，这并不能说明生活情景在民族志学者的书面分析中被简化、抽象化或**物化**的程度，也不能说明民族志学者选择关注点和强调点的背景。这些问题我们将在本书的后半部分进行更详细的探讨。

第三章：练习

在这篇关于巴布亚新几内亚村庄之间战争的简短的民族志概要中，福琼（Fortune）阐释了村庄间社会生活的关系模式的特征，以便建立起该地区战争的关系逻辑的各个方面。他将对整体情境的生动描述与对涉及的关系类型的简单抽象的描绘相结合。他特别指出，围绕女性的人际关系与围绕男性的人际关系的衡量方式不同。这些不同的评价是当地人发起战争的一个决定性因素。阅读节选并回答以下问题：

1. 在福琼的描述中，有不同的观念、形象和隐喻引导着人们对男性和女性关系的思考方式，举一个例子。

2. 组成战争联盟时，哪些关系是需要被考虑的？

3. 哪些社会关系在战争中被认为是"中立的"？中立原则是如何发挥作用的？

4. 寻找福琼在文章中关于民族志场景设置或唤醒的过程，与简化和抽象的过程相对照。

5. 对宗族间关系的研究，如何帮助阐明福琼在最后一段中提到的国际法问题？

《一种原始社会的关系行为规则》节选

本文描述的新几内亚中部的各种战争发生在 1935 年，在东经 145°30′到 146°之间、南纬 6°15′左右的地区。持续进行这些战争的部落没有以语言单位或部落命名的名字，因此在这里根据他们居住的地区而不是名字来区分。他们住在一片海拔六千英尺的起伏不平的高原上，高原上除了河边以外没有树木生长，被草地覆盖，山谷里的草能有八英尺高，山上的草则是两三英尺高。

战争描述

观察到的战争发生在斐宁提古、福卡米沃斐、库姆那、雅维、卡姆帕利、卡诺斐和其他位于卡曼蒂纳河源头附近、瑞姆和贝纳贝纳机场之间的独立村庄之间。在每一个观察到的案例中，它通常在某个村庄的一位成年男子自然死亡几天后发生。

可以看到，当这个地区的某位妇女自然死亡后，村中的其他妇女开始哭泣。附近村庄里的男男女女，听到了对死者的恸哭声后，排着长队翻过小山、爬上爬下山谷，加入到守丧中来。失去这名女性的村庄会杀许多猪来招待这些客人。然而，当一个男人自然死亡后，发生的却是完全不同的事情。死者所在村庄的妇女们保持沉默，而村庄里的男人们则抬着尸体，把它藏在村外茂盛的草丛中。这些人随后举行一个占卜仪式，在仪式中祈求死者通过地上的阴影给他们一个信号，表明敌人的身份。与此同时，他们派出侦查队，任务是查探到期的款项，即想要死者自然死亡的人承诺向那些可以通过邪恶魔法或窃取灵魂来让他死亡的人支付的款项。有时候侦查队能成功发现这种付款。在某个例子中，魔法师和他们的村庄在伏击中失去一个人后，害怕地逃跑了，没有接受战斗，边跑边喊着他们确实施了被声讨的魔法，但是账目已经两清了，因为他们施法取走的人命与在伏击中失去的人命扯平了。他们归咎的客户来自一个不同的部落村庄，他们有两个年轻人在伏击中当场死亡，第三个人死于重伤，但是他们坚持自己的立场，在一场最终对他们不利的不平等事件中英勇战斗。

在发动战争的伏击发生后，进攻者通知他们村庄的妇女，她们现在可以为几天前自然死亡的男人痛哭了：以这种方式，动员发生得有些戏剧性，一个村庄的妇女为自然死去的男子哭泣，而在邻近的另一个村庄中（或更经常是另外两个），妇女在为被箭射死的男子哭泣。

在这种情况下，一些进攻者站在山顶上，俯视他们先前埋伏的地方，并持续发出嘲弄的"哦！喂！哦！喂！哦！喂！"，盖过哀悼者为被杀死的人发出的恸哭声。下面，在伏击中遭受损失的村庄的男人用军礼埋葬他们的死者。在举行丧礼的时候，他们在村子里的广场上列队前进，膝盖高高抬起，长弓随着步子在身体中部上下移动；当他们这样展示武器时，也同样喊着"哦！喂！哦！喂！哦！喂！"，作为对侵略者的回敬，但是，与侵略者不同，这喊声只持续了几分钟。

来自周围几平方英里范围内的村庄的战争联盟很快开始进入双方当事人的村庄。那些要去侵略者村庄的人，其特点是穿着战衣、头发上别着食火鸡羽毛；那些前往遭受伏击的村庄的人并没有穿着带有食火鸡羽毛的进攻性战衣，而是在躯干上涂抹了黏土。后面这些人进入他们要帮助的村庄后，村庄的主人立即给他们拿来温水，为他们洗掉身上的泥土。这样，战争中的双方都用礼仪接待了盟友，并在大战开始前为所有前来援助的人准备了猪肉、红薯和青豆的盛宴。双方的妇女都把家里的猪拴在柱子上，并把装着钱的袋子挂在柱子上，这样每两个妇女就可以在随后的活动中取走猪和钱。

如果天气好、草也干了，进攻开始时一方会将对手上风向的草地点燃，跟着烟雾，在敌人对面三十到五十码处部署点火。通常在第一天或第二天，火线会到达并烧毁双方的村舍。如果天气潮湿，发动进攻自然比在旱季更困难，因为旱季草容易燃烧。战争会一直持续到一方被彻底击败。战胜方从追击中回来，报着他们杀了多少人，抢了多少猪、多少钱。他们的妇女和儿童唱着抒情的歌曲迎接他们，不久后，战胜方的男人、妇女和儿童系统地掠夺被他们击溃和征服的敌人的园子。

战争中的关系行为

上卡曼蒂纳河流域的村庄在战争中拥有"独立主权"，这里住着父辈血统相同的人、他们的男性后裔以及他们的家族。几个在村子里出生的老寡妇也可以在这里居住。同村家庭的子女通婚被认为是乱伦，是被禁止的。一个村庄里各家的女儿通常会与周围五六英里范围内村庄的年轻男子订婚。因为任何一个村庄都至少通过几个女儿的婚姻与附近其他任一村庄相联系，总会有一些女性的兄弟和父亲是战争中某一方主战者的成员，而她们的丈夫和公公则是另一方主战者的成员。这些妇女被允许享有中立权利，并享有公认的战事豁免通道权。如果在战争接近高潮时她们在兄弟一方的战线后方，而兄弟这方占据优势，她们应该走到丈夫的战线后方来履行责任，在可能即将到来的溃败中搬运家猪和贝壳货币。

在一个案例中，我观察到一个女人在黄昏时采取这样的行动。碰巧的是，她后来可能被杀了，因为第二天一大早，当我看到胜利者从追击中返回时，主战者的人正忙着通知与他们结盟的一个村庄的人，他们将是名单上的下一个敌人；被指控的同盟者没有等待，也没有要求分享战利品，就立即回家了。当我询问他们所争论的事情时，我被告知，同盟者村庄的人在混乱和黑暗中射杀了主战方某个家庭嫁出去的女儿。

在另一个案例中,我看到处于这种关系下的女性出现在战线的中间地带,护着两个受了重伤的男人。箭火立刻停止了。她们穿过无人区的中心,走到边线上,将受伤的人留给一大批友好的中立人员,这些人密切注视着战争的发展,把伤员护送回家。她们还每天早晨护送自己村庄的四五名战斗人员进入战场,每天晚上再护送他们离开战场。她们回自己的村庄睡觉,而那些筋疲力尽、无家可归的主战方和他们的一些盟友则只能躺在战线的地上睡上几个小时。穿过狭窄的无人区中心地带护送伤员到达安全处的妇女们沿着原路返回到她们最初出现的战线。如果她们愿意,她们有权利进入敌对阵营,但是在上面提到的这个例子中,她们可能很清楚自己是有所偏袒的,如果走过去,可能因此挨骂。

可以确定的是,当一个男人的村庄与他姐妹的丈夫或者妻子的兄弟所在的村庄为敌时,他应当为自己的村庄服务。在我观察到的一个例子中,我们认识的一个新婚的小伙子在婚礼几天后就和新娘的家人兵戎相见。我还无意中听到两三次有男人大声嚷嚷,说他们刚刚把自己的姐妹变成了战争寡妇,或者让他们的妻子没了兄弟。我从未见过有男人因为他的村庄与他姐妹的丈夫或妻子的兄弟的村庄敌对而不参与自己村庄的行动。另一方面,我经常见到男人因为他的同村人在与他母亲出生的部落或者他姑母嫁过去的部落作战,而拒绝参与同村行动。至于因姐妹婚姻而结成姻亲兄弟的男人们,可以说当他们各自所在的村庄发生冲突时,不被允许享有中立权利。

一个男人在力所能及的情况下，应该在战争中帮助舅父的儿子或姑母的儿子。为了提供援助，这个人必须得到他所在村庄负责此事的男子委员会的同意；如果得到同意，他也就可以获得所有同村人在战争中的支持，以帮助他母亲或姑母这边的亲戚。例如，在上述友好中立人员的例子中，每天由中立人员护送进入和离开战争的战斗人员是一方主战者中某些成员的舅父的儿子和姑母的儿子。（顺便一提，中立人员所做的仅限于此，她们所表现出的谨慎态度或许可以结合情势解释：她们给予有限援助的主战方，对手在人数上是他们的十倍。然而，在后续行动中，中立人员必须采取行动保护她们自己相对较少的战斗人员；当其他抵抗力量崩溃时，她们进行了一场后卫战，在自己的领地上离胜利者有一段距离的地方，为被击败的所有人提供庇护。）一个人同他舅父的儿子之间的关系——反过来也是一个人同他姑母的儿子之间的关系——在这个地区是唯一可以确定战争同盟的独特关系（如果不考虑村庄间仅仅是为报酬结成的联盟的话）。当一个人的村庄与他舅父的儿子或姑母的儿子所在的村庄作战时，这个在战争中是盟友或者没有关系的亲戚就会变得中立。这个规则是对等的，当一个人从一方退出时，他舅父的儿子或姑母的儿子也从另一方退出。在战斗中，当同村的人对母亲出生的村庄或姑母嫁去的村庄敌对时，经常有人放弃与同村的人一起行动，但这些人在平时一般不会撤出行动。事实上，我特别注意到有一个这样的人，他参加了一次行动，但在下一次却远离了它，因为那时这个行动已经在针对他母亲出生的村庄。

这个地区的人保持着这样一种习俗，即兄弟或叔伯的儿子可以娶兄弟或堂亲的遗孀。值得注意的是，当战争一方的人把他们的姐妹变成战争寡妇后，不必试图让寡妇与他们的敌人疏远。我观察了与这一点有关的三个案例。在两起案例中，成为寡妇的姐妹被送到对方战线去哀悼她被自己亲戚杀死的丈夫，并在一段适当的时间后再嫁给他幸存的兄弟或堂亲。在另一个例子中，成为寡妇的姐妹被她的亲属留下，并重新许配给了当时的盟友而不是敌人。

结论

那么，这些就是从在各种原始战争中观察到的事件里衍生出来的关系行为的规则。其中氏族组织和新几内亚特有的规定，与比如国家组织和欧洲社会的规定形成了对比。顺便提一下，这些规定中没有任何关于俘虏或适当对待战俘的条款。尽管在类型上存在差异，但这些规则与法国人所说的"万国法"和边沁所说的"国际法"有着普遍联系。本文的主题是氏族间的法则，它是相当公正但范围极其有限的，与此相反，与国际战争相关的那种正义，没有这么公正，也没有这么大的局限性。

Fortune, R. (1947) 'The Rules of Relationship Behaviour in One Kind of Primitive Society', *Man* 47:108-10

第四章

叙述即时经验

第四章 叙述即时经验

1974年,罗纳托·罗萨尔多(Renato Rosaldo)和米歇尔·罗萨尔多(Michelle Rosaldo)回到菲律宾。四年前,他们曾在那里对居住在森林里的耕种者兼猎头族伊隆戈人(Ilongot)进行田野调查。他们的伊隆戈朋友非常喜欢听这对夫妇在20世纪60年代末录制的猎头歌曲磁带。然而,

> 我刚播放磁带没多久,我们最忠实的朋友之一、也是那盘旧录音带的坚决维护者,莫森(Insan),突然厉声要求我关掉它。我按他的要求做的时候,没有人向我解释——我发现自己困惑、烦恼、不知所措甚至生气……那天晚些时候,客人们都走了,只剩下我们以及我们认为是真正的朋友和"亲人"的人。我发现我一整天都带着愤怒的受伤感——因此我要求他们对他的唐突命令做出解释……我看见莫森的眼睛是红的。然后,罗纳托的伊隆戈"兄弟"图克保(Tukbaw)打破了脆弱的沉默,说他可以把事情讲清楚。他告诉我们,当人们知道永远不会有另一次猎头庆祝活动时,听以前的录音就会很伤人。用他的话说:"这首歌牵动着我们,拉扯着我们的心,让我们想起了死去的叔叔。"又说:"如果我接受了上帝,就不会这样了,但我心里还是一个伊隆戈人;我一听到这首歌就会心痛,因为我只能眼睁睁地看着眼前的这群不经世事的小伙子,而再也不会有机会带

他们完成猎头。"然后，图克保的妻子瓦加特（Wagat）通过她的眼睛告诉我，我所有的问题都让她感到痛苦，她说："别说了，这还不够吗？我只是一个女人，心里都无法忍受这种感觉了！"

（M. Rosaldo，1980：33）

"愤怒的受伤感"、"心会痛"、"无法忍受"……罗萨尔多的描述，以及她的整本书，都围绕着我们每个人最直接的情绪和感受。不难想象，这两位人类学家面对他们的朋友/报道人时尴尬的样子，因为他们不确定自己的位置以及他们做了什么激怒了那些他们认为是"亲人"的人。我们也很容易想象莫森、瓦加特、图克保他们的痛苦。不太容易理解的是这些伊隆戈人为猎头活动消亡而感到的遗憾。的确，这一小段话浓缩了人类学翻译和理解的核心——熟悉与陌生之间的冲突，这种张力被文森特·克拉潘扎诺（Vincent Crapanzano）描述为一个悖论。他告诉我们，民族志学者"必须让异质事物给人熟悉感，同时又要保持其特异性"（1986：52）；他"必须弄懂异质事物"（同上），同时又不损害它的陌生感。根据克拉潘扎诺的说法，要达到这一目的，人类学家既要通过民族志描述强调报道人与我们是多么不同，还要提供解释或分析，使自己和读者都能理解这些行为。举个例子，在上面这段节选后的几页中，罗萨尔多向我们展示了伊隆戈人对于猎头活动消亡的悲伤，并借助人类学中"人"、"自我"和"社会"的概念来解释这种悲伤。

罗萨尔多的叙述和克拉潘扎诺的见解指出了熟悉感在民族志写作中所起的中心而模糊的作用。熟悉感的概念包含了亲近和理解：它既代表个人关系的亲近，也代表对某事或某人的彻底了解。在人类学中，这种联系被认为是理所当然的：我们知道什么，是因为我们在那里。但是，尽管熟悉和亲近是所有民族志学知识的基础，它们并不意味着完全透明、完全理解我们试图理解并为他人解释的人。因此，罗萨尔多也谈到了她无法理解她的"亲人"的情感和动机，以及这种不解如何促使她更深入地挖掘和质疑自己关于伊隆戈人和人类学的假设，以及"了解他人"的真正含义。事实上，就像克拉潘扎诺指出的那样，人类学中关于亲近关系的叙述强调的往往不仅仅是作者/读者与研究对象之间的相似性或差异性，还有我们了解和代表他人的能力的有限性。因此，在书中结语部分，罗萨尔多告诉我们"解读从来不能真正'进入'当地人的'大脑'"（1980：233）。

尽管有各种这样的预警和保留意见，仍然可以说，对熟悉感和亲密关系的描述是民族志写作的支柱。民族志学者经常像上面罗萨尔多那样，描写他们自己与一群人亲密互动的经历，以及这种亲密带来的深入了解。有些时候，作者本人并没有出现在叙述中，即便如此，她描绘日常生活细节的方式仍然能清楚地展示她与研究对象之间的亲密关系。在这两种情况下，正是这种亲密关系被视为可以验证民族志学的描述和解释。我们将在第七章中详细讨论，民族志作为一种文体和一种认识论，所依赖的是这样的假设："身临其境"（Geertz，1988）使得人类学家能够将自己的经验和回忆转化为对特定社会世界的分析性描述。

在这一章中，我们把熟悉和亲密（民族志学者和研究对象之间的，以及人类学家所描述的研究对象之间的）归入即时性这个概念，也就是直接、即时的特点或状态，与某事或某人有着直接的关系或联系。熟悉和亲密意味着在他人的陪伴下感到自在、享受欢乐、有同理心、能够理解，而即时性还包含着不安、困惑、烦恼、怨恨、无知和冲突。所以，当罗萨尔多向我们表露她的困惑时（"他们在说什么？我再一次感到痛心，我对他们所说的话的肤浅理解，与他们最简单的语句所承载的意义之间存在着巨大鸿沟"），她所叙述的就是即时感受。

即时的叙述在民族志写作中随处可见，包括如上文的作者自我叙述和作者将自己从文本中移除的其他叙述，对日常生活、周期性仪式和一次性事件的描述，日记或田野笔记，与报道人或报道人之间的谈话记录，以及生平事迹。尽管文体手法五花八门，导向的理论观点也各种各样，但这些叙述都关注人类存在的本质，并密切注意社会生活描述的细节。正如我们在这一章中所讨论的，在这些不同的叙述背后隐藏着一个共同的关注点，那就是探索人类关系中特殊、偶然的东西与普遍、共有的东西之间，以及一次性事件与社会文化生活模式之间的关系。正如我们已经讨论并且将在第五章中继续强调的，这种关注是人类学的核心主题之一，正是这些主题将人类学定义为一种特殊的怀疑、认识和表现世界的模式。

的确，我们有必要认识到，民族志写作中对即时经验的叙述，是建立在对生活世界进行有人类学意义的描述的意愿之上的。此外，这些叙述被定位在人类学辩论的特定领域以及更广泛的学科历史之中。虽然克拉潘扎诺认为这些描述为民族志学者进行解释和抽象提供了出发点，但我们认为这两者实际上是不可分割的。两者都不优先于对方或发生在对方之前。也就是说，通过对即时经验的描述，作者既试图传达一个特定群体的生活感受，又试图解决关于文化和社会的问题。这些问题不仅来自于研究对象的历史和所关心的问题，也来自于人类学的发展轨迹。人类学家在田野中的体验是由他们的学科知识所塑造的。若昂·德·皮纳-卡布拉尔（João de Pina-Cabral）认为，民族志学者将他在田野中所观察到的"与他所积累的学科知识相比较，而不是与他联系最密切的社会群体的世界观相比较"（1992：6）。

只要对即时经验的叙述是由人类学问题和研究方法所产生和形成的，它们就不是"即时的"，而是经由这些以及其他问题所"调和"的。可以说，因为这些叙述是由学科所建构的，而且实际上完全是为了阐明具有人类学意义的观点，它们将读者与它们声称要描述的日常生活拉开了距离。我们甚至有理由将这些叙述视为烟幕，它将作者和读者都与经验分隔开来。这些对人物和事件的描述，是作者的经历和回忆、她对这些事件的解释以及她自己的学科定位之间的交汇点。当然，读者也会通过自己的经历和回忆，以及人类学的直觉、立场和观点来看待这些叙述。

下面我们将从辨别两种最普遍的叙述即时经验的方式开始，关注这两种叙述在特定的民族志文本中所起到的作用。我们主要关注的是，作者叙述即时经验的方式如何体现她对人类学作为一种认识世界的方式的理解，也就是说，即时经验是如何被特定作者关于人类学知识本质的观点所调和的。有些民族志学者利用即时的叙述来支持关于社会和文化的**实证主义**和/或**规范性解释**,而另一些学者则专注于民族志解释的局部性和暂时性。本章最后,我们将探讨即时经验在构建人类学论证中所发挥的作用,并详细检视民族志描述与理论建构之间的层次与交织。

要点概括

1. 民族志写作必须维持熟悉与陌生之间的张力,既要表现人物和事件的独特性,又要以读者能理解的方式进行翻译。

2. 即时的叙述在民族志写作中随处可见,包括大量的文体手法和策略,但总是强调日常生活的本质。

3. 对即时经验的叙述来自于作者与人类学的接触,因此是"调和的"。它们还在经历、回忆和论证之间起着中介作用。

短暂与重现

"为什么教堂钟声响得这么频繁?"搬进奈尔扎位于阿尔托·德·克鲁塞罗上部那间泥墙小屋的一个角落后不久,我问她。那是1964年干燥炎热的夏天,是军事政变后的几个月,除了诺萨·桑霍拉·多雷斯教堂生锈、叮当作响的钟声外,整个小镇笼罩着一种可怕的寂静。然而,在这平静之下,却是一片混乱和恐慌。

"没什么,"奈尔扎回答,"只是另一个去天堂的小天使。"

奈尔扎送去天堂的小天使已经超过了正常的数量。有时在夜里，我能听到她和其中两岁的乔安娜在进行低沉但热情的谈话。乔安娜的照片就挂在墙上，照片里她睁着眼睛、被小纸板箱棺材支撑着竖立，旁边是几年前奈尔扎和泽·安东尼奥私奔那天拍的照片……

奈尔扎基本记不住其他一个接一个出生和死去的婴儿的名字。有些婴儿死的时候还没有名字，在棺材里匆匆受洗。很少有能活过一两个月的。只有乔安娜在满一岁时在教堂接受了洗礼，纳入了强大的圣女贞德的保护下，被认为是有望活下来的。奈尔扎冒险地让自己爱上了这个小女孩。在面对死去的孩子时，奈尔扎有时含泪恳求、有时愤怒指责："你为什么离开我？是不是你的守护神太过贪婪，不允许我在这个世界上有一个孩子？"

（Scheper-Hughes，1992：268–269）

本文节选自南希·谢珀-休斯（Nancy Scheper-Hughes）关于巴西贫民窟居民母爱与母爱缺失的民族志，充满了直接叙述。和罗萨尔多一样，谢珀-休斯把她自己，因此也间接把我们放在了叙述的中心。可以想象，她的问题"为什么教堂钟声响得这么频繁？"也是我们自己会问的，就像我们可以想象躺在床上彻夜难眠，等待奈尔扎开始她悲伤的长篇大论。和罗萨尔多在本章的开头一样，谢珀-休斯展示了报道人和她自己的感受，邀请我们自身的情感参与，从而引起我们的兴趣和好奇心。这一节的标题只用了一个词"不祥的预兆"，就把报道人、作者和读者放到了一起：谁的预兆？她的吗？他们的吗？我们的吗？然而，当作者后来描述她自己"当年那场社会大戏第一次在我面前上演时，我无法理解它的意义"（1992：271）时，这三者就分开了。

谢珀-休斯利用了一系列关键的细节，从而让文中人物的生命具有个性，传达他们人生的独特性：炎热，政变后的政治不稳定，奈尔扎的话语以及她对众多死去的婴儿中一个的爱，棺材里两岁婴儿的照片。在这段节选之后，作者以同样直接的方式描写了自己如何意识到婴儿死亡在克鲁塞罗无处不在：母亲怀里抱着死去的孩子，她的麻木，冷漠的守灵和沉默走向墓地的队伍。这种对每个人和每一事件的特质的强调，为这一章和整本民族志所围绕的问题奠定了基础："是什么让死亡在克鲁塞罗变得如此渺小，如此微不足道？"（1992：272–280）

像所有的民族志作者一样，谢珀-休斯将她对一个广泛存在的社会现象的分析（在研究中，她会"多次"观察到这个现象），建立在人物的个性和事件的短暂性的基础之上。毕竟，人类学知识的来源是田野调查，这是一种独特的互动和关系的集合。但与其他民族志学者不同的是，谢珀-休斯费尽心思在她的写作中明确田野中某套社会关系（比如她自己和奈尔扎的）与她对这些关系发展的社会文化环境的描述之间的关系。所以她的书围绕着一系列对主角和短暂事件的直接性描述，就像前面那段，她自己和其他有名字的人都是主要角色。随后这些描述被用来反思巴西贫民窟居民、中产阶级和西方学者话语中的母性问题。因此，对于一个最直接的问题——"应该怎样评价这些阿尔托女人"（Scheper-Hughes，1992：400），谢珀-休斯的回答挑战了宏大理论：

> 当代的母性情感理论——我们所知道和理解的母爱——是一个非常具体的历史背景的产物……我的论点是唯物主义的：在心理学、社会历史和社会学文献中定义的母爱，远远不是普遍的或与生俱来的，而是代表了一种意识形态的符号表征，这种表征基于定义女性生殖生活的基本物质条件。对我的研究进行评论的记者……在一篇名为"人类学家称母爱为资产阶级神话"的特刊文章中，可能夸大了我的说法。但实际上，我认为它与我所说的非常接近。
>
> （Scheper-Hughes，1992：401）

谢珀-休斯叙述这些直接事件的方式与鲁思·本尼迪克特（Ruth Benedict）在《菊与刀》中的叙述方式形成了强烈的对比，后者在二战期间受命写了这本关于"日本文化的规则和价值观"（1989［1946］：6）的民族志，用以帮助美国夺取胜利。虽然本尼迪克特的目的是了解日本人的"思维和情感习惯"（同上：4），但她无法在日本进行传统的田野调查，而是依靠书面材料，特别是对美国营地中日本囚犯的采访。而且，尽管本尼迪克特试图进行"远距离的文化研究"（Vogel，1989：ix），她仍然写出了一部严重依赖即时经验的民族志。不过，与《没有哭泣的死亡》相比，我们在《菊与刀》中看到的即时性不是关于主角的短暂事件，而是反复出现的无差别事件——也就是说，她给了我们一个**规范的**叙述。说它是重复的，因为它强调的是日常生活中有规律的和重复的方面;说它是无差别的,因为无论是她采访的人还是本尼迪克特本人,都没有个人内容出现在文中。而且,由于作者走出了文本,克拉潘扎诺所说的一系列具体事件和关系与一系列以它们为前提的结论之间的关系被淡化了。

在描述日本婴儿出生后的待遇时,本尼迪克特告诉我们:

> 婴儿出生后三天没有奶吃,因为日本人要等到真正的母乳到来。在这之后,婴儿可以随时吃奶,无论是为了食物还是为了安慰。母亲也喜欢喂奶。日本人深信,哺乳是女性最大的生理乐趣之一,婴儿很容易学会分享这种乐趣。乳房不仅提供营养,而且带来愉悦和安慰。连着几个月,婴儿要么躺在小床上,要么被母亲抱在怀里。只有在婴儿大约30天的时候被带到当地的神社并送到神前以后,他的生命才被认为牢牢地固定在身体里,才可以随意把他带到公共场合。满月以后,他就被背在母亲的背上。一条双重的肩带从他的腋下和屁股底下穿过,把他固定住,肩带绕过母亲的肩膀,系在腰部前面。在寒冷的天气里,母亲穿棉袄时会罩在婴儿身上。家里较大的孩子,不管男孩还是女孩,也会背着孩子,哪怕是在他们跑垒或玩跳房子的时候。
>
> (Benedict,1989 [1946]:257)

这段话详细讲述了日本日常生活中的亲密行为(母乳喂养给母亲和孩子带来的愉悦,大孩子们的游戏,母亲保护婴儿不受寒的方法等等),但我们只能猜测作者是否密切熟悉这些行为。最重要的是，与谢珀-休斯对克鲁塞罗的描写（一次性的事件发生在某个确定的时间点）不同，本尼迪克特在这段和其他类似的段落中为我们呈现了一种跳出时间的、持续的即时性叙述。这是因为她的目的是以规范化的方式传达事件的重现性和典型性。为此，她使用了现在时和"女性"、"婴儿"、"日本人"等宽泛的类别来加强归纳性——这是一种广泛使用的策略，在人类学中通常被称为"**民族志现在时**"。因此，当我们今天读到一段首次发表在1946年的话时，它给我们的印象是，许多（或许是所有）日本妇女一直、正在、并且将继续这样对待自己的孩子，这样喂养孩子，这样给他们穿衣服。我们被引入了一个永恒的现在，个人的特质在这里变得无关紧要，我们不仅能了解到日本人的日常生活是什么样的，还能感觉到它的连续性以及民族志学者对它的观察和解释的持久有效性。

这两种叙述即时经验的风格（一种是短暂的、有主角人物的，另一种是重复的、无区别的）在民族志写作中是普遍存在的。但是，如果你仔细阅读谢珀-休斯和本尼迪克特的作品节选，你会发现两种风格分别建立在对人类学应该提供和实际提供的知识的两种不同理解上。在谢珀-休斯的例子中，我们要了解一个特定时间点上的小村庄克鲁塞罗。很明显，我们所知道的东西是通过谢珀-休斯的眼睛了解到的。她自己和阿尔托女性的经历被用来挑战关于母性的普遍化理论，谢珀-休斯告诉我们，这些理论是民族中心主义的，根植于西方家庭的历史、西方人口动态和西方思想。也就是说，我们被引向了一种观点，即人类学知识以及整个学术知识是被其产生的背景所束缚的。

相比之下,虽然本尼迪克特承认并意识到文化是会变化和变异的,但她同时也在寻找最有韧性、广泛适用的日本文化模式。她明确地寻找"让日本成为日本人的国家"(1989［1946］:14)的普遍和持久特征,并利用它们来定义数百万人。她也把自己从文本中移除,因此在形成所呈现的结论时,淡化了她自己的作用。因此,在本尼迪克特的节选背后是对人类学知识的这样一种看法,认为人类学知识超越其产生的直接背景、超越时间而存在。

然而,尽管有迥然不同的前提和方向,你会发现这两种风格通常共存于同一民族志文本中。这是因为它们相辅相成,共同体现了人类学的独特目标,即同时阐明具体事物和普遍事物,实际上是通过其中一面来阐明另一面。例如,在那些不遗余力具化描述的背景、使之个性化,并将它们牢牢置于时间点框架下的人类学者的作品中,也能看到"民族志现在时"的渗透。在讲述了奈尔扎的悲伤后,没过几页谢珀-休斯就告诉我们:

> 在巴西东北部,每当有人问一个贫穷的妇女家里有几个孩子时,她总是回答"Z个孩子,Y个活着"。有时可能会说,"Y个活着,Z个成了天使"。与地方和国家的官僚不同,妇女自己密切关注她们的生育问题,计算着生者、死者、死胎和流产。每一个小天使都被骄傲地记录下来,都是母亲荆棘王冠上的一朵花,都标志着死后积累的特殊恩宠。
>
> (Scheper-Hughes,1992:286)

每一位人类学家都试图在这两者间达到自己的平衡：一是突出某一特定群体的生活中反复出现的、共有的维度，二是承认所有民族志知识的根源都是一套不可重复的过去事件。下面我们将详细探讨作者是如何在这两个极点之间移动的，这两极对于民族志研究同样至关重要，用于构建论点和抽象概念——也就是说，对人类生活说一些有人类学意义的话。

> **要点概括**
>
> 1. 对有主角的短暂事件的即时叙述，强调了作者身份和人类学知识的环境依赖性。
> 2. 重复和无差异的叙述倾向于淡化作者身份，将人类学知识呈现为一种跳出时间框架的存在。
> 3. 虽然它们立足的认识论前提迥然不同，但这两种风格往往在民族志中共存。

即时叙述与人类学论点的建构

在本章开头，我们强调了民族志中对即时经验的叙述是如何与民族志学者的理论目标相联系的。我们将在第八章中进一步指出，正是将事件理论化并定位在人类学辩论领域中，才为民族志提供了方向，并将其与其他反思人类经验的方式区分开来。因此，强调生活经验的复杂性和细节的叙述，被用于人类学的每一种抽象、论证和解释的构建。它们为得出关于一个或多个特定群体的社会生活特质的结论提供了基础，并在民族志学者的打磨之下，帮助阐明、支持和引出这些结论。也就是说，在这些叙述中，即时经验既作为需要理解和分析的原始材料被呈现给读者，又帮助证明了作者特殊解释和观点的恰当性。在回忆的经历和诠释之间，在即时叙述和抽象概念之间，存在着不断的反馈和交织。这种交织让对特定群体的生活的描述具有独特的人类学色彩。

我们先来看看人类学家所目睹和记忆的两次事件是如何被纳入对日常生活的描述性分析，用以突出其社会维度和文化意义的。雷蒙德·弗思在他的经典民族志《我们，蒂蔻皮亚人》（*We The Tikopia*）（1983）[1936]中分析了这两次事件，将其视作两次男性启蒙。弗思告诉我们，从他自己对这两次仪式的观察和蒂蔻皮亚人对这些以及其他仪式的叙述和描绘中，他已经总结出了他认为适用于所有蒂蔻皮亚人启蒙的基本共同特征。也就是说，他得出了一个民族志学抽象概念，即"蒂蔻皮亚式启蒙"：

> 蒂蔻皮亚岛上的启蒙主要包括类似于割礼的手术；在年轻男性身上进行，一次只有几个人，同时有大量食物和礼物的分发，根据与被启蒙者的亲缘关系来决定。有时也会为女孩举行类似的仪式，但只限于物质方面。
>
> （Firth，1983[1936]：382）

在提炼男性启蒙的核心特征时，作者同步介绍了蒂蔻皮亚

人对这类活动的看法,用以支撑自己的观点:

> 因此,在当地人的信仰中,启蒙仪式是对过去--种模式的复制,这种模式由一个超自然的人提供,在各种活动中,他仍然对这一创造感到足够自豪,因而允许它的延续并相应地奖励它的延续者。
>
> (Firth,1983[1936]:390)

在牢固确立了"启蒙"这一概念在蒂蔻皮亚人实践和信仰中的独特性后,弗思又通过几页细致的民族志描述来阐述和支持他对这种做法的分析:

> 小伙子们被带出来了,准备开始手术。他们被母方的男性亲戚(*tuatina*)抓住,困在了怀中。这个阶段普遍有一些混乱,在这些混乱中,哀嚎声带着重生的力量爆发、高涨。外面有一群孩子急着看发生了什么事,在一片喧嚣中,人们来回喊着命令,围绕着手术执行者打转,而后者不得不从人群中挤过去。在我目睹的两场仪式上,这种时候我都不得不自己照顾自己,连在观察和拍照方面都有很大的困难。拥挤的男人们的注意力集中在小伙子们身上,随时准备往前挤,往往注意不到我(图XI)。一些椰子叶被铺开,母方的男性亲戚们在上面坐着,每人一个,把受礼的孩子抱在怀里。他们是 *tanata me*,意为"男孩在他们身上睡着的男人",是很重要的。之后,手术按照所描述的那样进行。在我观察到的每一个案例中,执行者的手都在颤

抖，很明显，这些直接相关的人有相当大的情绪压力。在刀割下的那一刻，扶着男孩的人用这只手遮住了男孩的眼睛。

（Firth，1983［1936］：408，括号内容由本文作者添加）

这一段大量依赖直接叙述："执行者的手都在颤抖……扶着男孩的人用这只手遮住了男孩的眼睛。"但请注意，在他的叙述中弗思不断游走在轶事和概括之间，并用时态的变化来标记两者之间的过渡：从民族志现在时（"椰子叶被铺开……"）到来自过去的具体回忆（"我只能自己照顾自己……"）。这种时态的变化向读者表明，在弗思所参与的具体事件和他的抽象概念"启蒙"之间是有一定距离的（我们已经说过，这个抽象概念是从他自己的观察以及蒂蔻皮亚人对启蒙的理解和期望中提取出来的）。也就是说，虽然田野经验应该为分析提供基础，而分析也应该以田野经验为基础，但两者并不等同。然而，从弗思的表述中可以清楚地看出，在民族志写作中轶事和抽象之间的关系是循环的。它们不仅不能分离，而且相辅相成。弗思的分析结构（"蒂蔻皮亚式启蒙"）是对他独特的经历和记忆的抽象，但也依赖于他极其生动的描述（执行者颤抖的手，他周围的人，他自己的不确定性）。同时，"蒂蔻皮亚式启蒙"这一概念为他的描述提供了框架，塑造着它们并赋予它们人类学意义。

这种相互塑造在里拉·阿布－卢赫德（Lila Abu-Lughod，1986）关于埃及阿瓦莱德阿里贝都因人（Awlad 'Ali Bedouins）的民族志中也得到了证明，书中穿插着描述事件和个人生活的轶事。阿布－卢赫德通过更丰富、更长篇的叙述将这些轶事以民族志现在时呈现出来，这些叙述是匿名的、非个人化的，但仍然非常详细和亲密。最重要的是，她将两种叙述即时事件的方式结合起来，为她对贝都因人生活的叙述提供了概念支撑和结构。这个结构围绕着这样一种观点，即"贝都因人的诗歌话语与普通社会生活的话语"（1986：32）之间，以及贝都因人在短篇抒情诗（被称为 ghinnawas）中表达的情感与他们在日常生活语境中提出的想法和道德评价之间存在着差异。在这些普通语境中，贝都因人强调男女之间的等级和不平等，男人被视为是自主、独立的，女人则被视为是依赖男人的。反过来，在他们的诗歌中，贝都因人又挑战并破坏了这些共识。

阿布－卢赫德用了几个冗长、详细的例子来展示主流价值观在日常生活中是如何发挥作用的。其中一个例子是拉希德的故事，这个四十多岁的男人娶了一个比他年轻得多的女人做第二任妻子。她婚姻不幸福，婚后不久就抛弃了他，这侮辱了拉希德和他的亲戚：

> 这些人（拉希德的亲戚）都认为最好是拉希德跟她离婚，因为她侮辱了他们：她损害了拉希德的尊严，他们作为亲戚也受到影响。他们想扭转局面，让她的家人难堪。他们更想把新娘留在她家，并且为了侮辱她家，甚至不要求归还聘礼，因为她希望离婚，本来他们是有权收回聘礼的。但是拉希德想要她回来，所以几天后，他的哥哥去谈让新娘回来的事，因为不得不忍受求人的屈辱而大发雷霆。
>
> 生气的不只是他。拉希德的一个堂兄弟后来说："拉希德是

个白痴。女人离开的时候,你不能去追她!"……拉希德的母亲是个直言不讳的老妇人,她咆哮道:"他是个白痴(*habal*),我从来没听说过这样的傻瓜。这女人自己扑向了马拉丁。如果你是个男人,看在上帝的份上,就别去追她。白痴!我从来没见过这样的事。你要做的应该是把那个女孩留在那里,甚至不要告诉她的家人她跑了。让他们在市场上听人议论他们的女儿在陌生人家里……他不是个男人!"

(Abu-Lughod,1986:95–96)

对围绕着拉希德妻子抛弃他而展开的事件,阿布－卢赫德提供了非常详细的、循序渐进的叙述。她还将拉希德家人的原话用得淋漓尽致:读者被放到与他们面对面的位置,例如,我们可以清楚地想象拉希德的母亲,她的手势和怪相,她对自己孩子的厌恶。作者通过对个体经历的生动描述,向读者讲述了贝都因人和他们的道德观,解释了他们如何用这种道德观来理解和表述自己及他人的行为。换句话说,阿布－卢赫德通过轶事营造出一种对阿瓦莱德阿里贝都因人道德观的感受,让我们能够在一个感性的、富有想象力的层面来理解她的材料。这种感性的、富有想象力的理解,对于促进认知或知识上的理解,以及对说服我们相信作者的抽象和解释的有效性,都是至关重要的。

因此,即时经验在民族志写作中的关键作用之一是帮助验证作者的观点,即便当作者使用的是重现、去个人化的叙述风格时也是如此,我们在上一节中分析了这种风格。回想一下本尼迪克特描述日本母亲和婴儿的节选,关于母亲享受喂养婴儿的表述,"乳房不仅提供营养,而且带来愉悦和安慰"(Benedict,1989:257)。在读这一节选时,我们不仅会想象出小婴儿在妈妈温暖的棉衣下依偎在她胸部的样子,而且还会回忆起温暖和舒适的感觉,即使是短暂的,也能感同身受。在其他情况下,比如本章开头的米歇尔·罗萨尔多的节选,我们面临着更加异质的行为和生活方式——在这里是猎头,对它产生共情可能更困难,但我们的感受仍然不得不努力工作。正是因为情感受到了挑战,反而激发起了知识兴趣。

因而,在情感和想象上引人入胜的描述,有助于提出并支撑一个令人信服的解释,在人类学中,解释总是围绕模式化和抽象化构建的。在《含蓄的情感》一书中,当阿布-卢赫德解释阿瓦莱德阿里贝都因人如何挑战有关男人自主和女人从属地位的主导性别意识形态时,这种对即时经验的有力叙述和有说服力的理论结构之间的联系变得非常明显。首先,我们知道了作者与拉希德的一次私人谈话。民族志学者问拉希德对他妻子的感觉,他以一首诗回应:"带着泪液烹饪/在心爱之人的葬礼上……/她的恶行是伤害人的错误/但我不会报复,仍然亲爱的爱人。"(1986:189)随后阿布-卢赫德解释道:

> 这些诗表露了因失去而产生的悲伤和痛苦……当我把这些诗与我的几个女性朋友分享时,她们都很感动。然而,就是这些女人,在拉希德早前对新娘的离去流露出悲伤,并表达出想要她回来的愿望时,谴责拉希德愚蠢或缺乏男子气概。她们对诗歌话语和日常交流中所说的话的不同态度表明,对诗歌表达

的评判标准不同于其他表达。

（Abu-Lughod，1986：189）

在不到 80 个单词的篇幅里，民族志学者从拉希德私下承认他的悲伤和失落，写到女性对这种承认的评价，再来到她自己的结论，即在两性关系和情感上两种相互冲突的论述是共存的。

> **要点概括**
> 1. 对即时经验的叙述相当于人类学论点的基石。
> 2. 在民族志写作中，描述、解释和分析是分不开的。
> 3. 调动读者想象力和情感的叙述有助于推进作者的论点。

结束语

即使八岁的孩子也熟知村子以西、以北的沼泽中迷宫般令人困惑的溪流和漩涡。我沿着这些水道走了几十次，但不管怎么集中精力，往往还是会迷路，发现自己不仅找不到回村的路，甚至对村子到底在上游还是下游也感到茫然。森林也同样令人不安，因为它们让人看不到周边和远处的环境，而且小径上常常杂草丛生，看起来根本没有路。然而，米希纳库人（Mehinacu）却从来不会迷路。

（Gregor，1980：43）

托马斯·格雷戈（Thomas Gregor）在试图回一个亚马孙森林中的小村庄却找不到路时，强烈地意识到自己是个外来者。和他一样，所有人类学家都面临着研究对象的世界与自己对这个世界的理解之间的差距。在这种有限的、边缘的理解的核心，是一次性的经历、单独的事件和与个体的接触，这些经历共同构建了一种对特定群体生活的感觉。这就是我们在本章中所说的即时性体验，它包括困惑和知识、拒绝和接受、共情和混淆。

在民族志写作中，这些即时性体验被转换成对即时经验的叙述，作者试图传达日常生活的实质。然而，这些叙述的目的不仅是回忆或反思，还是分析性的，它们总是围绕着一个关注点展开，即阐明一种模式，从甚至是最不相关的事件中提取出更广泛的社会和文化意义。因此，在始终以权威的抽象概念为目标的民族志中，对即时经验的叙述需要努力为推进作者的理论立场服务。在接下来的两章中，我们将进一步探讨民族志的权威性以及它的最终目标，即创作出总是与这一学科对话的文本，既借鉴学科的概念和争论，也为之做出新的贡献。

第四章：练习

经典的《忧郁的热带》在20世纪50年代中期用法语首次出版，在下面这段节选中克洛德·列维–斯特劳斯分析了巴西亚马孙河流域南比夸拉（Nambikwara）部落中首领的作用。阅读时，找出那些体现列维－斯特劳斯与南比夸拉人亲密关系以及他对他们的日常生活、关注点和观点之了解的段落。思考这些叙述是如何被整合到人类学论证中的，并回答以下问题：

1. 列维－斯特劳斯使用了哪些关键的文体手法，让读者感受到南比夸拉人生活的特质？

2. 列维－斯特劳斯在哪些地方使用了民族志现在时，哪些地方使用了过去时，两种叙述风格分别达到了什么效果？

3. 从列维－斯特劳斯的叙述风格与前文中本尼迪克特和阿布－卢赫德的叙述风格中，能找到哪些相似和不同之处？

4. 举例说明列维－斯特劳斯如何将对即时经验的叙述和理论论点交织在一起。

5. 总结列维－斯特劳斯的结论，并判断他所提供的民族志资料是否足以支持这些结论。

《忧郁的热带》节选

维列纳（Vilhena）哨所位于坎波斯诺沃斯后面那片高原的最高点。在1938年它由几间小屋组成，立在一片几百米宽的开放场地中间，铁路建设者们原本想把那里建成未来的马托格罗索州的芝加哥。我知道它现在是个军用机场；但在我的年代，那里的人口只有两个家庭，他们已经连续八年没有收到任何供应物资。正如我前文解释的那样，他们已经设法让自己与一群鹿达到了生物平衡，并以此为生，他们精打细算地使鹿群为自己提供有限的肉类供应。

在维列纳，我结识了两个当地群体，其中一个有 18 人，他们的方言和我正开始熟悉的那种比较类似，而另一个群体共有 34 个成员，他们说着一种我到后来也无法确认的未知语言。每群人都由一个首领领导着；在第一群人中首领的功能似乎是纯粹世俗化的，而另外那个规模大些的群体的首领是某种萨满。其中一个组织叫作萨巴尼（Sabané）；另一个群体的人被称为塔伦德（Tarundé）。

除了语言上的差异外，很难把这两个群体区分开来：他们在外貌和文化上都很相似。坎波斯诺沃斯印第安人的情况也是如此，但维列纳的这两个部落并没有表现出彼此敌对，而是友好相处。虽然他们有各自的营火，但他们一起旅行，肩并肩扎营，似乎把自己的命运押在对方身上。这是一种令人惊讶的联系，因为这两群人说的不是同一种语言，首领们只能通过每个群体中一两个担任翻译的人跟对方进行交流。

他们联合行动一定是最近的事。我已经解释过，在 1907 年到 1930 年之间，白人带来的流行病让印第安人大批死亡。结果，一些群体的人口数量锐减，以至于不可能独立生存。在坎波斯诺沃斯，我观察到了南比夸拉社会内部的敌对，也看到了破坏力量的作用。相反，在维列纳，我看到了为重建而进行的努力。毫无疑问，和我一起驻扎的当地人已经制定出了一个计划。两组人中的成年男性都称另一组中的女性为"姐妹"，而女性则用"兄弟"来称呼另一组中的男性。两组男性在相互交谈时，都用他们自己的语言中意为"异族表亲"的词来称呼对方,对应的是通过婚姻结成的关系,我们可以翻译为"姐夫/妹夫"。考虑到南比夸拉的婚姻规则,这种称呼方式意味着两个群体中的所有孩子都是另一组孩子的"潜在配偶"。于是,这两个群体可能因为通婚在下一代融为一体。

但是,这个伟大的计划仍然遇到了阻碍。对塔伦德怀有敌意的第三批人正在这一地区活动;在某些日子里可以看到他们的营火,塔伦德人做好了可能的准备。我对塔伦德的方言略知一二,但对萨巴尼的方言一无所知,因此我觉得自己与第一群人更亲近。另一群人,我无法和他们交流,他们也更怀疑我,因此,我无法解释他们的观点。我所能说的是,塔伦德人并不能完全确认他们的朋友毫无保留地同意了联合的原则。他们害怕第三群人,但更担心的是萨巴尼人可能突然决定改变立场。

不久就发生了一件奇怪的事,这件事表明他们的担心是有充分根据的。有一天,男人们出去打猎,萨巴尼首领却没有在平时的时间回来。白天没有人见过他。夜幕降临了,大约到晚上九十点钟整个营地都处于恐慌状态,尤其是他的家人们。他的两个妻子和孩子挤作一团,抱在一起提前为其丈夫和父亲的死亡哭泣。当时,我决定带几个当地人去附近搜查一番。我们走了还不到两百米远,就发现那个失踪的首领蜷缩在地上,在黑暗中瑟瑟发抖。他一丝不挂,也就是说,他既没有项链、手镯、耳环,也没有腰带。借着我的火把的光,我们可以看到他那悲惨的表情和憔悴的面容。他让人把他送回营地,坐在那里一言不发,一副非常沮丧的样子。

在大家焦虑的逼问下,他还是讲述了所发生的事情。他解释说，他是被雷声带走的（南比夸拉人称之为 amon；就在那一天，发生了一场暴风雨，预示着雨季的开始）；雷声穿过空气把他带到了离营地（里约安纳兹，Rio Ananaz）大约 25 公里远的一个地方，把他所有的装饰品都扒下来了，然后又以同样的方式把他带回来，放在了我们找到他的地方。大家睡觉前一直在讨论这件事。第二天早上，萨巴尼首领不仅恢复了他平时的好脾气，还重新戴上了他所有的装饰。接下来几天，塔伦德人中开始流传一个非常不同的故事版本。他们坚持认为，首领假装与另一个世界交流，实际上已开始与在附近扎营的那群印第安人谈判。这些含沙射影的话从来没有成为主流，官方对这件事的说法也被公开接受了。但是，在私下谈话中，塔伦德首领毫不掩饰他的焦虑。因为这两群人不久后就离开了我们，我一直没有听到故事的结局。

这件事，加上我以前的观察，促使我思考南比夸拉群体的性质和首领们能够在他们内部施加的政治影响。再没有比南比夸拉群体更脆弱和短暂的社会结构了。如果首领显得过于难以满足，为自己要了太多的女人，或者不能在粮食短缺的时候提供令人满意的解决方案，不满就会显现出来。个人或整个家庭将离开这个群体，加入其他一些名声更好的群体。后面这群人可能发现了新的狩猎或采集场地，因而有更丰富的食物，或者通过与邻近群体的商业交换获得了装饰品和器具，或者由于胜利的远征而变得更强大。总有一天，首领会发现自己领导的团队已经所剩无几，无法应对日常生活的困难，也无法保护他的女人免受贪婪的外来者的伤害。在这种情况下，他别无选择，只能放弃首领地位，和剩下的伙伴们一起，与某个更幸运的团体合并。很明显，南比夸拉社会结构的流动性是很强的。群体形成又瓦解，扩大或消失。在几个月的时间里，它的组成、规模和分布可能变得让人认不出来。同一团体内部的政治阴谋和相邻团体之间的冲突叠加影响着这些变化，个人和团体的起起落落往往以一种惊人的方式接连发生。

那么，划分群体的原则是什么呢？从经济角度来看，自然资源的稀缺性和游牧时期养活一个人所需的面积之大，使得小群体的划分几乎成为必需。问题不在于为什么会出现这种划分，而在于怎么分。在最初的团体中，有些人被认为是领袖：正是他们形成了群体聚集的核心。群体的规模及在某一段时间内的稳定程度，是与当时那位首领维持和提升其地位的能力成正比的。政治权力似乎不是来自社区的需要；相反，群体的形式、规模甚至起源，都要归因于在它形成之前就存在的潜在首领。

我很熟悉两位这样的首领：一位是在尤提亚提（Utiarity），他的群体叫作瓦克雷托库（Wakletocu），另一位是塔伦德首领。第一位首领非常聪明，谨记自己的责任，精力充沛，足智多谋。他是非常有用的报道人，因为他能够理解我的问题，看到困难，并对这件事很有兴趣。然而，他的职责占用了他大量时间；一连好几天，他都在外面打猎，或者检查那些结着种子或成熟果实的树的状况。他的妻子们经常邀请他一起玩暧昧的游戏，他也很乐意回应。尽管生活条件岌岌可危，手头资源少得可怜，他还是证明了自己是一个有效的组织者，有能力为他的群体的安稳承担全部责任。虽然有些精于算计，但是他对这个群体有着绝对领导权。

塔伦德首领和他年龄相仿——大约三十岁，同样聪明，但是方式不同。瓦克雷托库的首领给我的印象是一个精明、足智多谋的人，总是计划着一些政治行动。塔伦德的印第安首领不是个实干家，而是位沉思者，有着迷人的、诗意的思维方式，非常敏感……他对欧洲风俗和我所研究过的其他部落的好奇丝毫不亚于我自己。和他开展的人类学研究从来都不是片面的：他把它看作信息的交换，总是热切地想听我告诉他的任何事情。他甚至经常向我要羽毛装饰物、头饰或武器的图画，这些东西是我在邻近或遥远的部落中看到的，他会仔细保存这些画……

在南比夸拉社会，政治权力不是世袭的。当首领老去或生病，觉得他无法再履行艰巨职责时，他会自己选择继任者："这个人将成为首领……"然而，这种专制的决定更多是表面而非真实的。稍后我会解释首领的权威实际上有多么薄弱；在这种情况下，和其他所有情况一样，做出最后决定前似乎要征求公众意见：被任命的继承人也是多数人最喜欢的人。但是，新任首领的选择不仅受到群体的积极或消极意愿的限制，被选出的个人也必须准备好适应这种安排。权威的赋予被断然拒绝并不少见："我不想当首领。"发生这种情况时，必须做出第二选择。事实上，似乎没有什么对权力的激烈竞争，我认识的首领们更爱抱怨他们的繁重职责，而不是把它们视为值得骄傲的事。既然如此，我们不妨问一下，首领享有什么特权、有哪些义务。

1560 年左右，蒙田在鲁昂遇到了三个巴西印第安人，他们是被一位航海家带回来的。他问其中一位，首领（他用的词是"王"）在他的国家中享有哪些特权。那位土著人自己就是首领，他回答说："在任何战争中，都走在最前面。"蒙田在他的《散文集》著名的一章中讲述了这个故事，并对这个骄傲的定义表示惊讶。对我来说，更令我惊讶和钦佩的是，在四个世纪后，我居然得到了完全一样的回答。这种政治哲学的恒久性是文明国家所没有的！尽管这个定义可能很引人注目，但它的重要性比不上南比夸拉人对首领的称呼——"优利康德"（Uilikandé），似乎意味着"团结的人"或"联合在一起的人"。这个称呼的词源表明，当地人意识到了我所强调的现象，即首领被看作是一个群体之所以想成为群体的起因，而不是某个已经建立的群体需要一个权威核心的结果。

在南比夸拉社会中，个人声望和激发信心的能力是权力的基础。对于必须在危险的旱季游牧时期充当向导的人来说，这两者都是必不可少的。在六到七个月的时间里，首领要完全负责领导他的群体。由他决定出发，选择路线，决定露营地和每次扎营的停留时间。他决定所有的狩猎、捕鱼、采集活动，并决定该群体对附近群体的政策。当一个团体的首领同时也是村长时（"村庄"一词这里取狭义，指雨季时的半永久住处），他的义务还将进一步扩大。他要规定定居的时间和地点，要指导园艺种植并决定种哪些植物；更广泛地说，他根据需要和季节可能性安排集体的各种活动。

应该立即指出的是，首领在履行这些众多的职能时，没有明确规定的权力，也不享有任何被公开承认的权力。权力来自于赞同,并依靠赞同来维持其合法性。任何应受谴责的行为(指从当地人的观点来看应受谴责的行为)或一两个不满者表现出的恶意都可能破坏首领的计划和他的小社区的福祉。如果发生这种情况,首领没有强制的权力。只有成功地让每个人都同意他的观点,才能消除那些不良因素。因此,他必须展示出一个政治家的技巧,努力保有不确定的多数,而不是一个全能统治者的权威。对他来说,仅仅保持群体的团结也还不够。这个社群虽然在游牧时期可能生活在真正的与世隔绝中,但并非没有意识到其他群体的存在。首领不仅要把他的工作做好,还必须努力做到比其他首领更好,这是团体对他的期望。

履行这些义务时,他的基本和主要的权力工具在于慷慨。慷慨是大多数原始民族权力的基本属性,尤其是在美洲;即使在那些唯一财产只有未加工物品的原始文化中,它也起着一定的作用。虽然首领在物质财产方面似乎没有什么特权,但他肯定有多余的粮食、武器和装饰品,尽管数量很少,但考虑到普遍的贫穷,这些东西可能还是很有价值的。当某个人、某个家庭或整个群体想要或者需要某种东西时,他们会去找首领。由此可见,慷慨大方是新任首领为人所期待的主要品质。这一点就像是被反复敲击的音符,而和谐或不和谐的反响则决定着人们对他的赞同程度。毫无疑问,在这方面,首领的能力被最大限度地加以利用。团体首领是我最好的报道人,我意识到他们的处境困难,所以很乐意慷慨地回馈他们。但我很少看到自己的任何礼物在他们那里停留超过一两天。当我和一群人生活了几周后离开的时候,他们已经自豪地成为了斧头、刀、珠子等物品的拥有者。然而，首领一般都还是和我刚来的时候一样穷。他收到的每一件礼物（加起来比一般会送给单个个人的礼物要多得多）都被人强行要走了。这种集体的贪婪常常让首领陷入一种绝望。在印第安人原始的民主制度下，当这种情况发生时，他的拒绝或多或少相当于要求对一个现代议会进行信任度投票。当一个首领能说出"我不会再给任何东西了！我不会再慷慨了！让别人来慷慨，别找我！"时，他一定对自己的权力充满信心，因为他的统治正在经历一场最严重的危机。

Lévi-Strauss, C. (1984) [1955] *Tristes Tropiques*, trans. John and Doreen Weightman, Harmondsworth: Penguin, 400-9

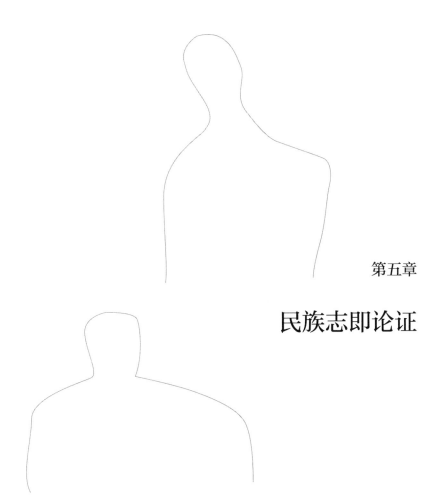

第五章

民族志即论证

第五章 民族志即论证

在1936年出版的民族志《纳文》(*Naven*) 一书中，格雷戈里·贝特森 (Gregory Bateson) 一开始就对如何将混乱而多样的田野调查转化为有意义的民族志写作进行了反思。

> 因为……不可能在短短一瞬间同时呈现一种文化的全部，我在分析中必须从任意选择的一点开始；这种文化和其他所有文化一样，是一个由环环相扣的因果关系构成的复杂网状结构，既然文字必须要排列成行，我就必须用线性序列的文字把这种文化呈现出来，而不是用网状的文字。这种描述的排列顺序必然是任意和人为的，因此，我将选择最能突出我的研究方法的排列。我将首先介绍仪式性行为，将它从环境中摘离出来，让它显得奇怪而荒谬；然后我会描述其文化背景的各个方面并指出这种仪式是如何与文化的各个方面相联系的。
>
> （Bateson，1958［1936］：3）

贝特森认为，生活经验与作为一部持久作品的民族志之间的关系是有着高度任意性的。具体来说，写作是有顺序的（命题、想法和例子一个接一个地出现在印刷文字中），但实际经历的社会生活的每一刻，都是多线条的、多维度的。为了让读者理解民族志学者在田野调查中所经历的事情，作为生活经验的田野调查必须被转化为证据。也就是说，作为田野调查的民族志必须被转化为民族志学者提出某些一般性主张的依据，基于这些依据，读者要么接受、要么拒绝那些主张。那么，证据必须根据一组让它具有相关性和意义的命题来进行组织。民族志的独特性——比如说，与档案研究相反——在于它将陌生环境中直接的个人生活体验转化成了纸上的推理路线。

因此，民族志写作的一个基本目的就是让读者相信，一个特定的生活世界可以通过民族志学者提出的特殊命题来理解。另一种概括的说法是，民族志不是生活经验本身（在第四章中我们已经看到它是如何被调节的），也不仅仅是为了表达一个人对生活经验的解释。民族志写作更具目的性和挑战性，主张用一种特定的方式来理解某些生活经验——民族志就是论证。除了关键的民族志技巧（比较、背景化、关系分析）外，引起读者的注意并成为主要评价依据的，是民族志的论证和提出的主张。

这一章讨论的是论证如何使民族志具有连贯性和稳固性。我们首先探讨的是提供论证框架的需要和公正对待生活经验的要求之间的紧张关系。为了说服读者，民族志资料必须被重塑为现有论点的证据。这种重塑将不可避免地打断研究对象自身描述现实的方式。对这一冲突心知肚明，是民族志作为一种学术知识的特征之一，也是其最有价值的贡献之一。在下面第二节中，我们将展示一些被民族志学者用来让作品具有说服力的工具。在写作中，民族志学者通过提供与主张相适应的证据，力图将读者的注意力集中在证据与核心命题之间的关系上。为了在阅读民族志时明确方向，作为读者，我们需要辨别出论点和证据是如何被组合在一起的。

不过,民族志论证并不是发生在真空中,而是在长期的对话中。为了说服其他人相信他们的主张,民族志学者必须借助和调整已有的并已为读者所理解的传统和概念。民族志是对以往其他文本中的以及同时期正在进行的学术讨论中的辩论的回应。参考这些辩论可以帮助读者理解证据和论点结合的新方法。因此,民族志论证通常与已经讨论过的内容相关。最有可能保证一部民族志在人类学学科中具有持久意义的,是它所提出的论证上的挑战。

> **要点概括**
> 1. 民族志文本与民族志经历之间存在差异。
> 2. 民族志不仅是一种有关描述或个人解释的作品,还是一种协同一致的尝试,利用田野调查的证据来说服读者相信某些主张。民族志是论证。
> 3. 学习阅读民族志,就是要了解在人类学辩论的背景下民族志论证的构建方式。

民族志论证与民族志经验之间的张力

我们在第二章中解释过,民族志学者在试图解决特定的民族志问题时,既需要整合民族志资料,同时也要承认其多样性。

这里我们再次审视这个问题，这次是关于民族志材料如何被组织成一个协调的论证，以及随之而来的冲突。在融合和多样性之间建立起令人信服的平衡，对于民族志论证的说服力是至关重要的。克里斯汀·休－琼斯（Christine Hugh-Jones）1979 年的民族志《来自米尔克河》（*From the Milk River*）提醒我们，在民族志的基础材料（人们的言行）作为证据如此难以处理的情况下，提供一套关于社会现实的核心命题是多么困难。

> 佛佩斯（Vaupés）社会结构的特点是没有模型能够接近田野调查所揭示的"事实"。人类学家的社会结构必须从印第安人关于血缘关系、群体名称、祖先衍变、语言关系、地理位置等问题的一团混乱的陈述中拼凑出来……
>
> 为了使陈述尽可能清晰，作者会首先对模型进行描述，然后讨论它在多大程度上准确反映了社会组群。对较大的结构单元进行这种处理之后，是对当地长屋社区，以及随着时间的推移这些社区如何再生的描述。在进行模型研究之前，必须就这些内容提出一些初步观点，包括皮拉－巴拉那（Pira-parana）印第安人与其他佛佩斯印第安人的关系、有关社会结构单位的术语使用，以及这些单元与语言附属模式的关系。我把话说在前头，我很清楚本章剩余部分的许多材料是不容易理解的，但我不认为可以在不歪曲数据的情况下对它加以简化。
>
> （Hugh-Jones，1979：13–14）

我们立即注意到模型与"事实"之间的张力，模型是对事实潜在的扭曲，而"事实"本身看起来"一团混乱"。休－琼斯拒绝放弃材料的复杂性，决定先向读者展示她的模型，然后再说明简化版为何无法完全公正地处理佛佩斯的社会现实。初始模型为进入更复杂的证据提供了一条途径。通过呈现民族志的这两个层次，民族志学者强调了分歧，一方面是要为读者提供规模感——一种用来判断领土问题的地图，另一方面是让读者更全面地认识现状的多面性。她把这种分歧作为论证本身的中心要素。

在《来自米尔克河》全书中，我们都可以一边接收到上面这样的提醒：生活现实比民族志学者的模型所指代的要复杂得多，一边看到对佛佩斯文化高度系统化的描绘。下页的图表（表1）通过展示出生隐喻在一个整体系统中是如何相互联系的，体现了这种高度抽象的趋势。

在民族志写作中，类似的图表使用很普遍。在这里，信息以尽可能精简和抽象的方式被呈现，读者不应该将这种图解与它所代表的田野经验相混淆。模型和图解具有一种启发式价值，它接近于人们生活或谈论生活的方式，但又不完全一样。随着这本书的展开，休－琼斯将阐述一个中心论点，即佛佩斯文化的核心包括身体和社会过程之间的类比——社会就像身体一样摄入，排泄，孕育。使用抽象模型的理由是，通过移除多余信息，不管是多么粗略的模型，都将让我们更接近佛佩斯文化的核心原则。模型提出一个有待于根据更复杂的证据来衡量的主张，同时也让我们对证据的理解有了重心。

过程	起点	边界	路径	边界	终点	运动
1. 出生 孩子的运动	子宫 （胎儿）	宫颈	阴道	阴道口	外部世界 （新生儿）	上→下
2. 带回孩子 孩子的运动	木薯花园 （自然性的孩子）	花园边界	花园小径	住所侧门	家庭住所（社 会性的孩子）	西→东
3. 创造后裔群体 祖先的运动	水阀门外的房子	水阀门	米尔克河	港口 （河→陆地）	原本的住所	东→西
4. 卡纳（KANA） 植物的生长	地下的根	土地表面	茎干	茎干/果实	果实	下→上
5. 滋养孩子	子宫胎盘	连接脐带	脐带 脐带分离	连接脐带	孩子	—
6. 孩子从地里 出生的隐喻	地下的胎盘	土地表面		肚脐	分离的孩子	下→上

表 1 出生隐喻

来源：Hugh-Jones, 1979：127

如果按照休-琼斯的说法,那么问题在于复杂的数据与更简单抽象的解释模型之间的关系,但是这个问题的意义远不止于此。彼得·劳伦斯(Peter Lawrence,1984)在试图论证伽利亚(Garia)社会的结构时,解释了西方视角的伽利亚关系模型是如何切断并且可能否定了这些巴布亚新几内亚人自己思考世界的方式的。欧洲人区分"自然"和"超自然"时,通常会在脑子里进行地理上的区分——"下"在地上,"上"在天堂。人类社会作为一个理性构思的实体,与所有超自然领域的概念是分离的。根据这种观点,社会是可以被模型化的,因为最终民族志学者可以指向在现实世界中做着真实事情的真实的人。然而,巴布亚新几内亚伽利亚人认为人类活动与欧洲人所称的超自然活动是混合在一起的。这就意味着,任何试图将社会关系模型化,然后再另行研究宇宙论或宗教思想的尝试,从伽利亚人的角度来看都是人为或任意的。

传统上,人们认为他们的宇宙是一个有限的陆地环境,包含两个领域,一个是人类居住的领域,另一个是神灵居住的领域。他们没有对这两个领域进行本体论区分:他们把两者都牢牢地放在地面上,并没有把它们分别等同于欧洲人所称的自然、超自然或超验世界……

我关心的是整个宇宙秩序的模式、维持和恢复。在理想的情况下,因为伽利亚人认为人类和超人类领域在空间上其本质不是分开的,所以我应该依次在两个领域检视(民族志问题)。然而,这在方法论上是很笨拙的:不可避免的来回交叉会导致冗长乏味的重复。和面临同样困难的麦克斯万（McSwain）一样，我遵循人类学惯例，把这两个领域当作是分离的来呈现，尽管在这种情况下这是人为操作……因此，我的分析试图回答两套问题：第一，伽利亚社会的结构是什么……第二，神灵和死者灵魂领域的构想结构是什么？

（Lawrence，1984：5）

劳伦斯被迫向"人类学惯例"低头，将社会问题与宇宙学问题分开，否则的话，他的民族志作为一种解释就会变得"笨拙"，而且可能会让那些不熟悉伽利亚思想格局和复杂性的人感到费解。他还以另一位人类学家作为自己决定的先例。他的整个论证成了一种对伽利亚"当作"的呈现，因为不这样组织的话就将在分析和理解之间造成不可逾越的鸿沟。劳伦斯并不孤单。因为所有的民族志都会以不同形式遇到这个基本问题，在这个意义上所有的民族志都是对"当作"的呈现。

异议可能会反复出现，为什么要重塑复杂的生活经验？为什么要开发简化和重组这种复杂性的模型和论证呢？为什么不直接如实描述田野调查的经历呢？贝特森上面的讨论给我们留下的第一印象是：写作的过程迫使民族志经验的讲述被套入一种特定的形式。事实上，我们阅读的是一行一行的文本，这会让我们把所读的内容当作连续的、有组织的流动过程。阅读民族志的时候，就像阅读其他文本时一样，我们所受的教育训练我们去寻找文本中"包含"的核心观点——无论是民族志学者明确想要表达的观点，还是基于他们对世界不加思考的假设而体现的观点。第二，正如我们在第四章中所讨论的，对生活经验的叙述不可避免地使我们与之产生距离，并重新整理了这种经验：我们发现自己把这种叙述当作可能的证据，来证明所争论的事情，或者认为它无法被作为证据。第三，如劳伦斯所指出的，读者的思维方式和文中所写的人们的思维方式存在冲突。因此，要想了解伽利亚人的任何事情，就不可避免地需要对伽利亚人的言行进行重组，而重组所使用的话语与他们自己用的并不相同。

不断意识到在不同的生活世界之间搭建桥梁有多困难——在那些被写进书里的人和那些看书的人之间，这是民族志对整个知识界最重要和持久的贡献之一。民族志是一把奇特的双刃剑：公正对待实际社会体验的困难始终存在，但以令人信服的方式组织民族志材料的需求也很迫切。将一部民族志整合在一起的不是其中各种民族志例子，也不是对社会生活特定方面的解释。让民族志具有连贯性的，是它的中心论证或论点能够在何种程度上赋予这些信息以组织和意义。下一节中我们将讨论如何用模型和概念将民族志证据发展成协调一致的论证。

> **要点概括**
>
> 1. 民族志论证依赖模型和模式来提出关于复杂证据的简化主张。
> 2. 民族志模型致使被创造出来的是"当作是"社会现实的图景。

> 3. 让累积的模型和叙述证据具有整体连贯性的，是民族志的中心论证或论点。

证据和论证的相互塑造

"证据"和"事实"一样，是一个冠冕堂皇的词。毫不意外，田野调查经验和由此产生的叙述在何种程度上可以被视为证据，是人类学中最具争议的话题之一。在本书的结论部分，我们将再次回到这些辩论。不过在这里，我们假设民族志写作中论证和证据是密不可分的。一部民族志越是想提出连贯的论证，就越是需要把它的民族志材料作为论证的证据呈现出来。这种需要跨越了风格和学派的差异——**后现代**、**结构主义**、**互动论**、**功能主义**等等（见第八章）。这一节讨论的问题是民族志中将证据和论证结合起来的不同方式。我们会将一种灵活的证据/论证呈现方式与一种明显更规整的方式进行比较。

在上一章中，我们探讨了对即时经验的叙述是如何构成民族志分析的基石的。我们解释过，虽然是叙述赋予民族志以风格和激发思想的力量，但叙述总是为说服读者相信某些核心论点而服务的。在这里，我们将进一步探讨民族志中所进行的论证和所呈现的证据是如何相互塑造的。下面这段民族志报告和论述节选自菲利普·布儒瓦（Phillippe Bourgois, 1995）《寻找尊重：在埃尔巴里奥卖可卡因》（*In Search of Respect: selling crack In*

El Barrio)一书的中间部分。

当代街头男性对于被人唾弃的敏感立刻浮现在这些办公室耻辱的记忆中。因为大多数初级办公室主管是妇女，街头文化的男子主义让男性体验到的侮辱感更加强烈。因此，提到老板和主管时经常用"下流货色"或"娼妓"等词，并且会有对她们身体的评判性描述……例如……对于被迫在合法的劳力市场上打破在公开场合服从女性的街头禁忌，恺撒展开了长篇大论来表达他的男性愤怒。

恺撒：我干过几份这样的工作，你不得不听那些又肥又丑的下流货色的废话，做个窝囊废。

最糟糕的是在施达勒的时候，那家跟制药垃圾打交道的广告公司。我不喜欢它，但还是继续工作。因为虽然"操蛋"，但你并不想搞砸这段关系，所以就当个朋克吧。

哦！天啊！我讨厌那个主管，她是个下流货色……

最终，性别歧视回应的是经济不平等和权力分层。毒品贩子通常用种族主义和性别歧视的说法来表达他们的无能为力。

（Bourgois，1995：146–147）

布儒瓦的书研究了纽约的毒贩。它提出了一个贯穿全文的主张，将毒贩理解为"一种症状——一个生动的象征，体现了……"生活在纽约埃尔巴里奥的人"……社会边缘化和异化的深层动态"（1995：3）。这本书主要由大段与那些毒贩本人的对话录音文本组成，包括上面引用的那一段，录音文本后接着是分段的分析。在整本书中，布儒瓦不断地将我们的注意力集中在他的中心思想上。每一段生动的转录都被用来强调他的关注点，即美国社会中贫困阶层的人们如何理解他们的边缘化经历。

在前面的节选中，布儒瓦一方面处理具体的谈话，另一方面提出广泛的作为背景的陈述（"大多数办公室主管……"或"最终，性别歧视回应的是……"）。通过展示毒贩们用于体现"街头男子主义"的语言，作者强调了他们独特的文化世界观。布儒瓦并没有详细分析这种语言表现：为了保持一以贯之的论证，读者的注意力不应该被转移。相反，他只是强化一个观点，即这种"种族主义和性别歧视的说法"是这些男人的武器之一，用来在一个他们实际上无法控制的处境中赋予自己的社会定位以积极意义。"但你并不想搞砸这段关系，所以就当个朋克吧"：这些通常会被淹没在城市生活的喧嚣中的表达，作为本书中心命题的证据，有了新的意义和相关性。

布儒瓦的文本相对容易理解，因为案例研究和分析围绕一个明确的辩论命题松散但有效地结合在一起。开放式的磁带转录文本很好地服务于这一总命题，每一段都从细微之处证明了更广泛的有关边缘化和抵抗的观点。然而，在其他民族志中，由于在每个给定的例子中存在好几种模式或论证的线索，所以这种论述要抽象得多。另外，在几乎所有的民族志中，我们都会遇到专门的术语或行话，以及对其他讨论过类似问题的人类学家的频繁引用。这些都是人类学家用来组织不同层次的论证、整合论证和证据的一些方法，同时也用来体现他们的知识权威（见第六章和第七章）。

下面的节选来自大卫·帕金（David Parkin）的《棕榈、酒与证人》（*Palms, Wine and Witnesses*, 1972），相比于布儒瓦，他展现了更精简浓缩的论证风格。在帕金的书中，证据和主张更紧密地交织在一起。《棕榈、酒与证人》研究了肯尼亚的吉里亚马（Giriama）如何以及为何开始从一个由长者领导的传统社会转变为一个更加以现金为导向的社会，财富越来越多地集中在相对少数的人手中。帕金认为，这种变化的推动者是年轻的吉里亚马企业家，他们看到了在一种新的文化价值观框架下利用特定的习俗来为自己创造经济机会的可能性。因此，在整本书中，帕金对吉里亚马社会的两种模式进行了比较——传统社会和正在形成的受市场影响的社会。在其民族志叙述中，他不断地突出这两个方面。下面，他利用吉里亚马人葬礼仪式的例子，将对吉里亚马社会的整体论述中至关重要的一些关键主题整合了进来。

吉里亚马的葬礼有两个主要方面。一是人们熟悉的，把在其他情况下相互对立的人聚集在一起，通过象征性的主题，要求他们至少在表面上调和分歧。我说"表面上"，是因为在葬礼过程中，许多参与者会利用这个场合来评估对手或潜在支持者的地位，并宣传自己的地位。因此，葬礼的另一方面是，为人们提供了一个展示自己价值的机会，他们可能是积蓄者的支持者，也可能是棕榈树和土地的买家或抵押人。换句话说，这个场合是在公共友好的保护伞下开展社会信贷的机会。

（Parkin，1972：77）

帕金以高度结构化的方式将叙事作为论证的证据。这些具体的"人"可能是谁，或者他们使用的"主题"是什么，或者"分歧"是什么，这些在当下并不重要。相反，作者要求我们将注意力集中在与他在本书开始就提出来的模式相关的特定特征上。从引言中我们知道，帕金的目的是展示一个新兴的创业群体为了达到自己的目的，是如何操纵传统吉里亚马的老年政治价值观的。因此，尽管传统上象征着和解，但我们现在得到了初步证据，说明可以用不同的、经济化的术语定义葬礼的概念——它是做棕榈树和土地生意的人寻求并衡量支持的场所，这两样是财富和地位的来源。

> **要点概括**
>
> 1. 在为读者提供对某个社会环境的理解的过程中，各种类型的证据和不同的论证模式共同发挥作用。
> 2. 民族志学者会努力用公认的概念或术语将读者的注意力引向证据的某些具体特征。
> 3. 论证中组织的模型组合提供了复杂的见解，而这些见解是无法通过阅读一系列深入的田野经验描述获得的。

民族志论证具有相关性

作为民族志的读者，我们需要理解一系列概念，或者更直白地说,理解行话术语——例如"边缘化"或"社区友好"。这可能是理解民族志时最令人沮丧的障碍之一。谴责行话的使用很容易,但在它背后的事实是,民族志学者的论点和使用的概念,是相对于其他人类学家的专业论点和概念而建立起来的。我们需要了解民族志学者是如何根据其他民族志学者的证据和论证来塑造他们的民族志证据的。换句话,也用一个术语来说,我们必须从**相对**的角度来考虑民族志论证:也就是考虑民族志学者如何在关于共同的民族志概念的辩论中与其他学者形成学术上的关系。

在这里,我们需要回到本书开头从另一个角度讨论过的问题。特定民族志概念的流行,源于它们能有效地概括基本辩论。继续围绕某一特定问题进行学术对话,很可能需要参考这些公认的核心思想。正如我们在第一章中讨论比较的命题时所解释的,像这样的关键概念可能只是起源于一个作者的作品,然后被其他人采用并修改,进而成为整个领域研究者的重要参考点。作为共识或争论的基础,这些关键概念是人类学家组织自己的民族志材料的共同基础。在这一节中,我们将分析围绕着**母核制**的概念而产生的争论,它最初出现在加勒比人类学中。我们用这个例子来说明,作为论证的民族志,只有被放在一个更大的人类学讨论的关系网中才能真正被理解。我们还将展示,随着更广泛的人类学假设的变化,一个概念的基本含义也可能会发生变化,例如,从代表激进挑战到具有保守意义。

我们首先分析雷蒙德·史密斯(Raymond Smith)是如何创造出"母核制"(matrifocality)这个词来组织他对圭亚那社

会的分析。然后再看看四位20世纪50—80年代的作者，他们都在对R. T. 史密斯的概念进行批判的基础上提出了进一步的论证。在第一个例子中，M. G. 史密斯对R. T. 史密斯的分析提出质疑，继而创造了另一个术语——**父核制**（patrifocality）。奥维格（Olwig）在20世纪80年代用女性主义的术语对母核制提出了质疑。布莱克伍德（Blackwood）在关于另一个地区的研究中进一步推动了这种辩论。我们将依次分析每一种民族志论证，展示辩论和概念被反思并最终得到重新定义的过程。每一位民族志学者都对早期的理论争论做出回应，并用这些理论把他们自己的分析和叙述编织到更大的思想网络中去。

关于西印度群岛的一种错误观点是，下层黑人是不道德的、淫乱的，他的家庭生活是"松散"和"杂乱无章"的。除非清楚地认识到这些谬见是不同群体之间关系中不可分割的一部分，反映了他们关于等级地位的内在价值判断，否则就有可能把严重的偏见带入客观研究中。

（R. T. Smith，1956：259）

R. T. 史密斯1956年的民族志《英属圭亚那的黑人家庭》（*The Negro Family in British Guiana*）对加勒比殖民地社会的亲属关系进行了研究。他旨在表明，与同时期（20世纪50年代）的殖民官员和圭亚那中产阶级提出的刻板印象相反，下层阶级的家庭生活有一个系统的模式，并不是"杂乱无章"或"淫乱的"。刻板印象强调了女人和孩子父亲之间关系的脆弱，以及对婚姻明显的不尊重。在寻找被认为是家庭混乱的体系背后的组织原则时，史密斯反而强调了女性作为"母亲"在组织家庭关系中的核心作用。相比之下，男性则处于边缘地位，或者根本不存在。他的证据和论点是为了批评当代的一种假设，即在所有社会中父亲、母亲和孩子三位一体的单元都是家庭组织的核心。

R. T. 史密斯在这本书中建立了一个扩展模型，说明在这种环境中的亲属关系是如何运转的，并提供了大量关于家庭中的各种活动和不同家庭成员承担不同家庭角色的证据。他特别指出，"母亲"这一身份包含了一系列能力，包括经济和政治方面的领导力，而这些能力并没有被包括在比如说西非社会的母亲角色中（史密斯的大部分分析都是基于隐性和显性的比较，尤其是与非洲社会的比较）。为此他提出了一个概念术语，即母核制：

> 家庭成员更倾向于以母亲为中心，因为处于"母亲"地位的女性通常是家庭的实际领导者。反过来说，丈夫－父亲尽管是家庭群体名义上的领袖（如果存在的话），但通常处于这个群体内部复杂关系的边缘地带。我们所说的"边缘"是指他与群体中其他成员的交往相对较少，处于将群体联系起来的有效关系的边缘。
>
> （R. T. Smith，1956：223）

一个概念一旦被引入，成为人类学家之间的对话和争论的关系网络中的一部分，它就得以存续。这个概念的意义来自于这种关系联结，并且因此而继续具有重要意义。许多人类学家从 R. T. 史密斯的研究特征着手，在自己的民族志中展开了分析。迈克尔·G. 史密斯（Michael G. Smith）在 1962 年对西印度卡里亚库岛上的亲属关系进行分析时，拆解了 R. T. 史密斯进行民族志论证的基本前提。实际上，R. T. 史密斯的民族志建立在这样一个模型上，即把家庭住所当作家庭生活发生的地方：他把家庭和家庭住所视为彼此的另一面。但是在西印度群岛，一个男人通常是由住在不同地方的不同母亲所生的孩子们的父亲。在卡里亚库，除了婚生并且一起生活的孩子，男人也经常和住在其他地方的伴侣生孩子。我们应该如何定义这种由一个作为父亲的男人在不同家庭住所之间创造的"超居所"联系呢？

> 卡里亚库的配对制度将婚外结合和婚姻定义为女性专供的两种替代选择。而对男人来说婚姻则是必需的，婚外关系通常是他们的补充选择……这种家庭制度依赖于这样一个事实，即大多数男人将同时扮演两种父亲角色。因此，它是父核制的。家庭结构是父核制还是母核制，不能仅以家庭内的组织来界定，因为正如我们已经看到的，家庭结构包括家庭之间以及家庭内部的关系，而不限于家庭内部关系的层面。卡里亚库的婚外配偶在家庭内部层面上的边缘性，是其父核配对制度的一个结构公理。卡里亚库人很清楚这一点。
>
> （M. G. Smith，1962：246）

这里，M. G. 史密斯通过反转 R. T. 史密斯的分析术语来组织他自己的民族志学论证。他提出的父核制概念是对母核制的基础模型的逻辑扩展和逆转。他没有考察家庭内部发生的事情,而是强调家庭之间的联系。因此,他的分析并没有关注男性在家庭中的边缘化,而是突出了男性在联系不同家庭中的核心作用。也许具有讽刺意味的是,M. G. 史密斯对 R. T. 史密斯概念的批评,和其他一些批评一起,使得母核制成为了研究加勒比家庭生活的人类学家的一个稳定参考点。

一个民族志概念成功成为共同的辩论焦点,这与脱离这个概念最初出自的大部分复杂的证据和模型有关。除了批评 R.T. 史密斯最初使用的具体术语,在下面这段节选中,奥维格还挑战了 20 世纪 80 年代的辩论风气。当时已经有很多人类学家写了各种关于加勒比地区和母系亲属关系的文章,她对其中的一系列设想进行了批评。

> 对西印度群岛家庭的研究揭示了社会学家对家庭系统中体现的男女性别角色的一些偏见。因此,在发现女性起着主导作用后,研究兴趣就集中在为什么男性在家庭中处于弱势,这会带来哪些坏处,以及可以做些什么来进行改变。关于是否是男人糟糕的经济和社会条件、非洲的过去或者奴隶制背景导致了这种情况,有大量讨论……几乎没有例外……相应地,关于女性如何得以如此独立于男性的讨论很少,只是暗示这是男性软弱的结果。因此,我将尝试弥补这一空缺,对可能使西印度妇女获得相对独立的经济和社会条件进行分析。
>
> (Olwig,1981:60)

在他的圭亚那民族志中，R. T. 史密斯关于男性边缘化的陈述相对谨慎——"我们说的'边缘'的意思是他（丈夫－父亲）与群体中其他成员的交往相对较少，处于将群体联系在一起的有效纽带的边缘"。然而，在奥维格写作的时候，母核制还具有了一系列新的含义（这是长达 25 年辩论的结果）。奥维格对抗的除了最初的构想，还有这些引申含义。母核制的民族志概念已经相对脱离其原作者的意图，在一个更大的知识关系网络中流传开来。

在《黑人家庭》出版近五十年后，布莱克伍德在一篇关于"母核的愚行"的文章中，用女性主义方法对关于印度尼西亚米南加保（Minangkabau）的研究进行了批评分析。

> 母核制似乎与男人的缺席有着不可逆转的联系……他应该是主要的赚钱人，掌握局面的人——实际上是家长制的男人。尽管表面上是关于女性的，"母核制家庭"的概念实际是关于"失踪的"男人的持续讨论。
>
> （Blackwood，2005：8）

在这里我们可以注意到，一个原本是为了强烈批判"没有父亲的家庭是不正常的"这一观点而发展出的概念，现在却意味着相反的情况。对布莱克伍德来说，"母核制"这一术语的继续使用，已经成为人类学家拒绝接受"缺席的男人"的证据，它暗示如果没有这个男人家庭就是有缺陷的。在第七章中，我们将看到民族志写作的更大的政治背景是如何影响人类学假设的这种转变的。

一部民族志从来都不是一个独立的知识实体。我们之所以在这一节中对一个人类学概念进行扩展处理，是为了展示民族志之间的争论过程，以及个体民族志在这些争论中的位置。R.T. 史密斯最初提出母核制一词的那本书，是对有关西非人类学的辩论的一种回应。随后或批判或支持这个术语的两位作者把 R.T. 史密斯的命题作为自己进入一场专门对话的基础，这场对话最初的焦点是加勒比人类学。因此，母核制和其他民族志概念得以流传，是因为它们对形成人类学家之间的这些对话关系具有持续重要性。

随着时间的推移，一个民族志文本可以成为人类学读者所知的中心论点或概念的标志。在这个过程中，正如我们在第一章中所看到的，这些概念可以游离引出它们的民族志建模和证据的影响，被用在不同的论证环境中。这是学习阅读民族志的主要困难之一，即有这样一种对读者的期望：我们应该了解一个观点在被用于这个特定实例之前所经历的知识路径。此外更复杂的因素可能是，我们还应该理解关于某些思想的辩论的相关性特征——概念和论点总是相对于其他概念和论点而出现的。本书后面将更深入地探讨这些问题。

要点概括

1. 我们需要理解民族志的相关性，它是对应其他民族志学者的作品而组织起来的证据和论证。

> 2. 共同的民族志概念成为了民族志学者以及他们的证据和论点之间的桥梁。
> 3. 在研究者争论的过程中，一个概念的基本意义可能发生改变，例如从一个激进的概念变成一个保守的概念。

结束语

一部民族志的论证可以被看作我们在本书前面几章中研究的技巧的集合。但是作为论证的民族志超越了这些技巧，它有意地将民族志知识置于更广泛的人类学讨论中。总的来说，民族志之所以被人们记住，是因为它们所主张的核心命题，也是因为其他人类学家对这些命题的判断、接受、挑战和重新表述。民族志学者会试图把他们的民族志定位在更广泛的对话中。对于读者来说，他们在民族志写作中寻找稳定的参考点，以便在阅读中找到相关性。如果没有这种论证定位的过程——包括使用众所周知的学术先例和共同的概念术语——读者就无法理解民族志中叙述、观点和模型的意义。与此同时，这种呈现形式通常需要读者具备大量的先验知识——这是有效阅读民族志最困难的障碍之一。

我们已经看到，论证作为模型和证据的结合，需要放弃以最广泛的方式讨论社会经验。相反，典型的民族志论证往往运用一个更限定性的概念和证据框架来回答特定辩论中的特定问题。虽然我们在这里强调民族志论证的说服力是一个核心问题，但实际上其他品质，如提示性和洞察力，也是判断民族志论证的关键。一个论证可能通过相关证据和连贯模型的结合来说服人，但它可能无法提供多少洞见——也许是因为研究者感兴趣的问题已经改变了。一个相对缺乏说服力，甚至不连贯的论证可能对下一步研究有很大的提示作用。在这一章中，我们还忽略了修辞相对于推理在增加民族志论证的说服力方面的作用。我们将在第八章和结束语中讨论这些问题。

第五章：练习

埃德蒙·利奇的《缅甸高地诸政治体系》是研究克钦邦政治思想对社会现实的影响的经典著作。在这里，我们收录了雷蒙德·弗思为1954年版《政治制度》所写的"序言"，以及利奇写的"1964年再版序言"。这本书的中心是克钦生活中两种极端理想之间的差别，即关于社会关系应该如何运作的等级观念（贡萨，Gumsa）和平等主义观点（贡劳，Gumlao）之间的差别。克钦的政治与和克钦接壤的掸邦之间存在着更加复杂的关系。利奇认为，理解克钦历史和社会的一种方式是观察个人为达到政治目的如何处理这两种理想之间的区别。作为一次论证，利奇的书对当代人类学理论提出了异议。阅读节选并回答以下问题：

1. 在他的序中，弗思强调了利奇作为一名人类学家的哪些特点？

2. 在弗思看来，利奇的书有什么贡献？弗思对他的论点作了哪些批评？

3. 利奇在他的导言中反对了哪种理论方法？

4. 利奇是如何将自己的论证与同时代人的论点进行对比的？

5. 这篇在 1964 年为 1954 出版的书写下的导言，它的总体目的是什么？

《缅甸高地诸政治体系》序言

利奇博士邀请我为这本书写一篇序言，这是对一段长久友谊和学术关系的致敬。

人们通常期望一本书的序言能将这本书介绍给除了已经知道该作者的读者以外的更多人，或者展示出这本书包含的一些隐藏价值。这篇序言并不追求这两个目标。作者作为一名杰出的社会人类学家，不仅为他的英国同事所熟悉，还享有国际声誉。而且，他的思想清晰有力，完全能够展现他自己作品的优点。那么，这篇序言能做什么呢？按照我们的惯例，当一本书出现时，序言的作者想必是被禁止评论书中内容的。他也不能将序变为书评。但是他可以做的，是提前提示一些他认为在任何关于该书优点的讨论中都非常重要的主题。

"动态"是一个被过度使用的词。但是，如果有人说利奇博士分析的主要特点是试图为社会人类学提供动态理论的要素，这个观点就会得到普遍理解。其意思是，他分析的是运动中的力量或作用中的原理。当今社会人类学的很多内容都关注变迁中的制度，但处理方法主要是描述性的，或者一旦到了抽象层面，那些概念就容易变得过于复杂、高度人为，与具体社会中所观察到的人类行为的现实世界脱节。利奇博士试图做的是在一个更加抽象的层次上处理动态理论，超越迄今为止在社会人类学中所做过的，同时仍然使用来自指定群体的社会观察实践的材料。

他的论证有力而优美。为了做到这一点，他提出了一些设想，其中包括把对社会系统的描述视为社会现实的模型的观点。社会人类学中有一种日益增长的不严谨的趋势，那就是把任何一组作为讨论基础的假设或抽象都称为模型。有时候，这种观点通过强调概念的个人性质而成了逃避现实的借口。但是，对于作者来说，模型显然是对结构的表现，而这个结构的各部分的铰接或连接方式，使作者可以通过操作它们来说明更多关系。利奇博士已经在他关于景颇的亲属称谓的文章中展示了他的这种操作技巧，他把这篇文章描述为"一个民族志的代数实验"。其分析的基本特征是证明，以一套有限的关于亲属关系结构的假设为例，在操作中以最简单的方式把它们联系起来，就能得到一个行为方案，这个方案足以为在真实社会中观察到的事件提供一套理想规则的解释。

利奇博士的分析再次强调了马林诺夫斯基等学者对"理想"和"真实"（或"正常"）的行为模式的区分。但在利奇博士的手中，这种区分有了新的重要性。对他来说，是模型表达的理想模式——被认为是"正确的"社会关系——在对社会系统进行结构性描述。作为一种结构的模型必然要保持平衡，这就意味着本质上它本身不能提供动态分析。困难不在于抽象地把时间作为一个因素引入模型，而在于模型中要有对实际条件中真正相关的东西的真实表达。因此，必须要观察人们在日常生活中实际做了什么，从而为有关结构变化的动态考虑提供一个基础。这里的情况与经济学理论中的类似。但是相对于经济学家，社会人类学家有一个优势，那就是，从这门科学诞生之初，人类学家就是直接研究"现实世界"，已经熟悉了社会变化的原始材料。

在现实生活中，个人不断面临着不同的行动选择。利奇博士认为，人们做出这些选择时，他们的决定通常是为了获得权力——也就是说，获得晋升的机会，或者获得有助于晋升的声望。作者用丰富的细节和微妙的解释展开了论证，让每一位认真的读者都由衷钦佩。他对公认观点的挑战可能无法让每个人都满意，但读者会从作者直接的表述、完全的学术诚实和新颖的写作方法中获益良多。例如，我们中的一些人私下会毫不犹豫地告诉学生，民族志的事实可能是无关紧要的——只要他们能够合乎逻辑地论证理论，即使弄错了事实也没么要紧。但我们中很少有人会像利奇博士那样，愿意在出版作品中说他经常对人类学同事们呈现的事实感到厌倦。还有谁也经常倾向于在论证中某个地方直截了当地说，他的解释与之前发表的关于这个主题的几乎所有内容都完全不同？这是令人耳目一新的坦率；它唤醒了读者的期望，并且不会让他失望。

到目前为止，利奇博士的动态理论在很大程度上仍然是一个特殊的而不是普遍的理论，这有两个原因。第一，它的意图主要是指向并解释缅甸北部人们的行为。文中确实引用了来自遥远地区的例子。然而，尽管从边界上看许多"部落"一定是民族志编造出来的，但也并非处处如此。在这部作品里，"成为别人"，比如克钦人变成掸邦人或贡萨观点变成贡劳，这个概念的内涵是或许只能进行有限类比的特定民族志现象。实际上，它们几乎成为另一种社会存在的"理想型"现象。

其次，利奇博士的一些概念有特殊的秩序。我在这里并不是指他对神话和仪式的重新定义，这些新奇的定义为思考社会关系提供了一种有趣的方式。我也不是指他对"社会结构"和"社会组织"术语的使用，因为我们每个人都有自己的习惯用语。我指的是他的论点，即追求权力是社会选择的基础。意大利文艺复兴和我们的近代历史中都有很好的例子来支持他。他的观点与许多现代思潮是一致的。然而，将权力和地位集中体现在对通向官职的声誉的追求上，要么是对动机领域的不适当的限制，要么就是对权力概念的重新解释，使得其范围广到几乎包括了所有的社会行为。基于我自己关于蒂蔻皮亚人的材料，我会支持利奇博士的一些观点，包括神话的作用和权力概念对集体行动的高度重要性。我认为对其他波利尼西亚人，如萨摩亚人或毛利人的研究也会证实这一点。但是我们觉得这样一个统一的解释中存在似是而非的东西。为了解释波利尼西亚社群中社会事务的运作，从经验上来说必须考虑到忠诚和义务的概念，而这就跨越了群体权力利益的狭窄边界。在其他民族志领域，对道德和宗教秩序的评价似乎会进入讨论，并与这种权力和地位追求的因素发生冲突。

所有这些都是为了表明，利奇博士的理论带来的启发超越了他主要研究的民族志领域。这本书将会吸引那些对不发达地区的政府问题感兴趣的人，以及那些对更原始的东南亚社会类型感兴趣，想要看真正做得好的一手研究的人。但对我来说，它最重要的是对社会体系理论的重大贡献。这本书构思巧妙、写作技巧精湛；我们能给它的最大肯定是希望作者不久就能有重现这种构想的机会，将它稍作修改，用于其他同样有趣的材料。

《缅甸高地诸政治体系》1964 年再版序言

弗思教授不吝称赞的序言为本书提供了优秀的销售广告，以至于第一版很快就售罄了。这个新版本是原版的影印版。

虽然早期得到的专业评论明显不温不火，但现在回想起来，这本书的出现似乎标志着一种趋势的开始。我自己当时的感受是，英国社会人类学已经太久地依赖于一套过于简化的平衡假设，这些假设源于对社会制度的结构的有机类比。即便如此，我也认识到这种平衡分析的巨大力量，以及在当前社会学理论的总体框架下回避它的难度。我试图找到一种走出这个困境的方法。简而言之，我的观点是尽管历史事实从来都不在任何意义上处于平衡状态，但如果我们为了分析的目的，强行把这些事实装到限制性的模具中，也可以获得真正的见解。这个模具是一个假设正确的思想系统，其中的组成概念被假设是一个平衡系统的部分。此外，我还要证明，这种虚构的过程不仅是社会人类学家的一种分析手段，也符合克钦人借助他们语言中的类别来理解他们自己的体系的方式。这不是一个完全令人满意的论证——其中有许多线索本可以表达得更好——但是在1964年的今天，它不再代表一个孤立的观点。格拉克曼教授一直是我在理论问题上最有力的反对者，也一直坚持着我提到的有机平衡理论，但是他最近也承认，多年来"我［格拉克曼］太依赖有机分析的方法，据此把循环的叛乱看作是对体制的维持，暗示它会使国家更强大"。他甚至在两页之后谨慎地赞同了这本书的论点，同时仍然坚持说我误解了我的同仁们，误用了英语语言。格拉克曼断言，我所描述的克钦系统适合被描述为一个"稳定的平衡"，在我看来，思想层面上可以这样，但事实层面上并非如此；他说"英国人类学家一直都从这种平衡的角度思考问题"，这在我看来是完全不符合实际的。在最后这点上，读者需要记住这本书中对人类学家同行的作品的评论指的是1952年已经出版的作品。除格拉克曼教授以外，还有其他人改变了他们的观点。

我写这本书的时候，英国人类学思维的总体氛围是由拉德克利夫-布朗确立的。人们在谈到社会制度时，仿佛它们是自然存在的真实实体，制度内在的平衡是固有的，是自然的事实。弗特斯（Fortes）在1940年写道：

> 在塔勒（Tale）社会组织的每一个层面……倾向于平衡的趋势是明显的……这并不意味着塔勒社会是停滞不前的。平衡中暗含着张力……但是，冲突永远不会发展到导致完全解体的地

步。塔勒文化的同质性，未分化的经济体系，领土人口的稳定，亲属关系的网络，氏族制度的影响，尤其是神秘教义和仪式实践决定了当地人关于共同利益的概念——所有这些因素都限制了冲突，促进了平衡的恢复。

如果格拉克曼教授假设克钦人有一个在任何意义上都处于平衡状态的体系，甚至与弗特斯在这里描述的平衡状态几近相同，那么他完全误解了我书中的论点。我充分理解，大量高质量的社会学分析使得所有社会系统看起来都天生具有一种平衡，并且这种平衡是可以被证明的事实。而这本书的主题是，这种表象是一种幻觉，而我写这本书的全部目的，就是在一个特定的案例中检验这种幻觉的本质。

社会人类学的数据首先是历史事件，在本质上是非重复性的，但是，当人类学家坚持认为他的问题是"社会的"而不是"历史的"，那么他立刻就在证据上强加了一个假设，认为可以从经验事实的混乱中分辨出系统秩序。不引入平衡的概念，就无法描述这种系统秩序，本书的论证本身也是一种均衡分析。但它在两个特定方面与社会人类学家的大多数专题研究有所不同。首先，我尝试将这种假定平衡应该运行的时间跨度扩大到一百五十年左右；其次，我试着证明这类平衡假设的虚构（理想主义）性质。

……

我不相信任何形式的历史决定论，那些认为我在这里声称能从克钦邦历史记录的细枝末节中辨别出一个永恒的循环过程的人，完全误解了我想说的话。我的论点是，第五章中描述的语言分类形成了一个持续的结构设置，克钦人总是通过这种分类来寻求对他们观察到的周边的经验性社会现象的解释（向自己和他人）。克钦语的用法让说话者可以用多种方式来构建他的类别。贡萨和贡劳用同样的词来描述他们自己的和对手的政治体系类别，但是他们对两种政治体系之间的关系做出了不同的假设。

作为分类结构，贡萨政治秩序和贡劳政治秩序都是理想型，在任何时候、任何地方都必然是与现实经验事实严重不符的。如果是这样，似乎有理由询问：是否有一个可以分析的社会过程，能归因于实际发生的事实与两极分化的理想类别结构之间的持续差异？第七章和第五章的论点是，对克钦邦的任何地区来说，这个过程的结果都是长期的政治震荡。不过，因为周期结束时的事实与周期开始时的事实完全不同，所以实际体系的平衡与思想体系的平衡方式并不相同。书中这一部分有许多细节，在我现在看来很不满意。并不是证据不相关，而是我经常把重点放在了错误的地方。

语言分类体系中的结构性和在任何直接观察到的经验事实中结构性的缺失，在过去十年里我对二者之间的区别有了更清晰的理解（在本书中经常是模糊的）。当然，我当时也注意到了这种差异——在第 279—281 页有一个特别清楚的例子——我倾向于把它当作一种反常，但实际上它是我们的共同经验。只有通过加诸其上的语言的分类来赋予事实以秩序，具体事件才会变得结构化。

……

这本书主要关注的是这样一个主题，即克钦人的经验性政治行为是对贡萨和贡劳两极政治学说的妥协。在第九章中，我试图说明这些两极学说实际上是通过相互矛盾的神话故事传达给行动者的，其中任何一种神话故事都可以作为社会行动的宪章。现在重读这一章，我觉得"有用但不充分"。自从这本书首次出版以来，列维-斯特劳斯教授写了很多关于神话研究的著作，它们对了解克钦传统肯定有很大的借鉴意义。

本书的结尾提出，这种非传统的分析风格可能适用于克钦山以外的地区，尤其是民族志记录非常丰富的西部。这一建议得到了证实。F. K. 莱曼（F. K. Lehman）将个人研究与对大量关于钦邦（Chin）的材料的调查结合起来，其成果极大地促进了我们对钦邦的理解，也间接证实了我关于克钦的解释的价值，因为在莱曼的研究中，钦邦民族志的差异形成了一种模式。总的来说，钦邦人比我们大多数人想象的更像克钦人。

现在可以清楚地看到，在这一整个地区，"部落"的概念从社会分析的角度来说具有很大的负面效应。我们并不能通过常见的功能性调查发现特定部落组织的特定特征的重要性。相反，只有当我们将"A 族"的特质与"B 族"中的对立面（如贡萨-贡劳的例子）相比较时，才能理解"A 族"的特质。我重申自己的观点，即使是在现在，丰富的纳加人民族志文献也值得从这种辩证的"跨部落"角度来研究。

E. R. L

剑桥，1964 年 1 月

Firth, R. (1964) [1954] 'Foreword' to Edmund Leach, *Political Systems of Highland Burma: a study of kachin social structure*, London: Athlone, v-viii

Leach, E. (1964) 'Introductory note to the 1964 reprint', in *Political Systems of Highland Burma: a study of kachin social structure*, London: Athlone, ix-vx

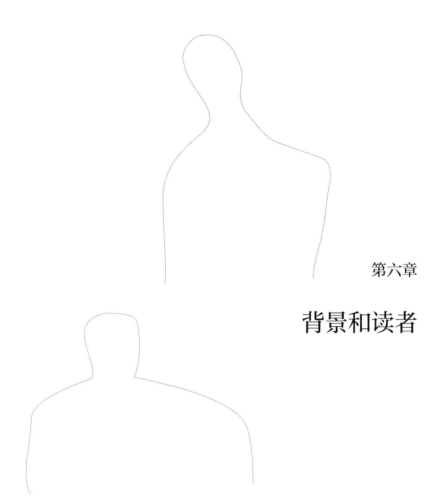

第六章

背景和读者

第六章 背景和读者

在我撰写这篇导言之际，人们正聚集在某些城市的街道上抗议环境政策，反对资本主义损害人类和自然世界更广泛的利益而无情追逐经济增长。与此同时，一部电视纪录片首次在英国向公众揭示了一项研究，该研究表明，全球变暖的速度可能比此前预测的要快得多……

为什么不是每个人都是环保主义者？为什么有些人比其他人更关心自然界的未来？为什么有些人积极地保护自然，而另一些人却漠不关心或有意为之地准备看着自然被破坏？这些问题以这样或那样的形式，不断地困扰着那些为建立环境友好型社会而活动、谈判和游说的人。它们也引起了人类学家的兴趣，因为这些是关于文化多样性的问题，问的是人们为什么对自然事物有不同的思考、感受和行为方式。我们应该如何着手回答这些问题呢？

（Milton，2002：1）

在《爱自然》（*Loving Nature*）中，凯·弥尔顿回答说这是一个人类学的基本问题："人们为何会有现在的思考、感受和行动方式。"（2002：2）她通过对英国的环保运动进行民族志分析来回答这个问题。这些个人和组织感觉自然环境所面临的威胁日益增加，致力于保护生物多样性。从一开始，弥尔顿就强调了她作为人类学家和环境活动家的双重身份，并明确她的研究以自己对环保的参与为基础，而不仅是基于有关情感、认知和环境的学科辩论。她解释说，人类学可以通过"帮助我们理解自己为什么是现在的样子"（2002：3）来推动环保主义发展。

虽然不是所有的民族志学者都像弥尔顿那样讲明他们的安排和动机，但所有的民族志都是由有着特殊兴趣爱好、好恶、背景、个人经历和知识轨迹的人所写的。而且，就像他们的研究对象一样，民族志作者也生活在社会世界中，他们参与并帮助塑造既定的世界观。在写关于英美人类学的早期历史时，亨里克·库克利克（Henrika Kuklick）告诉我们19世纪和20世纪初期的人类学家"在环境限制中发挥创造性，做出在他们看来合理的决定，用民族志来帮助他们理解生活的限制和可能性"（1991：4）。也就是说，特定的人类学家所写的作品是在他们自己所处的历史环境中产生的，包括在田野调查之前、之中和之后。而且，作为人类活动的产物，民族志属于某个时期、某个社会环境和某个知识氛围，并受其影响。最后，正如我们在第五章开始探讨并将在下文进一步展开的，所有的民族志写作都是相关的：在他们的作品中，作者总是与其他作者、与整个学科、与人类学以外的世界打交道。

在这一章中，我们集中讨论民族志与更广泛的写作背景之间的关系，并以这样一个观点为出发点，即文本和它的背景实际上是不可分割的。因为民族志是由身处社会和文化环境并参与其中的个人所撰写的，所以环境始终是文本结构的一部分。

因此，我们认为，了解这个背景将帮助读者更好地理解作者的立场和论点。进而，这种意识也将使我们对民族志学者试图描绘的人们的生活有更深理解。

需要强调的是，民族志产生的背景从来都不是单一的。民族志学者不仅生活在至少两个世界，即"家"和"田野"里，而且这些世界本身也是支离破碎、多种多样的。例如，在英国国内一位人类学家可能同时是一位学者、移民、政治活动家、艺术家或者母亲，参与多个领域的活动，这些塑造着她对生活以及所处其中的角色的理解，包括她的学术发展和对人类学的理解。她在田野中的经验也必然是多方面的。看看人类学家露丝·比哈尔（Ruth Behar）在讲述一个墨西哥小贩人生的《被翻译的女人：与埃斯佩朗莎的故事一起穿越边境》（*Translated Woman: crossing the border with Esperanza's story*，1993）中是如何谈论自己的：

> 好吧，严格来讲，我不是个外国佬。我是古巴人，出生在古巴，在纽约皇后区这个凄惨地区一片吵闹的公寓中长大，那里充满了我妈妈做的索弗里托的味道。我在家说西班牙语，在学校学英语……早在遇见埃斯佩朗莎之前，我就已经在自己不知道的情况下跨越边境了——但是通过认识她，我开始反思自己如何跨越了众多边界才变成现在这样，可以跨越墨西哥的边境把她的故事写进书里。我们跨越边界，但不会消除它们，我们身上带着自己的边界。

作为一名古巴人，我从一开始就享受到了特权，我是又一个"模范少数族裔",一个成功的故事,美国欢迎的地毯铺在我脚下,我在自由的土地上幸免于枷锁,总是充满感激,从来没有要求太多:谢谢你,非常感谢你,谢谢,*gracias por todo*(西班牙语的"感谢所有"),抱歉如果我添了任何麻烦……

我是古巴人,但在墨西哥我是外国人,因为我去墨西哥的时候带着外国特权、外国货币、外国证书,更别提外国老公和外国车了。毕竟,我是持美国护照过境的。

(Behar,1993:320–321)

比哈尔不遗余力地把她对埃斯佩朗莎故事的复述放到更大的背景中,不仅写了她和埃斯佩朗莎的关系,还讲了她自己作为一个身在美国社会的古巴女性和一位学者的经历,并对她自己和埃斯佩朗莎之间的趋同点和分歧点进行了反思。在比哈尔的写作中,背景和内容是一体的,我们对比哈尔和她跨界经历的了解,与对埃斯佩朗莎、墨西哥和墨西哥妇女的了解一样多。最重要的是,比哈尔强调了她立场的多面性,即她在同一时间或面对不同的人时有许多身份。这种多面性和碎片化构成了她研究埃斯佩朗莎、研究她们之间的关系以及整个人类学的出发点。

虽然也有其他人类学家像比哈尔一样直接将他们写作的背景融入到作品本身中,但也有许多人不这样或者不太公开地这样做。需要强调的是,即使是那些明确说明他们带入田野研究和写作中的议题的作者,在自反内容上也不可避免地具有选择性。他们会讨论一些决定性的而不是其他因素,也许会把那些在外部观察者看来特别重要的因素放在一边。例如,比哈尔选择关注她自己的家族史和她作为学者的身份,而不是后现代主义运动对她风格和方法的影响。弥尔顿详细论述了她对环保主义的参与,但没有探讨她早期对肯尼亚基督教的研究对她目前的兴趣、方法和观点的影响。

此外,还有一些影响是人类学家自己可能没有意识到或者认为是理所当然的。在分析葡萄牙的人类学学生如何理解英国亲属关系理论时,玛丽·布凯(Mary Bouquet,1993:33)提醒我们,"英国人类学话语在尝试呈现学术上未被了解的世界和它们的居民时,设想读者'和我们一样',利用大家已经熟悉的内容"。也就是说,人类学家提出的问题以及他们使用的方法和概念,都是从他们周围的世界借鉴来的;每当这种时候,人类学家可能意识到、也可能意识不到这一点,可能认为其中有相关性,也可能认为是不相关的。因此,布凯说明了20世纪早期英国社会人类学中发展起来的亲属关系概念——认为所有社会都有可以相互比较的亲属关系系统——"符合英国中产阶级对世界的理解方式"(1993:32)。换句话说,"亲属关系"并不是一个它所被宣称的中立的分析工具,而是英国中产阶级思维方式不可缺少的一部分。葡萄牙学生就觉得这个概念相对陌生。

接下来的问题是,无论作者本人是否明确地表述了它们的重要性,你如何才能至少识别出帮助塑造了民族志的一些关键的影响因素。这些影响是多种多样的,并在多个层面塑造了民族志文本。我们在这里讨论的是多个不同的维度,包括某个特定人类学家的个人环境和历史、人类学思想的趋势、超越人类学的社会和政治运动,以及广泛的文化假设。作为一名读者,你会在文本中发现关于这些维度及其影响的线索,诸如变化的文体惯例、使用的术语和概念,或者如我们在第五章中讨论的,作者以他人的作品为参考点来建立相关论证的方式。不过,下面我们将从研究不同类型的民族志读者开始,这种对读者的关注可以在很大程度上揭示作者的意图和观点,以及作者如何理解自身及其作品在人类学和整个世界中的位置。接下来,我们将考察写作时的学术氛围是如何从田野调查开始影响一部民族志作品的形成的。最后,我们将考虑更广泛的社会、文化和政治背景以及它们对民族志文本创作的影响。

> **要点概括**
>
> 1. 民族志是由创作它们时的社会和文化背景所塑造的。
> 2. 了解这一背景有助于读者更好地理解作者的观点,以及民族志中所描绘的人物的生活。
> 3. 虽然不是所有的民族志学者都会写到他们作品的背景,但是你可以在民族志中找到关于该背景的线索。

作者和报道人

好的谈话没有结束,通常也没有开始。它们有参与者和听众,但不属于任何人,也不属于历史。铭文可以拓宽对话者的范围，但也使那些接触不到这些文字的人无法参与讨论。

（Gudeman and Rivera，1990：1）

古德曼和里维拉提醒我们，民族志文本是更广泛对话中的节点或时刻，这些对话交流的思想不仅涉及民族志学者，还有他们的报道人以及过去和现在"在田野里"和"在家"的更大的对话者圈子。这些对话包含但也超越了人类学，比人类学更广泛。在作者、作者笔下的人物、读者和早期思想家之间的交流框架内，认识和呈现世界的方式产生并发生变化。然而，正如古德曼和里维拉所强调的，铭文的行为是一种排外的实践。创作书面文本减少了对话者的数量，不仅把文盲排除出了交流范围，还把那些不说这种语言或者不熟悉某一学科惯例、术语和复杂辞藻的人撇在了一边。

民族志写作的文体惯例揭示了谁被包括在民族志对话中，谁又被排除在外。民族志中布满了路标，告诉读者作者认为谁是他的对话者，他的文章是为哪类读者而写的，以及他提问和论证的谱系是什么。寻找这些路标的关键地方是作品的鸣谢、序言、导言。大多数情况下，这些部分会说明民族志作者将他们在田野中的个人和知识关系与他们和其他人类学家的关系区分开来，因此他们认为自己属于不止一个对话圈。而即使作者明确承认信息提供者对他们的工作和观点所做的贡献，民族志文本也主要是为人类学圈子而写的。

这种报道人与人类学读者之间、田野中的对话与学术对话之间的分离，在迈克尔·赫茨菲尔德（Michael Herzfeld）《男子气概的诗学》(*The Poetics of Manhood*, 1985)的序言中显而易见。赫茨菲尔德首先感谢了格伦迪（Glendi）的人，这个克里特村庄是他的研究对象：

当然，我从格伦迪人那里获得了很多帮助。他们积极地关注我提供的解释，对我的工作怀有充满想象力的兴趣，不断地主动帮我完成任务，并且愿意录下大量的叙述和其他文字，可以说他们在很大程度上参与了这本书的创作。

(Herzfeld, 1985: xvii)

接着，他感谢了一长串的人类学同事，从希腊的英语人类学之父约翰·坎贝尔开始，接着是其他人："理查德·鲍曼、洛林·M. 丹弗斯（Loring M. Danforth）、玛丽·道格拉斯、詹姆斯·W. 费尔南德斯、罗杰·约瑟夫、奈尼·帕诺吉亚（Nennie Panourgia）……他们后来都阅读了本书不同版本的手稿，并提出了令我受益的批评见解。"(Herzfeld, 1985: xviii)因此，尽管作者认为格伦迪人和上述人类学家们都为这部民族志的最终完成做出了贡献，但阅读并评论手稿的是后者。他们是具有人类学世界观的人，对人类学知识和传统的掌握让他们能够提供批判性的建议。而另一方面，格伦迪人缺乏这种能力，他们的贡献则在于向作者提供分析的材料——"叙述和其他文字""积极地关注我提供的解释"。显然，在学术写作和出版的语境中，个体的能动性和创造力被认为是最重要的，格伦迪人是被作为一个整体来分享民族志的作者身份的。也就是说，是因为都来自格伦迪,他们才成了赫茨菲尔德研究的对象,这也决定了他们在这部民族志里的地位。相反,人类学家作为个体的批判性读者和评论者,是赫茨菲尔德的目标受众。事实上,那些在致谢中列出的名字代表着整个人类学圈子,他们同样会阅读、批评和参考赫茨菲尔德的作品。

报道人和人类学同事所扮演的角色之间的脱节,源于一种普遍的预期,即人类学的认识方式和编纂信息的方式与报道人的方式之间会有一条裂缝。面对这种差距,满足随之而来的对解释和翻译的需要,就是我们学科存在的理由。在关于加拿大北部的屋库因纽特人(Utkuhikhalingmiut)的民族志《绝不愤怒》(*Never in Anger*, 1970)中,珍·L.布里格斯(Jean L. Briggs)这样感谢她的报道人:

> 当然,我最应该感谢的是和我住在一起的屋库因纽特人,尤其是收养我的家庭的成员们,这本书就是关于他们的。我很遗憾他们可能不会理解或喜欢我写的关于他们的许多事情;然而,我希望我所说的话将有助于进一步树立爱斯基摩人是"真诚的人"(他们对自己的定位)的形象,而不是"石器时代的人"或"快乐的孩子们"。
>
> (Briggs, 1970: ix)

矛盾的是,布里格斯意在挑战西方和学术界对屋库因纽特人的普遍误解,但她为此创作的对屋库因纽特人的描述,却并不期望屋库因纽特人自己去阅读,而且他们也会不理解甚至不同意这种描述。事实上，和布里格斯一样，大多数民族志作者写作的受众都不是他们的报道人，尽管民族志有时确实会成为他们所描绘的人物本身的辩论内容（Brettell, 1993; R. Rosaldo, 1986）。在《声音和情感》(*Sound and Sentiment*, 1990)第二版的附言中，斯蒂芬·菲尔德（Steven Feld）描述了向他的卡卢里（Kaluli）朋友们朗读第一版部分内容的经历。与布里格斯一样，菲尔德也强调了民族志和本土认识论之间的距离，并把他与卡卢里人的对话形容为"对话式编辑"，在对话中他们实际上把人类学从他的叙述中剔除了：

> 与卡卢里人对话编辑最有趣的结果之一是，我的读者在听到我对田野笔记中的原始材料进行总结、压缩或剥离其所处的细节时，基本上会对它们的版本或部分进行复原。卡卢里人接过了我的故事，重新把它们当作自己的故事，就像以前一样。为了做到这一点，他们把一般性归纳还原为一个实例、一种经历、一次记忆中的活动或行为。实际上，他们通过详细叙述我在田野笔记中往往筛掉不提的故事，"推翻"了我的故事……
>
> 更有针对性地说，我的民族志中与具体案例、原因和意图脱钩的，抽象化的、去个人化的、总结和概括性的内容，通常是卡卢里读者最喜欢回应的地方，他们通过一系列问题、旁注或者解释让这些内容再次变得具体化、个性化。卡卢里人更喜欢报告直接经验。如何将知识和经验与特定的行为者、日程和事例联系起来，这是他们在讨论这本书时最关心的问题。
>
> （Feld, 1990 : 251–252）

因此，民族志写作围绕着抽象化、去个人化、总结和概括，而卡卢里人则强调事件的具体性和不可重复性。在重新解释菲尔德的分析时，他们挑战了他最基本的假设。尽管如此，请注意菲尔德是如何利用卡卢里人对他作品的反应来进一步了解他们的认知方式，并将这种理解传达给他的读者的。换句话说，虽然卡卢里人对菲尔德的作品有了一些间接的接触，但菲尔德在写作中并没有把他们作为对话者。相反，他们仍然是他的研究对象，和在第一版中一样，作者考察和复述他们的行动和表述，是因为它们的人类学意义。为此，菲尔德使用的概念和参考框架完全属于人类学而不是卡卢里人的认识论范畴。

正如我们在本书中所解释的那样，为了使报道人能被读者所理解，民族志的作者们以独特的人类学方式接近这个世界并塑造他们的叙述。如史翠珊所言，"人类学分析通过独特的属于它自己的理解和认知形式，来接近和复制它的研究对象的理解"（1988：11）。这种独特形式的知识与流行的西方理解有相似和可借鉴之处，但并不完全对应后者；它的内行性质限制了其读者范围，抛开的不仅是报道人，还有许多"在家"的人。因此，尽管人类学家认为，随着文化水平的提高和信息传播的日渐便利，报道人和其他非专业读者将有更多机会批判性地阅读我们的作品，从而改变民族志实践的基础（Marcus，1998），但事实是，大多数的民族志写作，无论是文章还是专著，主要针对的仍然是同行学者。在前一章中，我们指出民族志论证往往是参考其他民族志中提出的论证来构建的，具有相关性。下面，我们将继续讨论人类学专业读者不断变化的期望和假设是如何影响民族志文本的创造的。

> **要点概括**
>
> 1. 民族志学者倾向于将他们"在田野里"的个人和知识关系与学术界的关系分开。
> 2. 民族志文本是通过修辞手段、概念和文体惯例构建起来的,它们共同构成了一种独特而排外的知识形式。
> 3. 民族志文本主要针对的是人类学的读者,而不是我们的报道人或"在家"的一般读者。

人类学读者和学术趋势

作为一种独特的认识和表征世界的方式,人类学是通过民族志作者之间的对话来建构的。正如我们在第五章中所解释的,人类学家在他们的文本中提到他人的作品,不仅是为了给他们的论点提供基础和框架,也是为了进行创新、挑战被视为理所当然的知识。这种对话框架往往组织了民族志材料的呈现和论点的表达,塑造了人类学家反思和解释他们田野经历的方式。正是通过密切关注这些交流,读者了解到一个特定民族志文本的知识背景——作者如何追踪到早期的思想家并与他们对话,他们认为自己的思想谱系是什么,以及他们在学科、跨学科辩论和思想潮流中如何定位自己。这些交流通常以总结和综述的形式被明确地传达给读者,作者在简略评价他人作品的同时也描述了自己的立场。

在下面这段节选中,芭芭拉·普拉西多(Barbara Placido)在介绍她对委内瑞拉精神附体的研究时,先提到了其他和她一样曾试图分析精神附体教派的人类学家。她通过概括到目前为止的讨论开启了对话:

> 在大多数人类学的描述中,被灵魂附体的人被描述成生病或精神痛苦,缺乏力量、控制和主动性,他们的经历是一种损失(Bourgouignon,1973;Crapanzano,1977;Lewis,1989;Obeyesekere,1981;Ong,1988)。这些描述通常假设灵媒附体是为了获得比自己作为人类时更强大和权威的声音。因此,人类学家将灵魂附身描述为一种腹语术,其中女巫使用灵魂来说话(Nourse,1996:425)。
>
> (Placido,2001:207)

通过挑选出精神附体分析的一些主要趋势和作者,普拉西多在一个实际上无法确定边界的辩论领域中构建了自己的对话者圈子。她的对话者正是这些作家以及其他想要了解精神附体的读者,更广泛地说,是整个人类学群体。她在之前的叙述中发现了一处分析上的空白,并以对报道人的理解和田野观察为基础做出了自己独特的贡献,从而找到了参与讨论的切入点:

> 然而,人类学分析没有说清楚的是,在附体情节中灵魂和

被占有者实际上说了什么。相反，他们倾向于关注灵魂附体发生的环境、形式以及参与者的社会、经济或种族背景。相比之下，委内瑞拉的玛丽亚·莱昂萨（Maria Lionza）教的灵媒和信徒说他们的膜拜、他们与灵魂的关系以及灵魂本身都是由语言所构成的。他们肯定，语言是这种崇拜的全部内容。本文就是由此展开的，试图理解玛丽亚·莱昂萨教对灵魂附体的看法和人类学对这一现象的理解之间存在的惊人差异。

（Placido，2001：207）

普拉西多引用民族志资料是为了强调人类学理论转变的必要性。她还通过引用人类学理论和其他理论家的见解来突出她的见解和民族志材料的原创性。因此，普拉西多对其他作者和他们的观点的叙述是有选择性的：她的目的与其说是对迄今为止的研究做一个总结，不如说是为读者提供对这类研究的一种批判性理解，进而引导读者欣赏她自己的论证。而且，和其他人类学家依赖这种普遍的策略以及规矩一样，普拉西多期望读者对她讨论的问题和作者有一些事先的了解。

这种对人类学常识的依赖产生的效果是排除了不知情的读者，为民族志写作勾勒出一个人类学的读者群体。这种效果在以下节选中也很明显，该节选出自马林诺夫斯基（1967）[1957]为雷蒙德·弗思的《我们，蒂蔻皮亚人》所作的序言，该书于1936年首次出版：

在这个时间点上，一本这样的书更受欢迎，因为我们正饱受过剩的新人类学理论的荼毒。每隔几个月就会有新的标准被提出，人类生活的现实也被一些奇怪而令人担忧的操作所左右。一方面，有人把数学方法应用于像信仰、情感和社会组织一样难以捉摸且本质上非数学的事实，而且用的还是微积分学方法，如积分和微分方程。另一方面，有人试图从分裂产生的角度来分析各种文化，或者把每一个特定社会中个别非凡的"天才"定义为阿波罗式高尚的、酒神式放纵的或偏执狂式的等等。在另一位作者的娴熟笔触下，一个部落的女性显得阳刚，而在另一个部落的男性则表现出女性气质，几乎到了分娩的边缘。相比之下，这本书是一部不受影响的真正的学术著作，基于对文化的真实体验而不是一些<u>虚假</u>的印象。因此，仍然相信自己的工作可以有科学性的人类学家可以松一口气，心存感激。

（Malinowski，1967［1957］: vii–viii）

马林诺夫斯基没有指名道姓，但显然希望读者熟悉他所指的作品和作者，他对20世纪中期人类学的一些关键人物进行了尖刻的抨击，其中包括格雷戈里·贝特森、鲁思·本尼迪克特和玛格丽特·米德。他接着解释了弗思作品的独特性和价值，并将他置于该学科的长期发展中，与摩根、巴霍芬和里弗斯等创始人建立联系。但是在序言后文中，马林诺夫斯基也批评了弗思对亲属关系的研究方法。他不仅对弗思的专著进行了定位，而且还回顾和强调了他自己参与当前争论的轨迹和观点。因此，作为资深学者和道路开拓者，他为自己树立了一个理想的模范读者形象，既有批判性，又不过分。

由知名人类学家撰写序言是民族志的一个共同特征，和马林诺夫斯基一样，这些序言经常是赞同和批评的混合体。它们向读者介绍一部民族志，建立其可信度，但同时也安顿了资深人物，强化他们对人类学的重要性。学术期刊上的书评和一些民族志背面的推荐语起到了类似的作用。最重要的是，序言、书评和推荐语证明了民族志写作的对话性，说明民族志是由个人的和学术上的关系、关注和倾向所塑造的，而学科趋势正是由此产生。

那么，所有的民族志都是在时间上定位的。人类学家所提出的论证不仅是相关的，就像我们在第五章关于**母核制**的讨论中所解释的那样，而且民族志写作回应并体现了特定的学术氛围。我们再回到菲尔德的卡卢里民族志。在1982年首次出版的《**声音和情感**》导言中，菲尔德向读者讲述了他的目标：

> 这项民族志研究的对象，是在巴布亚新几内亚的卡卢里社会中声音作为一种文化系统，也就是符号系统所起的作用。我的目的是说明如何通过对声音传播的模式和代码进行分析，来理解卡卢里社会生活的精神和特性。
>
> （Feld，1990：3）

后来他概述了他的理论框架：

> 我发现最有帮助的学术立场是克洛德·列维–斯特劳斯（Claude Levi-Strauss，1966）的结构主义，克利福德·格尔茨

(Clifford Geertz，1973）倡导的深描和解释性的民族志，以及戴尔·海姆斯（Dell Hymes，1974）提出的交流范式的民族志。

（Feld，1990：14）

通过这段话，菲尔德坚定地将自己的目标、问题和方法置于人类学发展的一个明确时期范围内，即 20 世纪 70 年代。他不仅明确地指出了影响他作品的因素，而且他使用的概念和术语（"文化系统""符号系统""代码"）同样表明了他写作的历史特殊性。最能说明问题的是，八年后，在美国人类学"写文化"的影响最盛之时，菲尔德在《声音和情感》第二版附言中对卡卢里人和他们说的话采取了截然不同的处理方法。他描述了当他的书到达他居住的村庄时，卡卢里人的反应，他告诉我们：

我认为在这些境遇中形成的民族志话语是对话编辑，是卡卢里人与我的对话的调和，是卡卢里人的声音和我自己的声音的并列。这种声音和观点的多样性激活了对话的维度，并揭示了编辑实践的过程，提出了关于控制哪些声音在何时、以何种顺序、以何种语言发言的权利、权威和权力的问题。对话编辑指的是卡卢里人的声音影响着我如何通过自己的声音向你们讲述他们的故事；为了呈现他们如何看待我对他们的看法，需要对我的描述进行重新架构和聚焦。这是写文化中不可避免的政治，是进行选择并把它们作为真实内容传递，然后接受一种不同视角的审视，对原本选择过程的架构和重心进行质疑和评论。说得更直接一些，意思是让一些卡卢里人间接地参与到其他读者、评论家和书评人的对话之中。

(Feld, 1990: 241, 244)

菲尔德的附言是**体现后现代**主义对 20 世纪晚期美国文化人类学影响的教科书式的范例。把"系统"和"代码"抛在身后，菲尔德转而谈论"对话"和"话语"、"编辑实践"和"互文传记"(1990: 253)。《声音和情感》的第一版是权威**结构主义和深描**的实践，而在附言中菲尔德似乎从克利福德和马库斯的《写文化：民族志的诗学与政治学》(*Writing Culture: the poetics and politics of ethnography*, 1986)中得到了启示，把他自己的工作描述为对"写文化的政治"的一次探索(1990: 244)。在《写文化》一书的导言中，克利福德谈到民族志"总是沉迷于文化的发明，而不是再现"(1986: 2)，菲尔德则反思了自己"进行选择并把它们作为真实内容传递"(1990: 244)的经历。克利福德呼吁"不同声音和不同话语定位相互作用的文化诗学"(1986: 12)，菲尔德则谈到"声音和观点的多样性"在附言中"激活了对话的维度"(1990: 244)。换言之，作者在这里记录他与卡卢里人的对话，是为了参与人类学的一个特定趋势。菲尔德与卡卢里人的对话服务于他与其他人类学作家建立的对话，而人类学作为一门学科则体现出不断变化的特点。

的确，在《声音和情感》两个版本间隔的八年中，人类学的标准已经改变了。随之改变的还有人们眼中的学术前沿，以及公认的人类学研究的合理对象与适当的方式、方法和风格。然而，我们并不是说人类学家被动地拾人牙慧，照搬别人传授给他们的理论。正是民族志作者们通过与彼此、与报道人、与他们周围的社会和政治世界的接触,重新制定了这一标准。而且,尽管与过去的联系从未断开,但从这种接触中产生了对新讨论领域的定义、人类学新的研究和写作方法,以及学科的新标准。在本章的最后一节,我们将探讨民族志作者如何看待他们的社会环境,以及人类学的关注点和民族志的传统是如何因此而转变的。

> **要点概括**
>
> 1. 人类学是通过民族志作者之间的对话来建构的。
> 2. 民族志写作回应并体现了特定的知识环境。
> 3. 民族志作者通过与他们的报道人、彼此,以及周围社会和政治世界的接触,重新制定人类学的准则。

女性主义人类学:作为社会角色的民族志作者

在这一章中我们一直说,就像他们所研究的人一样,民族志作者也是社会角色,他们的文本是在特定的时间点、特定的社会和文化环境下创造的文化产物。这些文本不仅来自于作者对我们所提到的学科交流的参与,也来自于对学术以外的生活的参与。因为人类学家习惯观察和审视人类生活,所以所有的人类学作品都会以批判的眼光对民族志学者所参与的社会世界进行反思。但有时民族志作者也会积极参与政治讨论、运动和斗争，这种参与会对他们的写作和更广泛的学科产生影响。在最后这一节中，我们将考察女性主义的诞生和发展，这里有个特别有代表性的例子，体现了一个不断影响民族志写作的过程：作者参与其所属社会世界的政治，由此产生了新的民族志话题、观点和分析工具。为说明这个过程，我们将以两部民族志为例，分别是安妮特·韦纳（Annette Weiner，1976）的《女人有价，男人有名》（*Women of Value, Men of Renown*）和罗安清（Anna Lowenhaupt Tsing，1993）的《钻石女王的国度》（*In the Realm of the Diamond Queen*）。

在关于特罗布里恩群岛的民族志中，安妮特·韦纳（1976）主张人类学应该对女性和男性的活动给予同等的重视和关注。她解释说，直到20世纪70年代中期，许多人类学研究都包含了"过多男性"，并且"传统的研究领域常常使我们对男女互动的复杂性视而不见"（Weiner，1976：12）。从马林诺夫斯基开始的人类学家，几乎无一例外地忽视或否认了女性活动和目标的重要性。因为他们对社会和文化的设想遵循了"一条男性主导的道路"（同上），他们的描述和分析存在内在缺陷。甚至在美拉尼西亚人类学中也是如此——根据韦纳的说法，在这个地区女性得到了明显的重视和赞美，而米德、福琼和贝特森等人类学家早就证明了分析性别关系的重要性（1976：17）。所以她解释道：

> 我在这本书里的假设是，无论男女在经济和政治上的地位

如何变化，在任何有关社会组织的基本组成部分的研究中，必须对女性在社会中所起的作用给予同等重视。

（Weiner，1976：11）

韦纳不是唯一一个想要纠正人类学中性别偏见的人。在20世纪70年代中期，许多其他女性民族志作者也在呼吁一种新的人类学，对人们普遍接受的关于性别及其社会和文化角色的知识提出挑战——一种参与政治的人类学。她们对美国和英国的第二波**女性**主义浪潮做出了回应和贡献，并认为自己既是女性主义者也是人类学家。用罗萨尔多和兰菲尔（Rosaldo and Lamphere，1974：1–2）的话说，"和现在的很多女性一样，我们试图理解并改变自己的位置。我们越来越意识到经济、社会和政治体制中的性别不平等，并正在寻找与它们抗争的方法"。作为女性主义者和人类学家，这些作者从非西方社会中寻找启示，希望揭示西方和其他社会性别不平等的根源：她们认为理解是通往社会变革和性别平等道路上的基础一步。这条追寻路径影响着韦纳对特罗布里恩群岛的看法，因此她的分析尤其强调了特罗布里恩女性的作用，并强调人类学家在对性别不平等的根源和形式进行跨文化调查时，需要特别考虑到女性权力的形式。她认为，特罗布里恩群岛的女性不是被动的受压迫者，而是自主的行动者：

任何不将妇女的作用（而且应该是妇女认为的作用）视为社会构建方式的一部分的研究，都只是对那个社会的局部研究。

无论女性是被公众所重视还是被私人所排斥，无论她们控制着政治、一系列经济商品还是只有咒语，她们都在那个社会中发挥作用，不是作为客体，而是作为具有某种控制能力的个人。只有当我们开始研究女性切实拥有的权力，即使这种力量看似有限且在政治领域之外，才能理解在社会发展过程或者在当前和历史上的情境中女性为何以及如何屡屡被降到了次要地位。

（Weiner，1976：228–229）

韦纳等女性主义作者希望通过要求人类学家重新审视他们关于权力、等级和不平等的假设来改变人类学的方向（1976：236），并主张在分析社会生活的任何领域时都必须考虑性别结构和关系。例如，罗安清（1993）在研究印尼热带雨林的梅拉图斯达雅克人（Meratus Dayak）时，强调了他们相对于印尼政府的边缘化的性别性质。正是通过关注性别问题，梅拉图斯人在这个世界上的生存模式与广泛的区域乃至全球框架的不可分割性才变得明显起来。在梅拉图斯，性别和边缘性不仅是相互构成的，它们的交织也突出了在理论上不可能将当地的关系和动态与所谓的外来影响对立起来。并不存在一个接受外部影响的社会和文化核心：

通过把性别置于分析的中心，我创造了一场与人们更为熟悉的民族志学流派持续对立的对话，那些流派将某种内在的文化逻辑与区域–全球影响分离开来。一般来说，关于性别的研究与对更广泛的政治关系的研究几乎不会重叠。有关地方–全球联系的历史仍然忽视了性别;人们倾向于把性别作为一个"内在的"文化问题来研究。比如在许多关于女性、殖民主义和发展的文献中,"外部"因素对性别的影响仅仅被描述为把外部因素强加在一度稳定和自我调节的传统上。这些惯例模糊了造成政治以及性别差异的区域分歧性辩论和实践。通过打破将"内部"和"外部"分隔开的文化分析传统,这本书将展示不同的社区分歧之间的联系,包括性别差异以及梅拉图斯的区域和国家边缘性。将性别视为一种富于想象力的结构和一种不同立场的观点加以重视,在地方事务的中心引入了对更广泛的文化协商的思考。

(Tsing,1993:9)

在20世纪80年代,美国和其他地方的黑人女性主义者对女性主义关于女性普遍姐妹关系的假设提出了挑战。他们认为白人妇女和有色人种妇女的从属地位是不同的,因为有色人种妇女还经历着其他形式的压迫。他们认为,白人妇女与对有色人种的压迫有关。女性主义人类学家接受了这一挑战,重新审视自己提出的概念和类别的同质性:女性主义作为一场政治运动发生了变化,它对人类学的贡献也随之而改变。在罗安清的分析中,边缘化和性别都不是同质性的条件或经历。相反,当人们关注它们的相互构成时,就会发现二者都是支离破碎的:

在研究梅拉图斯人时,我在开头就指出了性别、种族和政治地位的相互嵌入。这三者是相互构成的。国家政治塑造了民族和地域身份，又反过来受后者影响。国家和民族政治带有性别性质，正如性别差异是在国家和民族话语中产生的。然而，这三者的每一个都制造了分裂的对立，使得根据另外二者形成的利益共同体失去稳定。国家政治地位的同心圆模式既决定又打破了性别和民族分化的二元论。性别差异打破了民族团结，激发了人们对国家的不同态度。通过将女性和男性视为自身文化的个体评论者，我想了解他们观点的分裂性和统一性，而不去假设性别、种族或政治上的同质性。

（Tsing，1993：33-34）

这是女性主义对人类学的另一个重要贡献：基于人类学分析，意识到群体总是碎片化的，立场总是多重性的，那些第一眼看上去界限清晰的利益集团很可能并非如此。在最初一些人类学家参与特定的社会政治运动——女性主义之后，这种认识成为了21世纪早期人类学的一个基本原则，女性主义者和非女性主义者都接受了它。换句话说，人类学的关注点和研究模式的发展总是与不断变化的社会环境和政治气候密切相关。

要点概括

1. 女性主义作家证明了人类学家的政治参与可以改变人类学的分析工具。

2. 随着女性主义经历不同的发展阶段，它对人类学的贡献也发生了变化。

3. 到了 20 世纪初，人类学研究的核心是通过接触女性主义而产生的见解。

结束语

在这本书中，我们用人类学的方法来看待民族志文本，把它们看作某些人在特定环境中为某些人创造的文化产品。在这一章中，我们的目标是通过关注消费者和创作环境来分析民族志。通过询问民族志文本为谁而写，以及它们是在什么情况下产生的，民族志显现出了它作为一种了解和呈现世界的方式的对话性。我们认为，民族志是建立在社会关系的基础上的，作者不仅与报道人建立关系，还与其他人类学家以及"在田野里"和"在家里"的其他对话者建立起关系。这些关系如何进入民族志文本，是由文体惯例以及关于人类学家和报道人在人类学知识创造中所发挥的作用的根深蒂固的假设所决定的。此外，这种认识世界的模式不是孤立的，而是呼应特定的社会、经济和政治环境并在其中产生的。在下一章中，我们将从文本和语境的交织出发，进一步缩小关注点，研究我们通常视为社会角色的作者如何在民族志文本中定位自己。

第六章：练习

在这段摘自《贺卡和节日中的女性世界》(The Female World of Cards and Holidays) 的节选中，米凯拉·迪·莱奥纳多（Micaela di Leonardo）分析了意大利裔美国女性是如何维持家庭之间的亲属关系的。她的讨论借鉴并促进了女性运动、女性主义理论以及人类学的辩论。摘要强调了民族志写作与其社会和知识背景之间的关系。阅读节选并回答以下问题：

1. 在这段文章中，与迪·莱奥纳多对话的人是谁？她如何定位自己与他们的关系？

2. 迪·莱奥纳多的报道人在节选中扮演什么角色？他们以何种方式参与到迪·莱奥纳多在文章中所构建的对话者圈子中来？

3. 迪·莱奥纳多参与了哪些学术趋势的发展？在节选中，这种参与是如何体现的？

4. 在这篇文章中，女性主义作为一场政治运动的关注点是如何体现的？

5. 迪·莱奥纳多在女性主义和人类学的对话中引入了什么概念？她是如何运用这个概念的，目的又是什么？

《贺卡和节日中的女性世界》节选

> 为什么美国的已婚妇女要写所有的信、寄所有的贺卡给她们丈夫的家人?我老伴比我更擅长写作,但他希望我和他全家通信。如果我让他和我的家人通信,他会大发雷霆。
>
> (写给安·兰德斯的信)

> 女人在男人生命周期中所处的位置是养育者、看护者和助手,是她反过来所依赖的关系网络的编织者。
>
> (卡罗尔·吉利根,《另一种声音》)

在过去的15年里,女性主义学者在有关性别、亲属关系和经济三者之间关系的新理解方面取得了长足的进步。这项开创性研究的结果是,女性不再被淹没在她们的家庭中,而是重新被看到、被听见。我们认为家庭是政治斗争的场所,是整个社会和经济不可分割的一部分,而不是无情的工业资本主义世界中的避难所。随着女性主义历史和社会科学学术的成熟,亲属关系和家庭形式方面的历史和文化差异也越来越明显。

在对女性工作和家庭领域的重新解释中,有两个关键的理论趋势。首先是提高女性非市场活动的可见性——家务、照看孩子、服务男性和照顾老人——并将所有这些活动定义为劳动,作为整个社会再生产的部分一起列举和计算。第二个理论趋势是对女性以家庭或亲属为中心的关系网络的非贬义关注。我们现在认为它们是有意识的策略的产物，对亲属关系系统的运作至关重要，是女性自主权力的来源，可能是情感满足的主要场所，有时还是实际生存和/或政治反抗的工具。

然而最近，从"劳动"视角和从"关系网络"视角看待女性生活的女性主义阐释者之间产生了分歧。那些关注女性工作的人倾向于把女性想象成有意识的、目标明确的行动者，而那些关注女性与他人关系的人则倾向于从教养、服务他人、利他主义等方面看待女性。

我在这里不详谈这场辩论的具体内容，而是思考其理论背景和含义。我认为，我们需要融合家庭关系网络和劳动的视角，而不是将二者对立起来。在接下来的文章中，我将介绍一个新的"亲属关系工作"的概念，以此助力关于女性、工作和家庭的经验主义女性研究，并推进这一领域的女性主义理论发展。我相信，这个概念的跨界性质有助于破除利己/利他主义的二分法，让我们从非此即彼的立场转向融合两种观点的立场。我希望通过这种方式，能促进人们从一个更具批判性的女性主义视角理解西方工业社会中女性生活和家庭的意义。

在最近对北加州意大利裔美国人的实地调查中，我发现自己在思考女性的亲属关系与经济生活之间的关系。作为一名人类学家，我关心的是美国传统核心家庭或家庭界限之外的亲属生活。为此，我收集了不同个人和家庭生活的故事，打听他们所有的亲戚、亲近的朋友以及他们的活动。我对女性劳动也很感兴趣。当我和女性坐在一起，听她们讲述过去和现在的生活时，我开始意识到她们参与了三种类型的工作：家务和照看孩子，劳动市场上的工作，以及亲属关系工作。

亲属工作指的是跨家庭亲属关系的开启、维持和仪式庆祝，包括亲戚间的拜访、信件、电话、礼物和贺卡，组织节日聚会，准亲属关系的创造与维持，忽视或加强特定关系的决定，对所有这些活动进行反思的脑力劳动，以及根据民间和大众媒体上别人的形象来树立和传播变化的家庭和亲戚形象。亲属工作是关于"家务劳动"和"家庭关系网络"的观点的综合体中一直缺失的一个关键因素。当我们强调妇女个人在家庭中的责任和工作时，反映出的是把单个家庭作为核心单位的一般情况，这些家庭也许被与更大的社会和经济体系联系起来，但并没有彼此联系。我们没能理解电话和汽水广告的意义、女性杂志上讨论的节日问题，以及评论员对传说中的美国大家庭难以理解的怀旧之情：满足我们对幸福家庭生活的文化期望的，是不同家庭之间的亲情联系以及女性在其中所做的工作。

维持这些联系、这种家庭感，需要时间、意愿和技巧。我们倾向于把人类的社会和亲属网络看作生产和繁殖的附带现象，是我们的物质生活所创造的社会痕迹。或者，在新古典主义传统中，我们把它们视为休闲活动的一部分，不属于经济范畴，除非它们涉及消费行为。但在先进的工业社会中，建立和维持亲属及准亲属网络就是一种工作，而且主要是女性的工作。

这种亲属 - 工作视角关注的是一些对我的报道人的家庭生活的新看法。首先，个人生活史表明，亲属联系和节日庆祝的存在本身通常取决于家庭中有一位成年女性。当夫妻离婚或母亲去世时，亲属关系的工作就没有人完成；在这些情况下，当女性与男性建立被允许的性或婚姻关系时，她们会重建男性的亲属关系网络，并组织起聚会和节日庆祝活动。例如，中年商人艾尔·贝尔蒂尼回忆起自己青春期早期母亲去世的事："我认为那可能是失去家人的最大损失之一——是的，我还记得小时候我母亲还在世时……以热情和爱对待节日……她去世后，这种意愿还在，但就是无法实现"。再后来，当艾尔·贝尔蒂尼和妻子分手时，他自己和儿子吉姆之间的大家庭的联系迅速减少。但是当吉姆开始和简·贝特曼交往后，简和吉姆搬去跟艾尔一起住，并开始在节日时邀请艾尔的亲戚来家里，由她一手策划和烹调节日大餐。

那么，亲属工作就像家务和照顾孩子一样：总的来说，男人是不做这些事的。它与这些劳动形式的不同之处在于，在没有女性亲属的情况下，男性更难通过雇用劳动力来代替完成这些任务。其次，我发现，女性作为这个领域的工作者，通常比她们的丈夫有更多的亲属知识，往往包括对她们丈夫的家庭更准确和更广泛的了解。这在中年夫妇和年轻夫妇中都是如此。在我的采访中，这种现象以幽默的争论和妻子对丈夫叙述的详细补充的形式显现出来。尼克·梅拉维利亚，一位中年职业运动员，在他妻子碧娜面前谈论他的意大利祖先：

尼克：我的祖父是个直言不讳的人。据说，他发现墨索里尼掌权后，就直接离开躲起来了。

碧娜：而且他个子很高，以前他进屋的时候不得不低头。

尼克：不，那是我叔叔。
碧娜：你祖父也是，我听你母亲说过。
尼克：我母亲有一个姐妹和一个兄弟。
碧娜：两个姐妹！
尼克：你说得对！
碧娜：玛利亚和安吉丽娜。

女性也更愿意讨论家庭不和与危机，以及她们在其中的角色；男性则倾向于重复那些强调家庭和睦和体面的公式化声明。（年轻男性的情况就不太一样了。）乔和西塔·隆吉诺蒂的陈述说明了这些倾向。乔回答我关于亲属关系的问题说："我们都相处得很好。一般来说，亲戚之间除了麻烦什么也得不到。"相反，西塔详细地讨论了她和每个成年子女、他们的妻子、公婆以及她自己的血亲的关系。她没有隐瞒在有些情况下关系变得紧张的事实；她急于讨论问题的演变，征求我对她的行动的意见。同样，碧娜·梅拉维利亚大笑着讲述了她和一个兄弟打架的故事："我们咬人、扯头发、勒脖子……太可怕了！我都不应该告诉你……"同时，尼克关心的则是要维持一种家庭和睦体面的形象。

此外，在谈论他们过去和现在的职业时，男性表达得很流利，女性则非常含糊。当被问及他们的工作时，分别是烘焙师和职业运动员的乔·隆吉诺蒂和尼克·梅拉维利亚给出了对他们职业生涯的详细描述。而西塔·隆吉诺蒂和碧娜·梅拉维利亚分别是公司职员和前职员，她们只提供了简短的关于环境因素的描述，比如西塔的公司出售的"可爱的东西"。

这些模式在年轻一代中没有重复，特别是在像简·贝特曼这类年轻女性中，她们设法得到了培训和有一定上升前景的工作。不过，这些年轻女性对自己的亲属工作除了感到有责任之外，还多了一种专业和细致的兴趣。

尽管男性很少承担与亲属工作相关的任务，但家庭生活史和对当代生活的描述表明，女性亲属之间经常进行协商，轮流承担招待、准备食物和购买礼物的责任——或者有时会把整个任务交给一个女性。接受或放弃任务显然与在亲属关系网络中获得或放弃自己的权力有关，但女性对这种权力的意义有不同的解释。例如，西塔·隆吉诺蒂就把"家庭圣诞晚餐"作为她核心亲属角色的象征，并与儿媳就这个问题进行了痛苦的协商："去年她很坚持——这很敏感。她不想一起吃节日晚餐，所以去年我们去了那里。但第二天我还是在自己家做了晚饭……我在圣诞节那天做了一顿丰盛的晚餐，不管谁来——桌子上摆着蜡烛，按往常走完了整个流程。我自己也装扮屋子……嗯，我只是觉得总有一天，也许我就不想再做一顿大餐——她应该利用我现在还想做的这个机会。"相比之下，碧娜·梅拉维利亚对家庭发展过程的向心力感到悲哀，但她并不为与儿媳和婆婆在协商节日庆祝活动中所涉及的权力动向感到担忧。

亲属工作不仅是女性之间的权力问题，也是以家庭单位为代表的权力调和的问题。女性在亲属工作中往往选择尽量减少对地位的要求，将众多小家庭归入大家庭的范畴下。例如，西塔·隆吉诺蒂的妹妹安娜嫁给了一位专业人士，他父母有可观的经济来源,而乔和西塔的收入较低,没有其他富裕的亲戚。但西塔和安娜保持着亲密的关系,每周都要通几次电话,并帮助她们在地理位置和经济地位上都有差距的成年孩子们维持着团结的表亲关系。

最后,女性认为家务、看护孩子、市场劳动、照顾老人和亲属工作是难以兼顾的责任。然而,亲属工作是一个独特的类别,因为它没有被标签化,也因为女性觉得她们要么可以把其中一些任务交给亲戚,要么可以大幅削减这项工作。女性寻找五花八门的理由,如市场劳动的压力、老年人的需求,还有她们自己对自由和丰富工作的渴望,以此来减少圣诞贺卡、节日聚会、多家聚餐、信件、拜访和电话。她们表达了对这种削减,特别是对未能通过频繁的联系保持家庭的亲密和未能打造完美的节日庆典的内疚和自我防御……

……

认识到亲属工作是基于性别而不是阶级,让我们可以看到所有群体中的女性亲属网络,而不只是工业社会中的劳动阶级女性和贫困女性。这一认识反过来又让我们对女性不同程度利用经济资源的特权和限制有了更清晰的理解。富裕的女性可以"出钱放弃"做家务、照顾孩子,甚至一些亲属工作的责任。但是,作为家庭、孩子和亲属网络的管理者,她们和所有的女性一样,都要承担最终责任,感到内疚、受到指责。即使是最富有的女性,也必须和她们的女性亲属协商节日的时间和地点以及其他家庭仪式。亲属工作可能是女性的核心工作类别中唯一由所有女性合作的一类,而她们对家务、看护孩子和照顾老人是否适合进行合作的看法则因种族、阶级、地区和年代而异。

……

剩下的问题是，为什么女性要经营亲属关系？无论物质因素如何影响社会活动，它们都不能决定个人如何看待这些活动。在考虑动机、意图、亲属工作的文化建设等问题时，我们回到了最近女性主义理论中的利他主义和利己主义二分法。想想这篇文章的题词。承担亲属工作的女性是吉利根所说的养育和编织者，还是像那个给安·兰德斯写信抱怨的受够了的女人一样，是受害者？也就是说，我们是把亲属关系看作另一个"女性文化"的例子，即把照顾他人作为首要愿望，还是把它看作是男人、经济和国家榨取妇女劳动而不给予公平回报的另一种方式？女性自身又如何看待她们的亲属工作和这项工作在她们生活中的地位？

正如我上面所指出的，我认为在这里采用利己主义/利他主义二分法本身就有问题。我的女性报道人像大多数美国女性一样，接受了她们对承担家务劳动和照顾孩子负主要责任的现实。尽管本世纪出现了两波大范围的女性主义运动，但对某些类别的无偿劳动的性别划分在很大程度上仍未改变。这些工作职责显然干扰了一些女性在生命某些阶段对市场劳动的投入；但更重要的是，女性在劳动力市场上受到歧视，很少能获得与相同年龄、种族、阶级和教育背景的男性同等的工资和地位。

因此，对我的女性报道人来说，和大多数美国女性一样，家庭领域不仅是一个她们必须承担大量无偿劳动的领域，也是一个她们可以尝试获得在劳动力市场上无法得到的满足和权力的领域。人类学家简·科利尔（Jane Collier）和路易丝·兰菲尔（Louise Lamphere）有力地论述了不同的亲属关系和经济结构如何影响女性在家庭领域与彼此的竞争或合作。研究西方妇女和家庭的女性主义者主要从夫妻关系或父母与子女之间的心理关系来看待权力问题。如果我们采用科利尔和兰菲尔的更广泛的视角，会看到亲属工作不仅是女性让男性和孩子受益的劳动，而且也是女性为了给男性和孩子创造义务，以及获得相对于其他女性的权力而承担的劳动。因此，西塔·隆吉诺蒂与儿媳在圣诞晚餐地点上的争夺，不仅是利他主义的竞争，也关乎未来义务的创造。同样，西塔和安娜对她们的孩子之间的友谊的支持，既是一种培养行为，也是一种获得对这些孩子的影响力的合作手段。

……

亲属工作的概念有助于让人们注意到工业社会文化中一系列分配给女性的、迄今尚未得到承认的任务。同时，这个体现了爱和工作、跨越了不同家庭界限的概念，有助于我们反思当前关于女性工作、家庭和社区的女性主义争论。我们重新看到这些现象之间的相互关系以及女性在创造和维持这些关系方面所起的作用。揭示我们在文化上理解为爱的事所包含的实际劳动，并考虑这种劳动的政治用途，有助于解构利己主义/利他主义二分法，将女性的家庭和劳动生活更紧密地联系起来。

然而，这一概念的真正价值还有待通过对历史上和当代的性别、亲属关系和劳动进一步的研究来检验。我们需要对认为性别化的亲属工作与资本主义的发展过程一致这一意见进行评估，需要探讨历史记载中男性和女性对于这种工作的观念的变化，需要研究其文化建设和物质基础的现状。我们知道，家庭之间的界限比我们想象的要宽松得多，但毫无疑问，它们之间的关系存在差异，这种差异是我们需要进一步明确的。我们尤其需要评估变化的劳动过程、居住模式和运用技术改变亲属工作这三者间的关系。

改变对这一套特定的女性任务的价值观念，将会和家务、照看孩子以及职业隔离的斗争一样困难。但正如后几个领域中的女性主义研究是互补和累积的，研究亲属工作应该也会帮助我们拼凑出家庭、工作和公共生活的整体情况，看到贺卡和节日中的女性世界在变化的政治经济环境中是如何被构造和实践的。如果没有性别隔离，那世界的女性化程度还有多大，会是什么样子？这些都是我们还无法回答的问题。

Di Leonardo, M. (1987) 'The Female World of Cards and Holidays: women, families and the work of kinship', *Signs* 12(3): 440-53

第七章

定位作者

在《我的故乡卡拉姆的鸟类》(*Birds of my Kalam Country*)一书中,来自巴布亚新几内亚的卡拉姆人伊恩·萨姆·麦内普(Ian Saem Majnep)和在英国接受教育的人类学家拉尔夫·布尔默(Ralph Bulmer)通过布局和字体在视觉上向读者展示了他们对这本书的不同贡献。在详细描述卡拉姆社会和鸟类学之前,他们这样解释二人的合作和策略:

> 每一章前面几节的综合讨论……是对萨姆本人陈述的编辑版本,主要是从卡拉姆语或洋泾浜语自由翻译过来的。大多数情况下,后面接着是布尔默从其他来源获得的补充信息,这些信息可能来自其他卡拉姆人的陈述,可能来自他自己的田野观察或收集记录,也可能来自新几内亚的鸟类学文献。
>
> **本书中主要为萨姆所述的章节以 Bodoni 字体印刷的,就像这句话一样**。在这些章节中,方括号内是布尔默提供的一些解释性材料。布尔默的补充材料则是用 Univers 字体印刷,就像本页其余部分一样。①
>
> (Majnep and Bulmer,1977:12)

---

① 编注:在此以黑体代替原文中的 Bodoni 体,以楷体代替原文中的 Univers 字体。

因此，尽管布尔默解释说，他的注释在一定程度上是基于麦内普和其他卡拉姆人提供的材料，这两种知识在书面呈现上是分开的。而且，麦内普和布尔默的章节在文体上有很大的不同。麦内普的陈述有很强的自传性，读起来很像口语转录：

> 一个人的灵魂（*noman*）所在地是他的心脏。当他停止呼吸，心脏停止跳动，他就死了，他的灵魂已经离开了他。但在睡眠中，灵魂也会离开身体。你在梦中看到的东西是你的灵魂在你睡觉时看到的东西。当一个人的灵魂在他睡觉时离开他飘走，我们相信它会变成 *ko* 或 *jbog* 或其他的鹦鹉科鸟类……我在莫尔兹比港时常做这种梦。但如果你在梦中射中了一只这样的鸟，那是很糟糕的，就像杀死了你自己的灵魂，你会生病。有一次在莫尔兹比港，我梦见我打死了两只 *jbog*［红色鹦鹉科小鸟］，结果醒来时我病得很厉害，发着高烧。
>
> （Majnep and Bulmer，1977：50）

与麦内普的章节所传达的直接性和个性相比，在布尔默的章节中，我们看到的是一个非常依赖学科概念的中立声音——一种非个人的、超越性的、博学的人类学声音：

> 卡拉姆人没有按照共同领土划分的群体，与此一致的是，他们没有发展出任何能在规模上与中部高地人口稠密区域相比较的群体间正式交换。但是，在随着舞蹈节日和入会举办的宴

会上给姻亲送礼物是重要的,个人贸易和礼物交换也是重要的。

(Majnep and Bulmer,1977:33)

通过区分两位叙述者,一位当地人,一位人类学家,麦内普和布尔默同时强调了他们各自不同的身份以及共同的作者身份——事实上,他们的合作来源于各自不同理解的相遇。因此,《我的故乡卡拉姆的鸟类》以一种特别生动的方式说明了我们在前几章中强调过的民族志的对话性质。我们认为,民族志知识始终是相关的,是不同背景下多种交叉对话的产物,这种对话不仅在人类学家和报道人之间、也在人类学家和学术界其他人之间以及更多"在家"的人之间展开。从这个意义上说,我们同意詹姆斯·克利福德的说法,即民族志活动总是"多元的,不受任何个人的控制"(1983:139)。

然而,交谈包括信息交换,因此它不仅依赖于不同对话者的存在,并且使这种存在得以永久化。另外,正如我们在第六章中所讨论的,这些对话者中的一些人相比其他人对接下来的陈述有更大的控制权。因此,像《我的故乡卡拉姆的鸟类》这样将作者身份和编辑控制权与报道人共享的情况是极为罕见的,而人类学家主动放弃的情况就更少了。虽然民族志知识是对话式的,但最终作品的权威仍牢牢掌握在人类学家手中。事实上,在这一章中我们将进一步指出,民族志作为一种特殊的认知模式,需要树立一个单一的作者自我。矛盾的是,正是因为在田野和"在家里"的多重关系中,民族志作者才能以个体的权威身份出现,而不是共享的不稳定身份。在民族志写作中,公认能帮助作者建立其经历、叙述和结论的有效性的,正是报道人与人类学家之间,以及人类学家彼此之间的关系。换言之,这些关系被认为赋予了个体一种特殊的身份:了解、表达、论证,以及写民族志的身份。

我们说民族志文本中作者的身份来自于在田野和"在家"的各种关系,法国人类学家帕特里克·威廉姆斯(Patrick Williams)以下这段节选解释了这个观点的含义。威廉姆斯在书中描写了生活在法国中部的罗马游牧民族曼努斯人,他告诉我们,只有了解他们与死者之间的联系,才能理解他们在这个世界上的存在方式。他的论点基于他与曼努斯人以及其他人类学家的关系:

> 当我们对不同的领域加以研究,常常可以获得比自己思考多年所得更好的对现实的认知。虽然我从童年的时候就知道了曼努斯人,但如果不是因为莱昂纳多·皮阿瑟(Leonardo Piasere)和朱迪斯·奥凯利(Judith Okely)提出了关于斯洛伐克罗马人(Piasere,1985)和旅居的吉卜赛人(Okely,1983)生者和死者之间的关系,我不确定我是否还能提出可以通过生者与死者间的关系来追踪曼努斯人在这个世界上存在的条件。
>
> (Williams,2003:1)

在叙述他与曼努斯人长期相处的同时,威廉姆斯强调了这一项目的知识来源是他与皮阿瑟和奥凯利的交流。正是在与曼努斯人、与同事的这两次相遇中,他形成了对曼努斯生活的独特见解：

> 当我系统地研究生者和死者之间的关系时，让我特别震惊的不是从他们那里得到的解释的一致连贯性，而是我对与曼努斯人共同经历的事情的深深的忠诚感。对于观察者来说，没有中间立场：我们要么完全置身其中，要么无可救药地出局，什么都抓不住。享有特权的观察者的地位完全是假象。我甚至不可能只触及事物的表面，因为曼努斯人的事物没有表面，我将尽力说明这一点。我们要么一挖到底，要么什么都不知道：这就是曼努斯人身份表达的本质对民族志学家的要求，也是一个很难实现的雄心壮志。
>
> （Williams，2003：1）

威廉姆斯声称自己取得了非凡的成就。他告诉我们，曼努斯人不允许折中之道，"我们要么完全置身其中，要么无可救药地出局"。接着，他开始写曼努斯人，向读者表明他"完全置身其中"。也就是说，威廉姆斯不仅了解曼努斯人，而且完全是按照他们的存在和本体论的立场要求来了解他们。因此，

> 我建议……展示一切，讲述一切。我建议寻找，甚至可以说，获得绝对的相关性，完全的巧合。任何东西都不应被遗漏，任何东西都不应被补充：绝不能违背这两点，否则曼努斯的丰富文化就有被无视的可能。
>
> （Williams，2003：2）

曼努斯的世界观绝不是被普遍接受的，许多人类学家会回避威廉姆斯提出的这种事业，并强调人类学知识不可避免的偏颇性质。尽管如此，威廉姆斯的文本还是立刻证明了所有民族志写作的关系性质，以及人类学家如何通过强调这种相关性来获得一种特殊的能动性——了解和代表的能动性。换句话说，这种相关性是创造权威的作者自我身份的基础。

强调作者自我在民族志写作中的关键作用以及作者对文本的控制，并不是说作者能动性总是被炫耀或公开展示。相反，这种控制常常被隐藏或淡化，用德博拉·巴塔利亚（Debbora Battaglia）的术语来说，能动性是各式各样"含糊不清的"（1997：506）。因此，民族志知识可能被呈现为不言而喻的东西；有人可能会说，真正在文本中或者通过文本"说话"的是报道人，而不是人类学家；作者可能仅仅把自己描述成知识的导管、辅助者或者传声筒。关键的是，在这些情况下，作者在保留对民族志文本控制的同时隐藏了自己的能动性。另一种截然不同的策略是，人类学家可能会强调他们作为知识的叙述者和过滤器的角色，强调他们的叙述是偏颇的、有立场的。在这种情况下，其作者身份得到了强调，但权威性被放弃，读者被告知我们读的更像是文学叙述而不是对科学事实的陈述。

在下面的章节中，我们将探讨作者身份和权威——我们称之为作者能动性——是如何在民族志写作中被赋予和放弃、呈现和隐藏的，以及这对文本的建构和人类学知识的创造所产生的影响。紧跟巴塔利亚，我们感兴趣的是：

能动性的概念是如何或多或少被战略性地调用或归因、隐藏或模糊的……在社会实践中,能动性是如何被附加或分离的,它是如何被承认或否认的,指向的是谁或者什么,以及是什么促使能动性要么来来去去要么四处游离……这种方法有可能开辟一个散漫的空间,使得社会关系特别是权力关系显现出其多变性和可替代性。那么,用非能动性这个术语可能更准确。

(Battaglia,1997:506)

因此,在这一章中,我们将探讨民族志文本中作者身份和权威是如何同时通过存在和缺失来建构的。我们从分析现场田野叙述开始。虽然这些叙述看似展示了民族志学者的能动性,但它们也隐藏了这种能动性。我们的论点是,从 20 世纪早期的古典主义到最近的后现代主义文本,人类学事业的核心在于通过与他人的相遇来建立一个作者自我。虽然这个自我保留了对文本的最终控制,但它的呈现方式多种多样,有时可以宣称对各种知识的所有权,有时却不能。

要点概括

1. 所有的民族志写作都是对话式或具有相关性的,但它也围绕着个体权威的作者身份展开。

2. 这种作者身份正是从田野和学术界的关系中产生的。

3. 在民族志写作中,作者的能动性和对文本的控制是模棱两可的,可能被隐藏或展示、宣称或否认。

田野调查的故事

作为读者,你会经常看到关于田野调查的叙述,它通常被放在民族志的开头或接近开头的地方。作者们经常强调这些叙述的语境化目的,即它们提供了有关田野知识获取方式的基本信息。在某些情况下,我们被告知,作者是因为想要挑战"民族志文体以一种虚构客观性和全知全能的传统为标志"这一理念才会告诉我们关于田野研究的故事(Abu-Lughod,1986:10)。而在其他时候,他们恰恰利用这些故事来获取这种客观性:"我相信我已经理解了努尔人的主要价值观,并且能够呈现出他们社会结构的真实轮廓。"(Evans-Prichard,1969:15)在这两种情况下,民族志学者都通常会描述他们抵达田野的经历,与报道人的第一次会面,以及他们对在陌生环境中生活的最初印象。他们还经常强调他们在建立联系和说服人们配合研究时遇到的问题和困难:

在任何时候,研究努尔人都是困难的。在我访问期间,努尔人对我怀有不同寻常的敌意,因为他们刚被政府军击败,而为确保他们最后投降所采取的措施引起了他们深深的怨恨。努尔人经常对我说,"你们袭击我们,但你们说我们不能袭击丁卡人","你们用火器打败了我们,而我们只有长矛。如果我们有枪的话,肯定能打得你们溃不成军",等等。当进入一个营地时,我不仅是个陌生人,而且是敌人,他们很少试图掩饰对我的厌恶，拒绝回应我的问候，甚至在我跟他们说话时转身离开。

（Evans-Pritchard，1969：11）

作者们通常也会描述一种分离感和放逐感，这种感觉慢慢被理解和归属感所取代。例如，在下面的节选中，塞西莉亚·巴斯比（Cecilia Busby）生动地讲述了她在喀拉拉邦一个村庄进行田野调查的前半程中遇到的困难：

造成问题的不是物质上的困难：我很高兴住在一个房间里，从井里打水，使用外面的公共厕所，用桶装着水洗漱……然而，比我想象的更大的压力，是生活在一个我完全没有社交技能的环境中的这种经历。语言上的困难意味着在我与他人的交流中不可能有任何微妙或细微之处：每件事都要超过原本的规模，要么是个大笑话，要么是个大问题。我盲目地在各种情况下摸索，对身体语言和语气很敏感，它们告诉我我做错了什么，我辜负了别人对我的期望，但我无法弥补，也无法解释我的感受。他们眼中映射出的我不是我，而是一个陌生人，在这种反映的不断冲击下，我的自我意识和人格开始解体：他们看到的是一个喜怒无常、执拗的女孩，心地善良，但反应有点慢，经常把自己锁在房间里几个小时，异常需要睡眠，可能会毫无缘由地崩溃大哭。

（Busby，2000：xv–xvi）

这种人格解体的感觉——"慢慢被逼疯了"（Busby，2000：

xv）——在很多人类学家的叙述中都有出现，他们解释，要么因为对当地语言和社会规范的无知，要么出于适应环境和被接受、被信任的需要，他们不得不放弃对自己人生的控制，将其交给他人。作者们描述了一种自我意识的减弱或改变以及能动性的缺乏——在巴斯比上面的叙述中，是无法表现出她所希望的自己——这有时会产生令人痛苦的情感后果。

在这些叙述中，民族志学者强调了他们的无能力、依赖性，以及随之而来的相对于正常运转的成人世界的次要性。也就是说，他们表现得像孩子一样，就像布里格斯告诉我们的，屋库因纽特人"对我的需求（即使当我的需求与他们的不一致时）的无限期待是非常温暖的。我感觉自己像一个三岁的孩子一样被照顾着，我确信这正是爱斯基摩人看待我的一个方面"（1970：27）。后来她解释道：

> 总的来说，我的无助似乎被大家当作理所当然的事接受，并且持续收到无微不至的关怀（*naklik*），而这种关怀也正是屋库因纽特人对其他无助生物的典型反应，比如小狗、孩子和病人："因为你不知道怎么做，你是需要被关怀的。"如果我碰巧学会了一些简单的技能，我就会像个孩子一样得到夸奖，告诉我有人注意到了这件事。有人会说："你开始不那么无能（*ayuq*）了。"这也是人们在婴儿开始微笑、说话或者抓东西时会说的话。或者："你正在变成一个爱斯基摩人"，一个"人"；这个词（*inuk*）有两种意思。
>
> （Briggs，1970：252）

依赖性和次要性是西方有关孩子的理解的核心，人类学家在描述田野调查时也借鉴了这种理解：谢珀－休斯和萨金特（Sargeant）解释了在后工业化消费社会孩子如何被降到边缘位置，被视为"经济责任和负担"（1998：10）。他们告诉我们，在民族志写作中，儿童代表"一种永久的成长状态，而不是一种可以安于现状的合法状态"，关于孩子的人类学研究也被"社会化"、"文化适应"、"发展"和"阶段"等概念所主导（1998：13）。民族志学者正是从这个角度出发来谈论他们早期的田野调查经历：田野调查不仅像上面布里格斯说的那样是一种"成长状态"，而且还伴随着融入当地人群体的社会化和文化适应过程，这个过程是分阶段发生的。因此，民族志作者会描述自己从被当作孩子对待，甚至和孩子们而不是其他人待在一起，对社区而言是个负担，到慢慢地学会像成年人那样行事的经历。作为"儿童"，民族志学者的能动性是不完整的。而他们失去的这种能动性由他们的报道人获得，后者被描述为控制着局面的人，就像下面这段埃文斯－普里查德和一个叫库尔的努尔人之间的对话：

我：你是谁？
库尔：一个男人。
我：你叫什么？
库尔：你想知道我的名字？
我：是的。
库尔：你想知道我的名字？
我：对，你来到我的帐篷拜访我，我想知道你是谁。

库尔：好吧，我叫库尔。你叫什么名字？

我：我叫普里查德。

库尔：你父亲叫什么？

我：我父亲也叫普里查德。

库尔：不，肯定不是。你不可能和你父亲名字一样。

我：这是我家族的名字。你家族的名字是什么？

库尔：你想知道我家族的名字？

我：对。

库尔：我告诉你的话，你想干什么？你要把它传到你的国家吗？

我：我不想拿它干任何事。我只是想知道，因为我现在住在你们的营地。

库尔：噢，好吧，我们叫卢。

我：我不是问部落的名字，我是在问你家族的名字。

库尔：你为什么想知道我家族的名字？

我：我不想知道。

库尔：那你为什么要问？给我点儿烟草。

（Evans-Pritchard，1969：13，斜体参照原文）

在这些故事中，田野调查的第一阶段和失去能动性之后是一段启蒙和恢复能动性的时期，这一时期不断地涉及自我的转变，正如下面奥克利（Okely）所描述的她在20世纪70年代早期试图被讲英语的旅居吉卜赛人接受的过程。在这里，蓄意欺骗（"我隐瞒了几年，表现得很无辜"）让位于整体的个人转变，在此转变中作者的能动性被淡化了:"另一种存在方式""降临"于奥克利,她经历了"无意识的"变化。主动性和被动性过程都得到强调,其结果是奥克利的能动性变得非常模糊:

> 变得不引人注目是很重要的……我尽可能模仿他们的发音。我讲脏话,并使用他们的英语短语和词汇……我在着装上做了相应的调整:穿长裙、宽松的高领毛衣。我的动作和姿态在不知不觉中改变了,因为另一种存在方式出现在了我身上。一位社工指责我改变外表是"虚伪"和"欺骗",仿佛自我只能被限定于单一的文化身份中。吉卜赛人积极回应了我对他们的规则和方式的适应,认为这是一种尊重。有时,我不得不离开田野去伦敦研究中心或牛津大学的一场研讨会,我会在中途停留时改变自己的角色和着装。这种我自己在同一片土地上的转变,显得更加古怪。
>
> 在一个大多数吉卜赛旅居妇女都已经结婚并且生了好几个孩子的年纪,作为一个单身女性让我更加不同寻常。我隐藏了几年,假装无辜,成了一个荣誉处女。
>
> (Okely,1983:43–44)

在田野调查故事中,"他们"最终变成了"我们",即使只是暂时的。在这些叙述中,情绪不安加重的时刻会引出尤其重要的见解,有时候会有某件事把作者从边缘地带直接推到社区中心。这件事会让报道人以一种全新的眼光看待人类学家,不再把他看作外人,而是群体中的一员,或者至少是"我们中的外人"。在里拉·阿布－卢赫德关于埃及贝都因人的田野调查的描述中，正是因为分担了一位老妇人对她兄弟去世的痛苦，才让她在东道主眼中成为"完全的人"（1986：21）。她这样描述自己的归属感：

　　一走进那个挤满了女人的帐篷，我就知道该加入哪一群人——"我们的"亲戚。她们自然地对我表示欢迎，接着又密谋似的跟我议论起在场的其他人。这种在她们的社会交往中尤其重要的"我们对她们"的感觉，也成为了我的重心，我很高兴我属于一个"我们"……后来，当我们围着煤油灯坐下，谈论我们出席的庆祝活动，交换我们搜集到的信息，为我们吃到了肉而高兴时，我意识到自己感觉有多舒适，因为我认识每一个正在被议论的人，能提供自己的小道消息和解释，轻松承受着我盘腿坐在地上时睡在我膝盖上的孩子的重量。直到那天晚上，我在日记上标注日期时，才意识到离圣诞节只有几天了。我的美国生活似乎很遥远。

（Abu-Lughod，1986：20–21）

正如上一节中巴塔利亚的节选那样，在这里，能动性也在我们视野中出现又消失，失去后又重新获得，并且在人们之间来回移动：贝都因人通过接受阿布－卢赫德而赋予了她能动性，但她自己必须通过适当的行为来获得这种接受。值得注意的是，这种能动性从民族志学者到报道人到再回来的转移，与知识的转移相辅相成。理查德·法登（Richard Fardon）描述：

(从研究到写作的)民族志和人类学过程可以被看作一系列变化的状态,对各种类型的无知和知识进行分配;报道人和民族志学者的轨迹常常相交。民族志学者从无知出发获得知识,但随着报道人透露信息,民族志学者开始认为后者对自己的社会一无所知。

(Fardon,1990b:9)

因此,在这些故事里,田野调查中的成长过程并不是不确定的,而是有一个高潮:在一段个人的、往往是痛苦的转变经历后,一个新的自我出现了,被赋予了谈论他人的能力。换句话说,通过我们所描述的能动性的模糊,民族志学者最终获得了表达的能力。法登解释说,通常接下来的陈述会被当作比报道人的陈述更优越的内容呈现出来。这时民族志学者不仅声称拥有局内人的洞见,还有着局外人的中立和分析能力以及运用专业知识的能力。另一种做法是,描述个人转变的过程,但并不是说它能提供任何关于他者的绝对知识。相反,民族志的重点被放在从一个刻意强调的角度来探索报道人与民族志学者之间的关系上。

在这两种情况下,关于田野调查的叙事对于作者自我的构建都是必不可少的,因为它们使作者能够获得局内人和局外人的双重身份。至关重要的是,这些书面记录构成了更广泛的人类学传说的一部分,这种传说中也包括在从晚宴到会议和课堂等各种环境中口头流传的奇闻轶事和故事。将这些不同的文化产品连接在一起的,是共同的叙事结构——强调"进入"另一个社会和从边缘化、孩童一般的陌生人转变为朋友甚至被接受的群体成员的艰辛过程——以及它们对人类学想象力的把控。实际上，不管民族志是否包括对田野调查的描述，它们都是以这样一种假设为前提的，即民族志学者遇到了其他人，并最终能够谈论他们。也就是说，那些记录田野工作经历的人类学家做的是一项全学科范围内的证实工作，这项工作也渗透在其他人类学家的工作中，并维护了他们工作的正当性。

> **要点概括**
>
> 1. 田野调查的故事通过把民族志学者描述成经历社会化和文化适应过程的孩子，模糊了他们的能动性。
>
> 2. 在田野调查的故事中，能动性和知识在报道人和民族志学家之间移动。这些故事的高潮是民族志学者变成了二者中更有见识的一方。
>
> 3. 田野调查的叙述承担着全学科范围的证实和正当性维护工作。

所有权和作者声音的建构

因此，田野调查的叙述依赖于两种核心的作者手段：模糊作者的能动性，从而赋予他们代表的能力，以及为了做到这一点而塑造人类学家同时身为局外人和局内人的身份。但这两种策略并不局限于田野调查的故事：它们影响了所有的民族志写作。在各种民族志文本中,作者将自己呈现为既是局内人又是局外人,既可以又不能宣称对各种知识的所有权。事实上,我们认为这些分类(知识/无知,局内/局外)是人类学作为一门学科研究世界的核心方法。通过在写作中创造性地操纵这些类别,个体的人类学家不仅在特定的文本中、也在整个学科中为自己建立起作者的位置,并且因此形成他们自己独特的人类学。

在阅读民族志的时候,你会反复遇到这样一种定位,将作者打造为一名知识渊博的专家。然后作者告诉我们"就是这样",淡化或者实际上是在向读者隐藏所有不确定性。作者的身份依赖于权威的树立,建立在对知识的所有权上,这些权威的形式是直接下结论或者将信息作为事实呈现出来,比如菲利斯·卡贝里(Phyllis Kaberry)在1939年的民族志《土著妇女:神圣与世俗》(*Aboriginal Woman: Sacred and Profane*)中所做的那样。与我们在前一节中讨论的作家不同,卡贝里没有详述她与报道人的关系,也没有把她的田野调查描述成一个个人转变的过程。但和他们一样,她确实用了"在那里"(Geertz, 1988)的概念来获得了解和代表的能动性。因此,她在这本专著开头详细阐述了进入一个陌生世界的概念,谈论了第一印象以及它们可能受到的挑战:

> 起初,这个营地似乎只能提供灰色单调的日常生存场景,一种在山里打猎、在地里刨食的不稳定的生计……(后来它)呈现出越来越多的复杂性、多样性和趣味性。当一个人熟悉了背景之后,其注意力往往集中在人类角色身上,但随着时间的

流逝，营地不再是一片散落着最简单物体的空地……你会沉浸在关于食物供应的问题中，沉浸在唠叨、闲言碎语和争吵中，也不再好奇为什么当地居民不觉得无聊了。

（Kaberry，1939：7）

通过用现在时写作，使用中性代词"一个人"而不是第一人称，卡贝里将读者和作者联系在一起，使她的第一印象也成为了读者的第一印象。她自己最初的旅程相当于一种比喻手段，鼓励我们发挥想象力参与她的描述，就像她对原住民国家第一印象的这段描述：

当飞机从德比飞向海岸，沿着菲茨罗伊河向内航行时，这个国家似乎仍然没有受到影响，尽管欧洲人已经渗透了五十年……它延伸到远处，有一种近乎永恒的特质，山丘像岛屿一样从平原上拔地而起，平原则像有些从未见过潮汐或人群的海底。下方，它无边无际地伸展着，纹丝不动，只有飞机的影子和在灌木丛下觅食时被打扰的牛群。

（Kaberry，1939：2）

这个航行比喻也建立了无知（不仅是卡贝里，还有我们自己的无知）和知识（她现在掌握了的、也是这本书的其余部分传授的知识）之间的对比。因此，尽管卡贝里和她的读者一开始都是原住民社会的局外人，但双方的角色后来变得明显不同。我们仍然是等待受教育的读者，卡贝里则立即成了原住民社会的局内人,并且依靠她作为学者和调查者的能力成为了一个有知识的局外人和指导者。

卡贝里将引人注目的描述和分析融合在一起,力求对人类学辩论做出独特贡献,挑战在她看来其他民族志学者的错误理解。她专注于一个在她写作的时期广为流传的观念,即土著男性垄断了公共生活的宗教事务。《土著妇女》的主题是揭示这一理论谬误的必要性:

> 对宗教在妇女日常生活中的重要性以及她们从中得到的好处,强调得不够。我们经常看到的是她们的图腾、她们的灵性中心、她们孕育灵童的作用,以及被粗略提及的在男性成人仪式中所扮演的从属角色。通过对事实的分析,可以看出男女在抚养、世界观、环境等方面都有相似之处。研究宗教就必须研究他们共同面对的一系列问题,包括在一个相对干旱的地区维持生存,应对死亡带来的悲伤、苦难和社会关系的破裂……如果这项研究要具有有效性和真实性,那么女性就必须被视为构成社会整体的必要部分。
>
> (Kaberry,1939:190)

因此,卡贝里对原住民生活的描写,是为了提出一个具有广泛人类学意义的观点。在第五章中,我们解释了所有民族志的一个基本目的都是说服读者通过作者提出的具体命题来理解某个生活世界。我们说过,民族志是一种论证:通过把自己的经历和观察在人类学知识框架内重新进行语境化,作者赋予了它们特殊的意义。重要的是，这种让故事从属于论证的处理还发挥着另一种关键作用，让作者能在人类学辩论中为自己争取到一个声音和位置。因此，它对于构建一个非凡而独特的作者自我是必不可少的。在《土著妇女》中，这个作者自我既是一位叙述者，也是一位传递有关土著生活的客观知识的学术专家。的确，卡贝里向读者提供了有关她如何理解民族志写作的清晰线索。在《土著妇女》的序言中，她称赞马林诺夫斯基具备将"对待事实的科学客观性和诚实"与"艺术家的想象力和敏感"结合起来的能力（1939：vx），她的这本书也是献给马林诺夫斯基的。

因为所有的民族志写作都将经验重新语境化，而且因为新的语境总是围绕着专门知识——人类学，人类学的历史、概念和对话——所有的民族志都是建立在排外的基础上的（见第六章）。因此，所有的民族志写作都具有固有的权威性。但是，尽管包括卡贝里在内的一些作者明确打算向读者揭示报道人的行为和陈述的深层含义——行动者自己是看不到这种含义的——其他作者却恰恰相反，他们旨在否认或至少挑战最终权威的可能性。第一类是有意凸显的权威性，而第二类往往在不经意间体现出权威性。

在关于一个来自布鲁克林的伏都教女祭司阿卢尔德·玛歌（Alourdes Margaux），或者叫洛拉妈妈（Mama Lola）的民族志传记导言中，凯伦·布朗（Karen Brown，1911）强调了在民族志田野调查和写作中放弃追求客观性的必要。她告诉我们，

不管民族志研究可能是别的什么，它都是人类关系的一种

形式。当人类学中参与观察者与被观察者之间长期以来的界限被打破时，唯一的真理就是处于两者中间的道理，人类学也会变得更接近于一种社会艺术形式，需要接受美学和道德判断。这种情况风险性更大，但它确实将智力劳动和生活更加紧密地联系起来了。

（Brown，1991：12）

于是，她叙述了她带着自己的梦到阿卢尔德那里去寻求解释，接受阿卢尔德为她举行的仪式，最后在洛拉妈妈的指导下接受了启蒙的经历。布朗正是通过成为参与者并且放弃追求研究的客观性，才宣称能传递人类学知识——她认为这些知识是艺术的、美学的、道德的，而不是科学的。布朗仍然强烈主张获得权威性，称与那些追求客观的人相比，她能够把"智力劳动和生活更加紧密地联系起来"。但在这里，权威来自于关系结构而不是公正性。而且，我们并没有看到能动性从报道人到顿悟的学者身上的转移，我们发现能动性被描述为碎片化的东西，并且在洛拉妈妈和布朗之间不断共享：

我是一种文化的一部分，这种文化寻求从书中捕捉历史的和其他的经验，所以我写了一本关于洛拉妈妈的书。但在这样做的时候，我试着记住她是另一种服务于格德（Gede）的文化的一部分。因此，我试图编造忠实于格德和阿卢尔德的真实故事。我试图通过不同声音的合唱来创造她的故事，就像她通过不同情绪和精神能量的合唱来创造自己一样。书中有一个声音是她的,我尽量小心翼翼地记录下来,并保持尊重地进行编辑。另一个是我的学术声音,它保持着足以分辨出不同模式和关系的距离,但又不至于遥远到给读者留下一种整体逻辑连贯的印象。归根结底,没有人的人生或文化是合乎逻辑的。第三个声音也是我自己的声音,但这个声音要冒险进行更私密、更完整的自我表露。第四个声音可能是格德的声音——它以小说化的短篇故事形式讲述祖先的故事,在这个过程中与真实性打交道,寻求为当下的读者带来鲜活的感受。

(Brown, 1991: 19–20)

布朗不但试图在文本中为洛拉妈妈的声音留出空间,而且她自己也采取了几个立场,用不同的声音说话——有时是分析性的,更多的时候是自传性的。她将自己继承的人类学传统追溯至阐释人类学和女主义,并告诉读者,这本书主要关注的是将海地伏都教与亲属关系、性别和社会变化联系起来解释(1991: 15)。因此,她把阿卢尔德以及她祖先的生活与海地历史上的关键发展联系起来。而且,明显背离了民族志学准则的是,布朗还运用了她称作"民族志发明"的短篇虚构故事,这些是根据洛拉妈妈自己讲的关于她家庭的故事创作的,旨在传达海地农村生活的感觉。甚至连格德,附体阿卢尔德的伏都教灵魂,也作为这些故事的创始人被授予了作者能动性。

矛盾的是,布朗为自己精心打造的独特的作者立场依赖于对作者统一性的挑战。正是通过这一挑战,布朗的作者声音显现出惊人的独特性。风格和声音的多样性使布朗的作者能动性变得模糊，将它隐藏起来的同时又展示了出来，但最终，布朗既成为了海地伏都教方面的权威，又成了人类学中关于学科特征和作者身份的辩论的关键贡献者。布朗不仅为我们理解海地伏都教与性别和家庭的关系做出了贡献，而且还展示出了她作为作者的独特性，以此在人类学中为自己开辟了一片天地。在这里，多重性和碎片化作为一种工具，创造了一个独特的权威的作者声音。

因此，卡贝里和布朗的文本之间存在惊人的相似之处。虽然写在完全不同的时间点，并且代表了不同的甚至在某些意义上互相冲突的民族志写作和人类学观点，但《土著妇女》和《洛拉妈妈》有着共同的关键特征。两位作者都是为人类学的专业读者写作；两人都围绕着具有人类学意义的论证来组织她们的故事；两人都声称，她们的局内人身份赋予了她们特殊的知识。在这两个案例中，民族志的权威和作者身份来自于与田野中其他人的关系，来自于从局外人到参与者的个人转变，来自于对学科讨论的参与。它们共同证明了通过对能动性的模糊化创造一个独特的作者自我，这种方法可以在人类学知识构建中起到关键作用。

> **要点概括**
>
> 1. 个体的人类学家通过操纵"知识/无知"和"局内/局外"的类别来为自己创造一个独特的作者地位。
> 2. 所有的民族志写作都天然具有排他性和权威性。

> 3. 有些民族志的作者有意表现出权威性，有些则是在无意间表现出来。

结束语

在这本书中，我们一直在强调民族志和民族志知识的关联性质。正如我们在第三章中所解释的那样，这不仅体现在民族志学家会描写各种关系，还体现在他们为了写作必须亲自参与到各种关系之中。毕竟，人类学家是通过参与他人的生活来了解他们的。但同时，也是通过"在家"的关系——以学科和跨学科对话的形式具体化——民族志学家才明白如何理解他们的田野经历。在这一章中，我们已经论证了作者是在田野和学术界特定的关系连接中成为作者的——也就是说，成为具有认知、表达和分析能力的代理人。

虽然具有关联性，但民族志作者身份是单一的，而不是共有的。不仅民族志作者承认自己对自己的文本和其中所体现的知识负有责任，他们的读者也认为作者应承担个人责任。民族志学者——即使是那些以忠实再现经验的杂音，或在写作中为多元声音腾出空间为目的的——也很少与报道人分享对他们著作的控制权。不管权威和认知能动性是被承认还是否定，被炫耀还是隐藏，写民族志总是要对社会生活提出一个与众不同的、个人的、独特的观点。作者能动性的模糊往往是为了支撑一个权威的作者自我。即使是那些强调他们的知识具有不确定性和环境局限性的作者，也同样做出了相当具有权威性的学科判断。

在考虑民族志权威和作者身份的问题时，我们不仅要注意作者如何将他们的田野调查经验和人类学知识的特征概念化，还必须要注意他们如何利用这些经验和知识来参与学科辩论。在下一章中，我们将继续讨论这一问题，并通过关注学术对话，尤其是民族志所体现的各种知识追求来进一步扩展这一主题。

第七章：练习

在这段出自《一部世界主义的民族志》第一章的节选中，胡安·瓦德尔用了多种叙事手法来艺术地表达加勒比海社会生活的开放性，并将其理论化。瓦德尔的目的是向读者传达金斯敦人是如何在这种开放性的基础上建立一种社区感以及关于自我在世界中位置的认知的。他在两种对话之间穿梭并将它们放在一起：一种是金斯敦人之间关于个人和集体命运的对话，另一种是人类学家之间的对话，讨论应该如何理解金斯敦人明显不和谐的声音。在这个过程中，他为自己创造了一个独特的作者定位。阅读节选并回答以下问题：

1. 在这段节选中出现了什么声音？它们是如何相互联系的？
2. 瓦德尔是如何确定他的作者能动性的？找出相关的句子。
3. 瓦德尔是如何隐藏或否认他的作者能动性的？找出相关的句子。

4. 瓦德尔没有向我们叙述进入田野的过程，但他确实广泛地运用了对即时经验的叙述。这些叙述在沃德尔为自己构建一个独特的作者地位的过程中起到了什么作用？

5. 瓦德尔是如何运用知识／无知和局内人／局外人的类别的？

《一部世界主义的民族志》节选

I

寻找社区

田野日记 1992.8.9

我穿过一排食物车摊，经过杂货店，经过肯的酒吧，从两辆嗡嗡开往半途树的巴士中间经过（吸入柴油机尾气和腐烂蔬菜的热臭），经过博彩屋和肉店。沿着道路的曲线，转到了马西的木制干鱼摊，摊位已经关门没有人了，我经过了鲍威尔的修鞋摊，像往常一样，鲍威尔正在忙着，周围坐着他的朋友们（鲍威尔还没有修好我的拖鞋，我怀疑他永远修不好）。接着往前走，我瞟了眼杂货商店、小裁缝店还有谢丽尔的酒吧兼小餐馆，左手边还经过了五金店、巴利弗的朗姆酒吧、楼上的主题酒吧和舞厅，还有自行车店。然后商店变少了，右手边城市边缘的山谷和山区变得清晰可见，我接着走过左手边城市过渡区的舞厅，走向库迪乔的小鞋店——鞋店本身就像个波纹铁做的鞋盒，里面装着库迪乔和一堆等待修理的破旧鞋子。

楠坐在外面的水果盒上。他今天努力工作了吗？我问。没有，他在砖石场等了一整天原料。我问库迪乔今天早上马西有没有在卖早餐。库迪乔说不知道，但他认为没有。楠说他今年想去蒙特哥湾过圣诞节。"我应该去，"他说，"那儿天气很好。"我觉得有两根手指在戳我的头侧——是瓦特老兄，他说"扶我起来"。他看见马西往店里放了一些木炭：马西昨晚很晚才从乡下回来，所以还没有准备任何食物。我问瓦特关于他自己的情况。他已经一个多星期没有工作了——"没有联系"——也没有找到工作的希望：他的电话费高得吓人，所以他们把电话线切断了。但是瓦特似乎很高兴。他给库迪乔带了些鞋油。这会儿他说他想买一些朗姆酒，所以我们去了附近的卡尼家，买了半品脱，给库迪乔带了一杯回来。

……

正如拉斯特法里派（Rastafarian）所说，金斯敦可能是又一个巴比伦，一个历史上的黑人流放地，但它在另一种意义上也是巴别塔：包容着众多声音、不同说话和行为方式、各种主观性和社会形式的家园。问题是如何进入这个有着 75 万人口的环境，从哪里开始以人类学角度描述这里发生的事情。我的田野调查日记记录了我融入这个城市社会生态的各种形式和阶段。然而，当我在这本书中再回顾日记时，发现要写一部关于牙买加首都的民族志，还需要进行一系列的语境化。

从地图上提供的简单鸟瞰角度来看，这座城市呈现出一个多条道路纵横交错的形象，被马蹄形的山脉所环绕，南以大海为界。在北部山麓之间是郊区的花园：谢莉花园、阿卡迪亚花园、常春花园及附属的高尔夫球场。南边紧挨着海港上来是贫民窟，也就是城镇：特伦奇镇、琼斯镇、丹汉姆镇，环绕着帕拉德热闹的街市。金斯敦的地理环境给人一种半途而废的感觉——像"半途树"、"三英里"、"四英里"、"六英里"等地名。

……

然而，金斯敦真正的精髓可能不是街道和房屋，而是公交车。正是这些半规范、半破旧的公共汽车载着成千上万的金斯敦人每天穿梭往返于城市之间，将这个杂乱延伸的庞然大物的各部分连接起来。自20世纪80年代以来，公交服务的解体也是国家无力维持其对牙买加经济和政治影响力的最明显迹象。公交上的一行公共守则标语讽刺地表达了这种公民价值观的失控感：乘客请配合，请勿携带刀、魂梳（soul comb）或冰锥。在车上，每天都在上演普通民众对共同的国家事业的信仰崩溃。巴士在主干道上摇摇晃晃地行驶，挤满了汗流浃背的乘客，司机和他的"引导"团队哄骗和威胁乘客就位。挤在里面，搭在头顶的扶手上，靠在金属座椅里，你能以最直接的方式体验金斯敦人有趣、吵闹、慷慨、幽闭恐怖、愤怒并且经常是暴力的社会生活，直观了解到这些城市居民如何对这种经验进行文化表达。

最不可避免的是，巴士会让乘客接触当下的节奏和歌词，它们的主题各种各样：

如果警察有权利
那么人民也有权利
如果你不惹我们

我们就不惹你……

——国家当局对人们日常生活的多余的和不被接受的干涉。

有一把火
燃烧在我的灵魂中
我不能熄灭火焰
它的燃烧失去了控制。
一袋食物不能养活美国人
一袋食物不能养活牙买加人
两袋食物不能养活黑人
它也不能养活水牛战士……

——国际社会对牙买加经济困境的漠不关心。

心怀怨恨
有些人心怀怨恨
心怀怨恨,因为我仍然满腹积怨
心怀怨恨,即使在我上床睡觉时……

——(在这种情况下很滑稽的)个性化和城市人之间信任的缺乏。

女孩,每天都是女孩
来自英国、加拿大和美国。
我在码头上看到一车女孩,我上来了……

——卡通大男子主义（Cartoon machismo）。

> 炮轰所有的告密者
> 因为有一件事是肯定的
> 我不想要任何的告密者朋友
> 炮轰所有的强奸犯
> 因为有一件事是肯定的
> 我不想有任何的强奸犯朋友……

——城市里的年轻人所感受到的强烈的挫折感。

> 在帕丁的一次抢劫中
> 射了一辆吉普车，我们给它射了个干净
> 四个轮胎，都射了个干净
> 跳进租来的车里
> 逃离现场

——以及相应的暴力美学。

这些歌曲中的大多数评论都是从男性青年的角度出发的，而且都集中在一些相对刻板的主题上。但金斯敦的文化价值观和意义明显更为多元，也比这些歌曲所暗示的内容更难确定。摇摇晃晃的金斯敦公交是牙买加市民生活的一个缩影，但它同时也是显著多样化的表达和文化阐释的场所。这尤其表现在，公交车和公交车站还成了延续金斯敦长期以来出售小册子、草药书籍和其他自助出版材料的传统的地方——这些材料源于并补充了牙买加人生活中显而易见的对口头自我主张的强调。其中许多材料有浓浓的口语味道……

我们一起在城市中穿行时，拉斯·迪兹，一位为西印度大学的学者们所熟知的巡回艺术家，和我分享了他自己对城市生活的诗意概括。以"城市和平没有改变"为名，迪兹的小册子记录了最近在金斯敦"美好的旧感情和爱与理解的问候"的遗失。他用晦涩的语言将岛上"汗流成河的人群"、"国家贸易关系"和"内部迫击炮"的形象与"大富翁上城"和"资本出让商业区"的活动进行对比。在一系列混杂着拉斯特法里启示主义和城市经历的意象中，牙买加政治生活的暴力和冲突得以体现——"枪炮和奔驰的汽车"、"惊走小麻雀"的鼓声：

……

我还可以描述更多这样的文学介入城市生活的例子，包括在英雄圈的一个公交车站附近，一个住在树上的男人写在硬纸板上的一系列"宣言"（其中一篇是写给英国的马扎先生的）。超越折中主义，这些对城市经验的各种表达不仅体现了对个人创造性应对其处境的能力的有力强调，而且说明在城市生活造成个人自我退化的影响之下，仍然存在一种无拘无束的自由感。但是城市中交流的复杂性也让这些感叹给人一种不同个体声音在寻找一个共同圈子的感觉：金斯敦并没有为其居民之间的交流提供一个统一或一致的环境。

坐在金斯敦的公共汽车上，对那些无所事事的旁观者来说，这座城市呈现出一种几乎是纯粹的社会变迁：文化表达和活动的异质性同时存在于一场巨大的喧嚣中。保利特修女、舞厅音乐家、拉斯·迪兹：所有这些人都在这里提供了他们自己对生活的语境化理解，但这些表达要与其他许多选项争夺注意力。然而在大多数情况下，对于这个城市的居民来说，旁观者对这个城市多变和无中心的印象是一种颠倒的或者残留的印象：相反，对于他们来说，金斯敦地理意味着明确的活动范围和已知的命运，其成就取决于其他城市居民的阻碍或促进。所有这些看起来如此多样化的对城市生活的语境化理解，在个人找寻彼此交流和形成群体的满意形式的过程中有着特殊价值。但是要更详细地研究这一点，理解城市生活对其居民而言的直接文化意义，我需要完善描述和分析的范围。我必须回到我在金斯敦的研究痕迹——录音带、日记、田野笔记——并重新组合社会活动的图景，从人们本身的互动开始，然后向外扩展到更广泛的文化融合层面。

规模的变化

为了重新塑造该地区的民族志，在 20 世纪 70 年代和 80 年代期间，研究加勒比地区的民族学家开始密切注意西印度文化生活标志性的善变的互动和交流模式。利伯指出，对加勒比城市的民族志研究一直过分强调把自然环境作为分析单元，结果却未能理解城市居民自己是如何确立和评价城市地理的。当我在田野日记对事件的描述和对金斯敦更大范围的回顾性印象之间转换时，我认识到了不同类型的地理 - 文化理解。在日记视角中，我对空间的感知主要是由我和其他城市居民之间形成的关系决定的：互动以及在这个过程中建立的目标，似乎塑造了空间敏感性。利伯认为，同样的道理也适用于他的特立尼达街头报道人的日常生活。对这些报道人来说，他们不断地寻找有价值的社交场所，寻找各种不同的"场景"，以便进行共同欣赏和分享。这种主观的、相互的空间组织引出了一种与传统社会学调查所提供的非常不同的地图，传统调查的重点是发生在预先确定的地理区域内的可预测的活动。相反，理解金斯敦式的社会生活需要我们理解那些趋同的时刻，此时从城市互动的分散模式中浮现出一种群体性。

和在特立尼达的街道上一样，形成金斯敦社区的框架往往是松散和以个人为导向的。在牙买加城市中，达成共识的客观工具可能很弱，但社区在特定情况下确实能够形成——通常（也许具有讽刺意味的是）源于社会控制的广泛崩溃或缺失及其悲剧性后果。再次回到日记，给我的一种印象是这种群体性的出现既是直接的，又是偶然的。在某些情况下，社区意识显然是脆弱和短暂的，与利益的临时联盟有关。在其他例子中，它有更坚实的基于友谊和家庭关系的基础。接下来的两个案例通过直接经历，展示了这种社区上述的一些不同性质。

显而易见的是，在人们试图使用特定的图像和叙述方式表达出一种共同道德反应的感觉时，他们同时还想赋予不同的主观兴趣和理解以价值。在第一个例子中，共同社区的可能性与人们自身共享一个社区的身份认同密切相关。在第二个例子中，它源于家庭中一个人对家庭成员的共同重要性。

田野日记 1992.4.21

炎热的下午,我坐在珍妮特那把破旧的扶椅上,给野外笔记作着注释。拉奎尔(珍妮特的青春期女儿)抱着她的小弟弟冲了进来,急切地说:"我听到有人说他们在酒馆里杀了一个女人,然后强奸了她——我要去车站看看。"然后她又走了,留下我抱着珍妮特的孩子,守着冒着热气的麦片粥。过了一会儿,我关掉煤油炉,抱着小安德鲁沿路走去。我在街上遇到了拉奎尔和她的朋友蒂芙尼,她们正沿着街往回走,边走边兴奋地冲对方大喊大叫。当看到我时,蒂凡尼笑了,她告诉我,如果我带小安德鲁去看那个死去的女人,"十字架会跟着"他。于是我把他交过去,跟着人群转过街角进入河景,而那两个女孩一起沿着马路蹦蹦跳跳地走了,开心地笑着。大约有一百个来自附近的人前来观看这一景象,不像拉奎尔所想的那样在警察局,而是在当地的一个院子里。我注意到瓦迪小姐和她三岁的女儿在路上慢慢地走着。

尸体躺在房子后面的地上,盖着香蕉叶。两名便衣警察正在检查现场,大批游客从斜坡上下来,以便看得更清楚。在门前,人们交换着各种关于这场死亡的描述和观点。据说那个女人是情人吵架的受害者,她的胃和心脏都被刺了。我建议瓦迪小姐不要在院子的篱笆上靠得太紧,否则她的衣服上会有血迹。我见到了珍妮特,她正在和一些邻居谈话。

只有在偶然的情况下,这条街上的活动才会超出个人与他人联系的一般水平,变得协调起来。但河景的死亡事件集中了人们对自己作为当地人和邻居的身份认同感。当事件的影响还在持续时,一种想法被强烈地表达出来,即共享的物理位置提供了一个共同身份所需的参数——随着谋杀消息的传播和有关这场死亡的故事在人群之中流传,这种想法变得更加强烈。人们对自己当地人身份的认同有各种体现:它出现在有关邻里友善的小举动的故事中——死去的女人没有任何亲戚在,一个住在隔壁的人给她的屋子装了篱笆——但也出现在愤怒的人群面对凶手时团结的(暴力)行动的景象中(虽然人们都这么说,但它从未发生)。

在对话中交换故事,意味着许多不同的这类景象可以同时存在。在这个叙事的过程中,人们对事件的理解与他们如何定义自己整合在一起,但这个过程本身就是由一系列复杂的过程组成的:它的特点是文化反应被迅速接受和拒绝,人们的主观理解和共同理解的交织,对不同解释的迅速协商和固化。至少在一段时间内,人们与某个事件的共同关系支配着他们对这件事的潜在意义的不同理解。

结束语

1992年的一天,在新金斯敦旅行时,我从公交窗口的有利位置注意到一个穿着细条纹西装的精明商人(或许是个官员)。他正提着皮箱朝城里的一家大旅馆走去——这件事本身并不奇怪,只是他的西装膝盖以下的地方被扎染了,保守的炭色条纹从那儿开始变成了明亮的紫色和橙色。在大多数环境中这种装扮都会很奇怪,但是这套西装的滑稽张扬巧妙地贴合了金斯敦的整体气质：在这个牙买加首都，大多数情况下，客观体制文化的薄弱权威不足以与人们对城市生活组织方式的主观文化反应相匹配。

金斯敦不同社会阶层之间薄弱的相互依存和沟通失败的原因是多方面的，包括历史上的奴隶制、殖民地政府未能创造出政治多元化的基础、工业经济和意识的缺乏。缺乏全民民主的有机基础，意味着尽管独立运动带来了短暂的和解，但 1962 年后广泛的公民共识迅速瓦解。其结果是，尽管许多普通牙买加人（有时）对他们的岛国表现出一种情感依恋，但很少有人对牙买加作为一个民族国家的运作方式怀有任何深层的敬意或理解。自 20 世纪 80 年代中期以来，随意暴力造成的不稳定影响和国家经济事实上的破产，进一步增加了人们建立共同公民生活的难度。但这些声明所描绘的图景——利益多元化，缺乏根深蒂固的共识——需要更多的语境化和限定。本章提出的关于自发创造社区的观点将在本书的最后一节得到更高层次的关注，在那里可以看到客观和主观的文化形式实现更高层次的结合。但是在下一章中，我将进一步探讨金斯敦街头生活的戏剧性事件背后的社会关系。

Wardle, H. (2000) *An Ethnography of Cosmopolitanism in Kingston, Jamica*, New York: Edwin Mellen

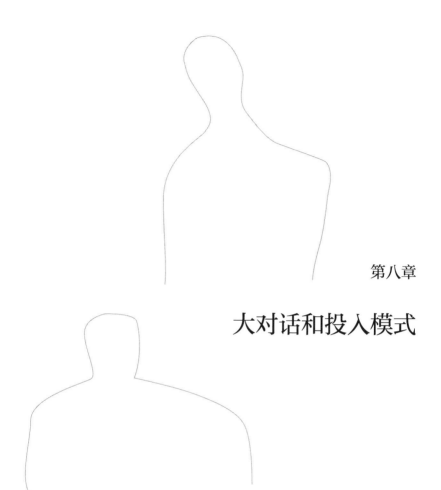

第八章

大对话和投入模式

这本书是我博士论文的修订版,论文题为"哥伦比亚沃普斯地区巴拉萨纳印第安人的男性启蒙和宇宙学"("Male Initiation and Cosmology among the Barasana Indians of the Vapes Area of Columbia")。这篇于1974年提交的论文以1968年9月—1970年12月在剑桥大学支持下进行的田野调查为基础。参与田野调查的……有我、我的妻子克里斯汀和彼得·西尔弗伍德·柯普。该项目由教授埃德蒙·利奇爵士指导,并得到了社会科学研究委员会的资助……

1967年我大学毕业的时候,亚马孙是一个人类学的未知领域,特别是对传统上专注于非洲和亚洲的英国人类学家来说。我们研究的目标之一就是填补亚马孙民族志知识中的一个重要空白……

另外,当时克洛德·列维-斯特劳斯的结构主义人类学,特别是在神话研究中的运用,对英国的人类学理论产生了重大影响。但是,虽然理论思想已为人所熟知,但它们的民族志基础还比较薄弱……我们的第二个目标,也是与本书主题更直接相关的一个目标,是为列维-斯特劳斯关于南美印第安神话结构及其与印第安思想和文化的关系的一些宏观概括提供一个实证检验。列维-斯特劳斯研究美洲印第安神话的焦点是中部巴西文化区域,沃普斯刚好位于这个区域之外,距离恰好,似乎是进行这种测试的理想地点。列维－斯特劳斯本人对这一地区的神话只是一笔带过。

（Hugh-Jones，1979：xii）

斯蒂芬·休－琼斯（Stephen Hugh-Jones）在《棕榈与普勒阿得斯》(*Palm and the Pleiades*)的序言中，把他的研究的意义与一位主要的人类学思想家、**结构**主义的创始人克洛德·列维－斯特劳斯的思想紧密联系在一起。休－琼斯的民族志是为了对列维－斯特劳斯的神话思想进行实例验证或证伪，但是他还发表了其他重要的声明。这项研究是由英国社会科学研究委员会资助，与他的妻子克里斯汀（见第五章）和另一位人类学家彼得·西尔弗伍德·柯普一起完成的，得到了英国人类学的一位权威人士"教授埃德蒙·利奇爵士"的指导。休－琼斯强调了主要研究的年表：它开始和结束于某个特定时期；它开始时恰逢列维－斯特劳斯的研究对英国人类学产生"重大影响"。

或许，理解这篇序言最有效的方式，是将它视为休－琼斯为结构主义这一**范式**或**元叙事**的辩护。更微妙的是，按照我们在前几章所说的，我们可能会看到某些整体关系的重要性。这里强调的关系包括与地位平等的同事（克里斯汀·休－琼斯，彼得·西尔弗伍德·柯普）的关系，以及与一位学术导师（埃德蒙·利奇）和与一位知识英雄（克洛德·列维－斯特劳斯）——因为找不到更合适的词，暂且这么称呼——的等级关系。这些关系有它们自己的时间和空间参数：1967年至1974年，剑桥、亚马孙(不是非洲或亚洲)、英国(当然还有没有明确提到的法国)。

第八章 大对话和投入模式

在这段话中我们可以发现，在民族志成为作者作品的过程中，一个标志性特征是交织的知识参与关系，因为民族志是在特定的时间从特定的关系中产生的。在这一章中，我们将从这种参与模式的角度来探讨民族志。我们关心的是，民族志写作是如何建立在对写作时普遍学术状态的假设之上的。采取这种分析思路可以帮助我们重新思考具体的民族志与人类学作为一门学科的更广泛的历史之间的联系。在第七章中我们探讨了民族志学者如何同时获得局内人的洞察力和局外人的分析基础，在本章中我们将进一步阐明这一过程。

在大学里，通常是把人类学理论当作关于不同理论、学派和范式的历史来教授。这类课程通常是高年级本科生的必修课，包括一系列不断变化的知识框架和对关键人物的讨论。学生们将学习以赫伯特·斯宾塞和路易斯·亨利·摩根等人为代表的 **19 世纪社会进化论**人类学如何在 20 世纪初逐渐演变成另一种将直接的田野观察纳入进来的历史视角，也就是英国哈登的**传播论**和美国博厄斯的**历史特殊论**。到了 20 世纪 20 年代，这些思想被马林诺夫斯基的功能主义所取代，后者主张充分参与的田野调查和以当下为导向、务实、全面的文化理解。功能主义被拉德克利夫－布朗赋予了理论的复杂性，并被重新命名为**结构功能主义**。美国和欧洲人类学之间的兴趣分歧日益明显。美国的**文化人类学**强调文化意义作为一种模式并且日益成为一种系统的一致性。相比之下，英国和法国的**社会人类学**优先考虑社会关系，尤其是亲属关系的结构和等级，也就是制度。

接下来学生们将继续学习，到 20 世纪 60 年代，结构功能主义的学术主导作用是如何开始被削弱的。一方面，相对于结构功能主义标志性的社会均衡假设，各种理论开始将个人动机和政治**互动**放在首位。另一方面，在欧洲，列维－斯特劳斯、埃德蒙·利奇和玛丽·道格拉斯等人引入了一种新的理论——结构主义，相对于第一代民族志学者典型的小规模面对面研究，这种理论研究社会和文化的视角要广泛得多。然而，**结构主义**也因未能解释权力和剥削问题而受到批评，因此**马克思主义**人类学在20世纪70年代崭露头角。**女性**主义观点补充了马克思主义（见第六章），纠正了以前民族志中以男性为中心的失衡。

到了20世纪80年代，人类学家的专业知识本身成了新的战场。这些**后现代主义**思潮集中在**写文化**一派，强调了文化翻译过程中人类学家和报道人之间产生的权力关系。有人认为，民族志作为一种写作，为文化提供了一种虚构的、主要是修辞上的连贯性，这是实际经验中所没有的。到20世纪90年代中期，视后现代主义为福音的激情失去了动力，取而代之的是一种新的实用主义，它试图进行人类学的反身性和**现象学**风格实验，希望以此融合和提炼各种人类学批评的益处。到21世纪初，出现了关注世界主义思想等新趋势，但还没有哪个特别的"主义"宣布占据主导地位。

如果基于这套历史进行稍稍变化的版本是本科人类学培训的标准内容，那么，正如可以预见的那样，事实要复杂得多。首先，"范式自上而下"的观点强调大范围的知识运动对个人学术活动的影响，这与基于特定人类学家的特定活动和关系的"民族志学者自下而上"观点形成了不同的图景。另一方面，社会科学的范式没有像自然科学那样明确的界限或显著的**范式转换**，因为前者的理论和基础假设很少在严格意义上被推翻。我们在结论章中再谈这个问题。现在仍有一些人类学家即便名义上可能不是，但实际上还是结构功能主义者。同样，现在也有人类学家写作时的基础设想与20世纪早期传播论者的假设非常接近。以此类推。

本章的讨论采用了"民族志学者自下而上"的观点，因为这是我们在民族志中会遇到的视角。民族志是一个民族志学者为理解其知识生涯中某一特定时刻的复杂经历和信息，将一系列的理论观点和基本假设组合在一起写出来的。有时候，这种元叙事、思想、经验和关系的协调过程看似缺失，在这种情况下，我们就需要还原这个过程。前面斯蒂芬·休-琼斯的作品节选为我们提供了一个起点。

正如拉波特指出的，我们应该意识到拉丁俗语"如果你做两次相同的事情，那就不是同一件事"背后的社会学真理；如果两个人做同一件事，那就不是同一件事（1994：92）。考虑到在特定的民族志写作之前存在的大相径庭的关系和经历，比如说两部结构主义民族志，它们在知识上就几乎不可能"相同"。因此，从另一个角度来看，不同民族志独特的知识编织方式就变成了民族志学者特有的学术个性或**人格**的表达。这超出了格尔茨（Geertz，1988）所描述的个人写作风格的问题。相反，从这个角度来看，民族志代表了在特定条件下参与的各种关系的汇聚，以及对这些条件创造性的综合反应。

民族志表达了在特定时刻的知识参与的独特架构，这一观点使人们不再局限于传统的将民族志和理论按照归属于不同学派和范式加以区分和归类的视角。但既然民族志学者自己是在这些学派和范式存在的条件下写作，那么我们也必须考虑到它们。我们必须理解引导民族志学者讨论的社会过程和动机，例如，他们为什么会像讨论统一的现象一样讨论美国的文化人类学或英国的社会人类学。我们将从一些著名的民族志作家的经典范例开始，从我们提出的"民族志学者自下而上"的立场来分析它们。

> **要点概括**
>
> 1. 人类学理论的典型教学方式是介绍不同学派和范式的影响。相比之下，本章采用了"民族志学者自下而上"的观点。
>
> 2. 既然民族志学者自己是在这些学派和范式存在的条件下写作，那么我们也必须考虑到它们。
>
> 3. 将民族志作为对民族志学者在特定时间参与的关系以及由此形成的知识参与模式的表达，从这个角度加以探讨，能获得更丰富的理解。

批判的思考者和元叙事的形成

通常，为了了解人类学的指导性设想，我们会阅读那些被认为具有历史重要性的人类学家的经典范例陈述。我们几乎可以定义说，最著名的人类学家就是那些最成功地表达了他们那个时代的人类学假设和假设之间的冲突的人。他们的学术观点是创新的，因为正是他们最全面地阐述了当时的智识面貌，并把以前没有被识别的元素涵盖和组合起来。在我们阅读伟大历史人物的人类学陈述时，我们会注意他们是如何改变当时指导这一学科的元叙事，以及他们的思想又是如何被更复杂的构想所取代的。

布罗尼斯拉夫·马林诺夫斯基的论文《原始心理中的神话》，最初在1925年以弗雷泽讲座的形式发表，在这些定义人类学的陈述中，它即使不是被阅读最多的，也是最广为人知的之一。马林诺夫斯基的目标是建立一套关于"野蛮"社会的开创性假设。"原始人"的神话并不是19世纪德国学者所认为的诗歌作品或者天马行空的想象，也不是最著名的英国和美国人类学家所认为的历史文献。马林诺夫斯基将用另一种形象——原始人是实用主义者，他们的神话和魔法活动可以摆脱日常困境——取代这些形象。

与这种以自然性、象征性和虚假性视角看待神话形成强烈对比的，是把一个神圣故事当作对过去的真实历史记录的理论。这种观点最近得到了德国和美国所谓的历史学派的支持，在英国则以里弗斯博士为代表，但它只涵盖了部分事实。毋庸置疑，历史和自然环境一定对所有重要的文化成就产生了深远的影响，包括所有的神话。但是，把所有的神话都仅仅当作编年史是不正确的,就像把它当作原始自然主义者的沉思一样。它还赋予了原始人一种科学冲动和求知欲望。虽然野蛮人的性格中既有古文物家也有自然学家的成分,但他们毕竟积极从事着许多实际的活动,并且不得不同各种各样的困难做斗争;他所有的兴趣都要根据这一普遍的实用主义态度进行调整。

(Malinowski,1974［1925］:98)

在这里,指导性假设是与关键的知识分子联系在一起的,比如里弗斯博士就被认为是"历史学派"的代表。我们已经讨论了在具体论证表述中**启发式**简化的过程(第五章),但是在这里学派表述的简化更加引人注目。最重要的是,马林诺夫斯基将他的观点作为与各种指导形象完全不同的内容提出,他对野蛮实用主义者的描述引出了对神话完全不同的理解。而且多年来,认为马林诺夫斯基的观点标志着与早期社会人类学误入歧途的历史方法彻底决裂,这种观点在大学里被当作简单的事实来教授。但是,马林诺夫斯基和他的前辈里弗斯之间的连续性正越来越多地得到强调,与此相应,马林诺夫斯基自己的思想也已经成为该学科历史背景的一部分(Hart,1998;Wardle,1999)。

在克利福德·格尔茨1973年的论文集《文化的解释》(Geertz,1993a)中,可以再次看到对批判性思考者和相关学派的标志性运用。和马林诺夫斯基的文章一样,这本书在很长一段时间里都是许多人类学课程的必读教材。在一篇关于"宗教作为一种文化体系"的文章中,格尔茨一开始就以权威的口吻否定了二战后(英国)社会人类学研究宗教问题的"传统"所取得的成就。他提出，社会人类学在理解上已经变得过于狭隘，无法有进一步的发现。思想领域必须向新的思维方式开放。因此，他将集中精力发展另一种观点——不是从社会结构的角度解释宗教，而是像帕森斯（Parsons）和希尔斯（Shils）那样，把宗教作为一种文化体系。

当把从二战以来完成的关于宗教的人类学工作与二战前夕和刚结束后的工作相比时，有两个特点让我感到很奇怪。一是没有取得重大的理论进展。它依赖其祖先的概念资本，除了一定程度上提高经验的丰富性以外，几乎没有增加什么东西。二是它真正用到的概念都是从非常狭义的知识传统中提取的。涂尔干、韦伯、弗洛伊德或马林诺夫斯基，任何具体作品都是遵循这其中一两个卓越人物的方法，只有很少做了微不足道的修正，因为这些开创性的思想者有种过度论述的天然倾向，或者是因为可靠的描述性数据体量扩大了。实际上，甚至根本没有人想过……像这些前辈当时一样，向别处寻找新的分析思路。我还想到，这两个奇怪的特征并不是没有关系的……除非我们放弃……那种炫耀习惯性技能的甜蜜成就感，投身于研究那些完全没有理清所以才可能有新发现的问题，才有希望让我们的工作不仅是本世纪前二十五年那些学者的伟大成就的复制品，而且能够与之匹敌。

要做到这一点，不是要抛弃社会人类学在这一领域的既定传统，而是扩大它们……就我而言，我将把精力集中在探讨我所指的宗教分析的文化层面上，这是我跟随帕森斯和希尔斯所确定的方向。"文化"一词现在在社会人类学圈子里有了某种不好的名声，因为它的所指是多种多样的，而且提到它时总带有一种刻意的模糊性。（虽然我不完全理解为什么它会因为这些原因而比"社会结构"或"个性"受到更多责难。）在任何情况下，我坚持的文化概念既没有多个所指，也没有在我看来任何不寻常的歧义：它代表一个历史上传承下来的在符号中体现的意义模式，一套继承下来的概念体系，这些概念在人们通过象征性的方式交流、延续和发展他们关于生活的知识和态度时得以体现。

（Geertz, 1993a［1973］: 87–89）

我们也许已经注意到，人类学关于宗教的工作的"两个特点"，实际上是为达到效果而对同一种批评进行了二次阐述。格尔茨认为，人类学的"先祖"——其"卓越人物"——创造了一个思想宝库，而这个宝库正在以一种狭隘的方式被浪费掉。于是一项又一项的研究沿用同一个批判性思考者的思想，而结果呈现出的是多个本质上重复的民族志数据框架。"文化"概念可能是社会人类学家嘲笑的对象，但它作为一种主要的方法，使人类学的研究免于智识的萎缩或者我们所偏爱的卓越人物的思想边际效益递减。

在《文化的解释》一书中这个地方以及其他地方，格尔茨把他自己的学术方法作为一种与英国社会人类学家的决裂提了出来（如1993a［1973］: 142–143）。同样，就像马林诺夫斯基上面的纲领性声明一样，这个论点其实可以用不同的术语来表述。格尔茨可以将他的项目描述为美国文化人类学工程的延续，以及对他与文化人类学学术联系的重申。毕竟，认为文化是一种"历史上传承下来的意义模式……人们通过……交流"，这显然反映了由弗朗兹·博厄斯提出并被本尼迪克特、米德、克鲁伯（Kroeber）和克拉克洪（Kluckhohn）发展起来的人类学，格尔茨还在此基础上加上了帕森斯和希尔斯。

当然，重申这些知识和学术关系与攻击一套不同的假设相比远没有那么激进。然而，格尔茨强调了他和社会人类学家之间的分歧。在本章末尾会讨论的一篇文章中，格尔茨（1993a［1973］）以一种偶然得多的视角呈现了他的智力活动。他将其描述为在特定的历史时刻、特定的学术环境中、与特定的学者在一起的偶然结果。但是在学派和学者的物化与相反的极端，即把学术活动描述成纯粹的个人和偶然的行为之间，还有另一种可能性，我们称之为"民族志学者自下而上"的观点。这种观点使我们能够认识到作者在他们的写作中所表现出的一种知识参与模式，从而在他们的民族志中捕捉到更大的知识对话的流动。这个观点建立在我们前几章中发展起来的民族志的相关性观点上。民族志的一部分工作——民族志学者作为作者的部分工作——是要证实民族志文本不仅属于，而且能对更大的元叙述做出贡献。

通过"民族志学者自下而上"的视角看这两位民族志写作的代表人物，我们学到了什么？首先，民族志学者本身对作为一种知识活动的人类学有固定的看法。最宽泛的层面是"人类学"，即包罗万象的活动。其次是一些学派，它们与里弗斯、马林诺夫斯基或格尔茨等标志性人物联系在一起。这些"祖先"

有时被与学派完全等同起来,有时则不完全一致。"学派"这一概念本身在某些具体概念和用法方面具有规训作用。例如,某个学派的追随者可能会无视"文化"这类概念,因为它太"模糊"了。"卓越"的人类学家(格尔茨自己半严肃的措辞)是那些在基础假设层面进行辩论、挑战其他学派假设的人。学派的成员则更可能是在基础假设的框架内进行辩论,增加细节或纠正"开创性思维"的"过度倾向"。此外,尽管指导学派研究的元叙事包含非常复杂的理论过程,但它们也可能经常被简化为简单的形象或隐喻——例如,具有实用思维的野蛮人。

在某个具体论证的组织中,民族志学者会从追随某些学派/标志性思想家的一般问题,转向在这个更广泛的知识框架中嵌入自己与某些特定概念和论点更具体、更详细的相关性。在学术上构建一部民族志涉及到对元叙事的暗示和组合。为了建立起特定的论证和更具体的民族志材料跟特定读者的相关性,这种暗示是必要的。

要点概括

1. 核心假设通常与关键的知识分子联系在一起。

2. 指导性假设通常采用非常简化的形象或隐喻的形式,比如马林诺夫斯基的实用主义野蛮人形象。

3. 在他们的写作中,民族志学者对这门学科有一种固定或者分层的看法,其中批判性思考者和他们的指导性叙述为特定学派成员的工作提供了框架。

表明知识忠诚

从范式自上而下的角度看民族志，在知识上的一个危险后果是，它似乎允许我们作为读者把任何在一套更老的，也许现在被质疑的基础假设的框架内产生的民族志都当作无效的东西抛弃。这种观点是错误的，其后果是一种失忆信念，即认为只有最新的民族志才有价值。但是这种视角的产生，至少在一定程度上是因为民族志学者是通过元叙事的架构来组织自己的论证。我们已经在第六章中讨论了民族志学者如何通过在更广泛的辩论中定位他们的个人目标、问题和方法来确立自己的作者身份。确立作者身份和表明学术忠诚是一枚硬币的两面，同时，它们也是与合适的受众沟通的一个主要步骤。在介绍他关于巴布亚新几内亚交换制度的民族志时，爱德华·希弗林（Edward Schieffelin）首先强调了他与互惠的社会学观点的分歧，然后表明了他对文化方法的追随：

> 在这本书中，我将从文化的角度来探讨互惠的这个方面。文化分析主要涉及人类经验的符号维度和构成它的符号系统……
>
> 符号通常被理解为"意义"或"代表"其他东西。同时，符号与一个更大系统中的其他符号之间存在着各种逻辑意义关系。传统的观点认为，意义主要储存在符号中，需要的时候可

以使用。虽然符号无疑具有这种储存能力，但我想强调它们更具创造性的一面。符号不仅仅是"代表"别的东西，它们还不断地、积极地"赋予事物意义"。这是因为符号活动将对象和概念带入一个更大的意义系统中，形成新的、不同的关系，并根据一些简单的程序以新的方式组织它们。这种"转化为意义"的符号过程，就是人类意识不断将现实转化为可理解的形式的过程。

（Schieffelin，1976：2）

这里，通过"文化分析观点"，希弗林非常明确地证明了他作为某个学派成员的身份。文化分析被呈现为一种轮廓清晰、内在连贯的方法。希弗林没有提到格尔茨一类的偶像人物，相反，他概述了基本的假设——符号组成了一个"系统"，文化创造力指的是符号之间的关系是如何"根据一些简单的程序"重组的。联系上文，这里突出的是这种构建过程所依赖的一些隐喻。除了重复出现的"系统"意象外，还有符号作为意义"仓库"的隐喻——"符号无疑具有这种储存能力"。然而，像这样的意象和隐喻在现在可能远不如在当初写这部民族志时那样具有不言而喻的权威性。因此，为了理解希弗林对元叙事的运用，我们可能需要做一些历史重建，恢复作者的学术关系和开放式对话的某些方面，因为元叙事在这里以最终权威的方式呈现，这些方面就被隐藏起来了。

在以下出自《大都市的黑人神祇》(*Black Gods of the Metropolis*) 的节选中，亚瑟·福赛特（Arthur Fauset，1971

［1944］：1–12）表达了他的知识忠诚，不是用希弗林那样的范例式陈述，而是用民族志学证据直接反对一套公认的基本假设。他提供的叙述表明，他的观点与当时由梅尔维尔·赫斯科维茨（Melville Herskovits）领导的关于新世界黑人经验的思想流派是截然不同的。赫斯科维茨的元叙事强调了一整套新世界黑人文化习俗与非洲历史之间的清晰连续性。但是，在攻击这一范式的基础时，福赛特推翻了认为非裔美国人文化行为中存在关于狂喜宗教的非洲式"倾向"的观点（1971：108）。他认为，美国黑人文化中没有特别"黑人"的东西。

还有一次，我参加了洛克兰宫的圣父礼拜仪式。一群年轻的哥伦比亚大学学生走了进来，坐在讲台上。他们是来直接观察圣父教的。

从他们的脸上很容易看出，他们中有许多人期待着一晚上的娱乐，这符合关于非洲崇拜或海地伏都教的流行想法。

所以当看到这一幕时，他们中间有些人脸上露出了非常古怪的表情：礼拜开始不久，一个上了年纪的白人站起来走到讲台上，站在麦克风旁边，向他的广大听众——主要是黑人——喊道："安宁，神父！安宁，大家好！"……然后他请大家和他一起唱一首歌……不出几秒钟，歌声就传遍了整个巨大的圆形剧场。接着是一个惊人的场面：

一个玩响板的白人女人……突然跳了起来，在大厅前面来回跳舞。

那个吹小铜喇叭的白人……不得不停止演奏，他充满活力地加入到歌唱中，随着这首歌的节奏摇摆着他整个身体……然后，另一位白人女性以风车式的姿态在大厅前引人注目地绕了一圈，而一个身材非常魁梧的……犹太人在同一块地方跑来跑去，有节奏地拍手，欢快地大声歌唱，扭曲着脸和身体……最后，一位哥伦比亚大学的学生，被感染到忘记了自己在哪里或在做什么，开始自由地唱歌，并用脚轻敲地板。

哥伦比亚大学的学生们原本期望看到的是由黑人引发这个场面，但它实际是由一位来自加利福尼亚的白人老人发起的。这种魔力是如此巨大，甚至在音乐停止之后……这位（犹太人）绅士……还纵情地跳来跳去，喘着气，吹着气，流着汗，拍手，模仿天使的翅膀摆动着手臂。在这里，为了让全世界听到和看到，他们宣布：神圣之父是上帝！

（Fauset，1971：105）

在这里，福赛特通过证明黑人个体和"黑人"宗教之间缺乏联系，将自己的民族志经历与赫斯科维茨学派的元叙事相对照。在这本书的其他地方，民族志的叙述也被用来表明对富兰克林·弗雷泽提出的另一种社会学观点的忠诚，即黑人文化最好被理解为对美国当前社会状况的回应。福赛特在呈现民族志并将其作为证据的过程中，编织进了自己的知识参与模式。尽管如此，通过在描述中如此明显地表现自己的个性，福赛特确实使自己某一特定学派成员的身份变得不那么突出了。

从这个意义上说，我们可以把希弗林和福赛特的文本视为一个连续体的两个极端。希弗林非常坚定地在一个既定的元叙事框架内构建他的民族志,以至于在文中这一处他的学术个性和元叙事难以区别开。显然,这部民族志的权威来自于它对既定观念的坚持。相比之下,福赛特论证的分量在更大程度上有赖于他的民族志声音的真实性,那是对他自己具体经历的反映。福赛特的教师生涯和对美国民权运动的参与,使他从人类学的专业学术对话中走了出来,这也许反映在,他表达知识参与的方式更加印象主义、没那么理论化。然而讽刺的是,在1971年《大都市的黑人神祇》的重版中,约翰·斯泽德为它写的引言却强烈支持赫斯科维茨主义的观点。作为读者,我们不应该摒弃那些采用如今不流行的元叙事的民族志,而是要学会通过这些学术忠诚的信号读懂潜在的学术参与关系。

> **要点概括**
>
> 1. 人类学家将他们的研究以学派和范例的形式进行呈现,作为与合适的受众进行交流的首要步骤。
> 2. 要理解一位民族志学者对支撑元叙事的核心意象或隐喻的使用,我们可能需要重建作者在文本呈现中隐藏的学术关系。
> 3. 运用元叙事的不同策略会反映出在民族志中树立的学术人格类型。

文本即编织的学术人格

英国人类学家雷·亚伯拉罕斯（Ray Abrahams）在其早期关于芬兰农耕生活的民族志中，谈到了在他岳父出生的村庄进行田野调查所遇到的困境，以及他对"在我的**姻亲**中进行人类学研究"的强烈意识（Abrahams, 1991：3）。

> "姻亲"田野调查的其他一些问题没有这些问题明显，而且更难处理。1957 年，当我首次申请去东非做研究时，奥黛丽·理查兹（Audrey Richards）问我是否会因害羞而困扰，我如实回答说这取决于具体情况，不过这个回答不是特别有帮助。事实证明，害羞在我的非洲研究中并不是问题，但它确实影响了我在芬兰的工作，我不完全确定为什么会这样。不想让和我有关系的人担心或生气，害怕在他们面前出丑，这些显然是问题的一部分。但我也怀疑，我与他们的特殊关系在一定程度上融入了一种对欧洲共性的整体意识以及一种自觉的感受，即我全程在被自己已经完全适应的社会准则所评判着。
>
> （Abrahams, 1991：5）

亚伯拉罕斯继续指出，官僚支持确保了他在早期非洲研究中的地位，而与此相比，在与芬兰研究对象更加平等的关系中，他需要为自己争取一个地位。这个看似清晰的陈述包含了许多微妙的**反身**层次。它包括对一种主观情感的反思,即"害羞"对田野实践的影响。这里对芬兰亲属关系的分析把作者自己与报道人的亲属关系放在了核心位置。这些考虑与更普遍的关于"欧洲共性"的社会学推理混合在一起,包括这种推理将如何影响人类学家作为无法逃避自身社会化的人所进行的研究。

如果读者要问"奥黛丽·理查兹是谁",这种复杂性就进一步提升了。因为这个细节——亚伯拉罕斯顺带提到的与一位英国重要人类学家的关系——不只是一件轶事。当然,它设置了一个场景,涉及到时间的流逝以及自传经验和人类学知识的增长。然而,它也将亚伯拉罕斯的叙述纳入英国社会人类学派的框架中,奥黛丽·理查兹是该学派的代表,而亚伯拉罕斯是实践者。姻亲关系的重要性是20世纪中叶社会人类学最重要的理论对话之一(奥黛丽·理查兹是关键对话者之一)。以不起眼的旁白方式讲述建立各种关系时的矛盾心理,可以看作是对更广泛对话的**转喻**。通过这种关联,亚伯拉罕斯清晰地指出了他的民族志所针对的读者,也就是说,读者应该是在不同知识水平上参与同一对话的各方(见第六章)。

亚伯拉罕斯的评论符合民族志写作的一种趋势,尤其是资深学者,他们有意识地尝试将自传式的、系统的、民族志的和宏大的理论元素相互联系起来,而不是把它们分离开来,比如只在前言中简单提及。在《追寻事实》(*After the Fact*)中,格尔茨思考这些问题的方式与上文引用的他的文章截然不同:

> 成为一名人类学家并不是,或者至少对我来说不是进入一

种既定的职业,比如从事法律、医学或开飞机,那门职业已经在那里,被分好了等级和分支,等待着把一个人打造成固定的形状。我在各种项目、计划、委员会、研究所之间徘徊,只会偶尔在人类学院系停驻,这确实有点不太标准,不是每个人都会觉得这套路子有吸引力。但是,不是追随某种职业,而是在影响它的过程中把它拼凑起来,这种职业图景在现在并没有那么不同寻常。

哪怕不一定是前行,但至少是在行进,这个途中不断经历各种场景,完全不确定前方等待的是什么,这种经历对塑造你的研究模式、规范它、让它成形所起的作用,要远远超过理论讨论、方法论声明、经典文本,甚至超过对不同知识信条的坚定追随,这种追随现如今随处可见,有点太多了。这些事情很重要(也许对某些人来说比对我更重要),但最有力地影响你的知识轨迹的,是你在前路上发现的东西——战后的哈佛校园里各式各样"咱们开干吧"的狂热者;独立后的印度尼西亚,一个紧张、充斥着意识形态矛盾、正在卷入暴力的社会;在六十年代芝加哥的骚乱中,一群冷静的远程理论者;在重现的摩洛哥,一个被社会学喧嚣和文化自我质疑包围的古老社区;在精心修剪的普林斯顿大学,一个被精心守护的专业研究岛屿。与其说是在思想之间移动,你更多是在产生思想的各种情境和困境之间运动。

(Geertz, 1995: 133–134)

我们可以明显从格尔茨这里的评论和上面那些关于"宗教

作为一种文化体系"的言论中看出一个重要区别,至少是在修辞上的区别。在第一段节选中,格尔茨坚持一个定义明确的元叙事。而在这里的评论中,他把自己的思想轨迹放在一个更偶然的基础上。当学者们建立起知识资本和学术认可时,他们就更容易从自身能动性和供其发挥的"不确定"因素的角度来谈论自己的成就。他们可能不再需要在一套共享的假设中表达自己的知识活动,因为作为代表人物,他们已经开始代表这些假设,至少在这里提到的格尔茨的例子中看起来是这样的。

对处于职业生涯早期的学者来说,要做出这样的声明可能更不容易。其原因在于,他们对民族志知识的宣称建立在更有限的自传经历的基础上。他们参与人类学家之间长期辩论和细致微妙的对话的时间可能相对较短。他们的支持网络,包括固定的读者群以及与资深学者和支持他们学术活动的基金提供方的长期关系,可能要脆弱得多。所有这些因素都在削弱他们对自身智识能动性的表达,让他们将自己的知识放到某个学派共同的活动中,要么与某个宏大叙事保持一致,要么对某个宏大叙事的知识可靠性提出异议。如果民族志写作的趋势是把自传式的语境化作为反身分析的一部分,那么可能就达不到布迪厄所说的"参与者客观化"(2003)。布迪厄这个词的意思是,从社会学的角度对民族志学者自身的背景进行全面描述,并说明其作为一种关系框架对构建他们民族志研究的基础条件可能起到了什么作用。

> **要点概括**
>
> 1. 为了提供一个更完整的民族志知识语境，当前的民族志写作趋势强调将自传式的、系统的、民族志的和宏观理论的元素相互联系起来。
> 2. 当学者们建立起知识资本和学术认可时，他们就更容易根据个人的自传经历来表述他们的智力活动。
> 3. 不太知名/年轻的民族志作者可能会隐藏他们的智识能动性，以学派成员身份、忠于或者对某个宏大叙事提出异议的方式来呈现他们的知识。

结束语

> 借用海德格尔的一句话……自我"从它让自己经历的事物中向自我反映出自我"。
>
> （Munn，1992：15）

南茜·芒恩（Nancy Munn）关于马西姆群岛加文岛民追求名望的活动的评论，也与民族志学者的研究和民族志作品相关。民族志中呈现的学术个性同样反映了"它让自己经历的事物"——田野调查中形成的关系、与特定人类学家及其思想的关系，以及与特定学术机构的专业关系。学术人格作为作者身份的一个维度,这就是其来源,民族志是这种知识投入编织的一个产品。这意味着对民族志最好的理解不是把它作为一种完全独立的知识陈述,而是作为对由许多相互关联的对话者组成的持续对话的贡献,这一点在本书不同阶段都有重申。

有知名对话者的大对话,也有不太出名的人的小对话,他们通过沿用那些更出名的人的话语来表达自己的意思。此外,还有很多人类学家之间不和谐的交流,他们各自"献身"于特定的关系和知识项目,因此无法理解彼此话语的更大框架。在短短一个世纪内,社会和文化人类学从一个只有少数知名个体从事的非常有限的学术研究领域,发展成了一个高度制度化、专业化的领域,有着成千上万的受薪人员和因此形成的成千上万的知识、学术和实践关系。也难怪会有无数的理论对话和众多导致误解的原因。

在库恩(1962)之后,"范式"仍然经常被人类学家用来描述在人类学历史上某个特定时刻从事研究的大批学者共同的假设和研究目标,以及这些设想的结构和内容是如何在相对激进的"**范式转换**"中被转变的。事实上,这种把人类学描述为一个智力活动领域的方式在很大程度上是没有帮助的。人类学很少以这种特殊的方式具有集体一致性,从历史上看,基本假设也并没有激进而明确地从一个大的集体框架转换到下一个。

我们在本章开头提过,在最广泛的层面上,民族志学者回应的不是范式或者元叙事,而是"大对话"。人类学家意识到有不同重要性的对话正在进行,他们希望在自己与特定受众的讨论中对这些对话做出贡献。内涵丰富的宏大对话和主要对话者提供了一个框架，小范围的理论和叙述交流则是在这个框架内获得相关性的。人们为了加入这些大的对话而重复其中的关键术语，这反过来又意味着读者也是对话的一部分，他们对民族志写作之前和完成之后的对话内容有不同程度的认识，是潜在的贡献者。读者要想理解一部民族志，就必须与作者进行对话并由此进入其中的关系网络，正是这些关系让民族志作为对人类社会和文化生活的讨论最终具有了意义。

第八章：练习

在这篇讨论中，基思·哈特回顾了他早前（1973）关于加纳"非正式经济"的民族志，以自传和辩论的视角重新讲述它。他既讨论了个人学术抱负和流行的元叙事，也考虑到了与学术机构和关键知识分子的关键关系。他在与他本人自传轨迹相关的许多不同层次上来构建他的民族志实践。阅读这篇文章并回答以下问题：

1. 你认为哈特的写作针对的是什么样的读者？
2. 哈特是如何将他的民族志知识的发展与其学术生涯轨迹联系起来的？
3. 在这篇叙述中，哈特经常表现得生气或沮丧，是为什么、为了谁？
4. 在这里，元叙事和民族志是如何联系在一起（或者体现出不协调）的？

5. 关于哈特自己的知识参与是如何随着时间的推移而改变和发展的，从他的叙述中可以知道什么？

《非洲企业及非正式经济》节选

现代人类学的伟大发明是田野调查。第一次（也是最后一次），部分知识分子阶层的人跨越了他们自己和社会其他部分之间的鸿沟，以此来了解人们是如何生活的。这意味着他们必须作为独立主体来加入他们的社会客体对象，从而混淆主体（为那些做重要决定的人工作的"思考者"）与客体（完成社会日常工作的"行动者"）之间的传统分离。自一个世纪前诞生以来，社会科学的主要任务之一就是维持这种划分，将不知名的城市大众的个性压缩到非个人的类别中，以便被那些想控制他们的人操纵。人类学家也渴望在知识官僚体制中获得专业地位，所以他们在20世纪的实践充满了矛盾和困惑，因为他们既加入了人们，又把人们当作客体。

处理这一问题的典型方式是将"田野调查"中的世界与回家后的"详细记录"分开；在殖民时代，由于社会和地理上的距离，这一任务更容易完成。虽然有很多关于田野调查者主观渗透（通过积极参与、学习方言等）的主张，但民族志报告仍然被认为是具有严格客观性和科学性的；一直到不久前，任何把民族志比作现实主义小说的观点都会被否定。

1965到1968年，当我在阿克拉（以及加纳其他地方）进行田野调查时，科学民族志的范式已经因为帝国终结的打击而摇摇欲坠。作为人类学研究客体的"原始社会"的概念即使还没完全消亡，也已经奄奄一息了。当时剑桥大学没有努力让学生们注意到这个问题，我只好自己去解决了。意识到研究出租车司机和贫民窟的皮条客可能不会被承认是正经的人类学，我选择了一群移居者，也就是之前因为我的院系负责人迈耶·福蒂斯（Meyer Fortes, 1949）而出名的塔伦西人（Frafra），希望他们能让我的研究有种古典正统的味道。

尼马是阿克拉郊区的一片荒地，住在那里是一种冒险，我不得不扮演各种在我看来能与那个地方和平共处的社会角色。由于那是一个暴力的、经济开放的社会，我逐渐成了一个犯罪企业家——接受赃物、房贷、非法交易等等。在那里待到快结束的时候，为了重新分配利润，我扮演着一个当地大户的角色——举办大型聚会、雇用许多帮手、给老人发放救济品、解决与官方机构的问题。由于经历了四次逮捕和几次侥幸脱险，在我回来写博士论文时，其实是带着相当大的成就感的。但那才是我麻烦的开始。

我从来都非常确定，在获得博士学位后我想要一份学术工作。现在我必须以一种可以被检验者接受的方式来设计我的田野经历报告，这意味着把我自己从剧本中剔除出来，在当时看起来并不那么困难。我没有意识到的是，打着客观报告的幌子，我实际是有意地在写一部不被承认的小说。而且，我并没有问自己是如何学会做这件事的——通过我所参与的互惠的社会关系——而是着迷于为"文献"的理论体系做出贡献。

当时是 20 世纪 60 年代，盛行的正统思想是"现代化理论"。我采用了这种理论的统一观念，即发展是个人为建立现代实践而与传统规范做斗争的结果。我把我感兴趣的男人（和几个女人）称为"企业家"，因为他们的经济活动给我留下的印象最深刻。就像一个孤独的田野工作者将自己投入一个快速发展的社会一样，他们是在一个具有约束性但又可塑的社会环境中寻求自己道路的独立主体。我强调了他们的个性以及经济领导人和这个移居者群体中其他人的区别。他们是明星，他们的事业改变了其他人的社会地图。我发表的材料大部分都是传记。

接下来的十年里，和其他雄心勃勃的年轻学者一样，我试图把自己的论文写成一本书。我最终放弃了，不久之前我又重拾这个项目，并再次失败。当时我告诉自己，这是因为我无法将战后历史的大图景与自己在尼马的田野工作的记忆结合起来，尤其是因为两者都在变化，也许是一起在变，也许没有。现在，我认为问题在于我没有找到一个真实的声音，只能尴尬地被架在主体与客体、学术与生活之间的鸿沟上。十年前在芝加哥，我确实尝试过"出柜"，之后也有一两次。但有人告诉我，我的坦白会对人类学事业造成无法弥补的伤害。现在我认为沉默造成的伤害更大。

我确信，我的民族志学理解的主要缺陷，是对塑造后殖民历史的巨大力量的理解不充分。就像和我一起生活的人们一样，我觉得自己很了解街头经济生活的机制；但是和他们一样，我也不知道为什么全球可可价格会暴跌，造成了供应短缺和一场军事政变，给所有加纳人带来了深远影响。于是我开始了解"发展"的世界，成为一名大学讲师、顾问和经济记者。接触这个世界，是从我加入东英吉利大学开始。在那里，几乎我所有的同事都是发展经济学家。

我很快了解到，扮演不同学科之间的中间人，向经济学家兜售人类学，或者反过来向人类学家兜售经济学，都能有很多好处。但我想在两者之间架起一座桥梁，将我的田野调查与宏大抽象的发展话语联系起来。换句话说，我试图把我对非洲的主观经验扩展到更具包容性的社会层次、国家和国际机构的世界，这就意味着要让经济学家相信，我所说的东西是他们可以用到的。

长期以来，我一直想知道是什么样的气质支撑着"非正式经济"作为知识界的一个概念长期存在的。至少我希望通过我的语言接触到"世界的掌控者"，而他们希望与他们酒店窗外拥挤的人群进行有意义的接触。我选择的这个词是否定但有礼貌的，它给难以说明的东西命名，用一种缺失来给人们贴上标签，他们缺乏"形式"，这是官僚机构的理解。无论如何，在1971年一次关于"非洲城市失业"的会议上，我提出，我所认识的非洲人并不是失业，而是他们的工作不规律，并且往往报酬很低。我把生动的民族志描述（"我去过那儿，你没去过"）和一些听起来让人印象深刻的经济术语结合起来，这些是我在与学术同事的谈话中想出的。我没有提到自己的经济活动。

我的一些听众非常喜欢这个想法，甚至把它偷走了，但我的知识产权很快就恢复了，我也成了人们所知道的发展研究中劳动分工的一个全新类别的作者。更值得注意的是，尽管有许多与之竞争的标签(第二、隐藏的、地下的、黑人等等),"非正式经济"已经成为工业国家经济学和社会学的常用术语。这说明诗意必然是有力的。

起初,我并没有被这种成功冲昏头脑。实际上,我非常清楚,我在两年前已经完成过一篇论文,用创业学的话语对同一现象进行了分析。而且,与20世纪70年代初的许多人一样,我当时正在向法国马克思主义转变,而马克思主义者根本不喜欢"非正式经济"这个概念。像往常一样,我打算通过写一篇关于它的论文来解决我的困难(Hart,1975)。

我所反对的是官僚和人民之间、国家造就的精英和城市民众之间、知识分子和他们所物化的人们之间的社会分裂,但是它最终以一种更为抽象的形式出现,即个人与社会之间的冲突。我从冷战时期意识形态的两极化,从经济个人主义与国家集体主义的对立开始。我意识到,这将"企业"的自由主义支持者置于个人一边,而把他们的马克思主义反对者放在了集体的一边。我也意识到,通过将重点从作为个人的企业家转移到"非正式经济",我的关注点从贫民窟生活转向了坐在有空调的办公室内的国际精英,让个性化为一个抽象类别让位,而这个抽象类别是用来帮助官僚机构理解和最终控制别人的。

我一开始想表明,西方理论中的重大对立,在我生活在尼马时身边人们的具体斗争中是有对应存在的。我认为,有事业进取心的个人原本可以服务于社区利益,但往往做不到;因此,我们对积极和消极刻板印象(把财富的积累视为一件好事或者坏事)的依赖,是基于社会关系和物质条件,而不是意识形态。

我再一次把自己排除在分析之外；然而，隔着这么远的距离，我却似乎很难把自己当时和社会的斗争与一个我正日渐脱离的族群"社区"的斗争区分开来。

不久之后，我放弃了将我的田野调查经验与发展理念结合起来的尝试。作为对非洲研究的成果，我写的唯一一本书（Hart，1982）根本没有提到人，而是讨论了一个我并没有一手材料的主题——农业，这象征着一个与正常社会生活逐渐脱离的过程。这本书提供的不是类似波音747的鸟瞰视角，它被美国国际开发署当作一份咨询报告，被剑桥大学出版社当作了一本社会人类学的专著。就这样，我成功地在思想层面上整合了这个知识项目的不同极点，而与尼马人正式告别了，即便和他们在一起的生活才是我所有原创思想的真正来源。

就这样，我概括了对人类学现代使命的普遍背叛。从一个"亲自去看看"的真诚承诺出发，进入人们的日常生活，以此来增加我对这个世界的认知，随后退入学术官僚机构，退回到一种以知识研究私有制为支撑的思想家的职业生涯中（Hart，2005）。因为思想体系的任务是让我们相信生活是思想的结果，而不是反过来。作为一个想法的提出者而为人所知是令人欣慰的；但我知道，其他人也应该知道，"非正式经济"的概念是一种将显然存在于官僚体制以外的事物转变为内部事物的方式，是一种将人们的自主生活纳入统治者的抽象世界的方法。

在最近一篇论文（Hart，1992）中，我开始了历史重建的过程，这可能会让我们发现"非正式经济"概念的真正意义。这意味着回到1966年的恩克鲁玛政变，我在尼马经历了这次政变，那里离总统府的主要行动地点很近。从我现在对战后世界的看法来看，加纳当时和现在都是全球社会的组成部分，而不是我当时所认为的遥远的、具有异国情调的地方。

在20世纪60年代，每个地方的社会都被等同于国家。尽管存在着冷战时期的粗糙对立，国家资本主义仍是普遍现象；也就是说，作为政治合法性的唯一基础，经济发展被认为是国家的主要责任。这种国家主导的局限性在70年代中期开始显现，随后撒切尔和里根尝试将私营企业与增强的国家权力结合起来，而后是斯大林主义的崩溃。与此同时，大多数"第三世界"国家实际上已经退出了世界经济，这些国家的政府只能用一层薄薄的权力面纱掩盖普遍的苦难。如今，"赢得"冷战的狂喜已经烟消云散，西方正在自己的地盘上见证国家资本主义道德破产和经济衰退的最后阶段。

非洲是20世纪国家资本主义制度的最后一个成员，也是它的第一个受害者。作为非洲大陆的"领先者"，加纳早在20世纪60年代初就撕毁了国家与人民之间的社会契约，而此前正是这种契约促成了独立。推翻恩克鲁玛的军事政变是基于这样一种认识：在经济失败的环境下，国家的明确基础将是武力，而不是和谐。这是我作为一个田野工作者所遇到的情况。我去加纳是为了研究移居者作为公民的政治关联，但是面对政治上的冷漠，我很快转向了街头的经济活力。也就是说，我所跟踪关注的尼马人知道他们被国家垄断所排斥（并且成为受害者），正忙于在夹缝中求得生存。这种现象后来成为了普遍辩证法，而这个早期时刻的经历，让我洞察到当国家的"宏观经济学"失败时人们会怎么做。从这个意义上说，加纳的"非正式经济"是领先世界的。

因为，自二战以来从顶层（通过政府、国际机构和大公司）控制社会的努力已经弄巧成拙了，这是无可争辩的。长期以来，世界经济的非正式化早已成为其最具活力的特征，腐败的军火交易、毒品走私、离岸银行、政治敲诈、逃税和内城犯罪将社会各阶层的人们联系在一起。公民社会解体（公共利益与私人利益的原则已经分离），其结果是经济学的学术可信度也大大降低。

我在阐述"非正式经济"这个概念时犯的一个错误，是将正式/非正式的对立关系视为静态的。在 20 世纪 70 年代初，冷战的两极分化似乎不可避免，国家的主导地位也仍然被视为理所当然。因此，虽然我认识到人们在通过他们自己创造的经济活动进行反击，但我认为，只有在一个全能国家没有监管到的社会小空隙里，他们才不得不这样做。另一个错误是牺牲了田野调查中的原创性内容——人际关系和个性、企业、社会试验——来换取一种机械的世界观，这种世界观永远看不到这些活动中所包含的民主萌芽。

现在情况不同了。勃列日涅夫时代的老黑市贩子如今在莫斯科街头开着宝马。"企业"再次受到青睐。在许多国家（我想到了牙买加和扎伊尔），国家政权的崩溃已成定局，以至于再指出"非正式经济"在那里占主导地位似乎并没什么用。但是，当这成了城里唯一的活动时，这种曾经被视作英勇抵抗的行为却有了不同的味道。它提醒我们，公民社会的诞生是为了消除政治腐败和经济暴力的混乱，这些在当时是普遍现象，现在又一次困扰着我们。

这让我再次回顾在尼马的那些年，我问自己，现在"非正式经济"的概念已经不存在了，我在那里真正学到的什么东西是现在可能有用的。在为一次关于"信任"的研讨会撰写的论文（Hart，1988）中，我开始了这个过程；我不会在这里重述观点，只想说我关于"非洲企业"的成熟想法大多可以在那里找到。我再次以我最初看到的形式提出了这个问题：在一个由个人与他人的社会关系所调节的未来中，个人对他们的企业作何设想？

塔伦西人移居者缺乏家乡的血亲关系，被排除在国家认可的契约之外，因此他们只能依靠一种友谊和信任的精神，这种精神非常适合短期交易，但不适合长期的生产组织。他们的困境是我们大家都面临的，即如何有效地把我们个人装入一个由非个人的社会力量控制的世界。民主和发展的社会材料也必须从千百万个人面对这一困境时的反应中产生，即便世界上的统治力量正在准备不惜一切代价阻碍大众政府的诞生。

但我从三十年前的田野调查经验中主要学到的东西是，在尼马生活的实际社会过程，对我未来的思考和现在的学术实践都产生了很大影响。尼马是警方的"禁区"，他们偶尔会大规模出动警力搜捕已知的罪犯。每当这样的袭击发生时，我自然就会被怀疑是告密者。我还受到特别部门的监视，他们经常骚扰与我交谈的人。1966年政变前不久，我得知自己被怀疑可能是美国中央情报局的间谍，列入了驱逐出境的名单。我以各种方式进入了当地社会，但其中最有趣的是我被迫建立的经济关系。我必须兑换货币、支付租金、雇用员工、与官僚机构谈判、处理人们向我贷款和索要礼物的请求。所有这些交易都检验了我对经济生活的基本假设。我发现，作为一个曼彻斯特人，它们走进了我所认为的社会的核心。

我从来不是袖手旁观、简单地记录塔伦西人移居者是如何看待这个世界的，也就是他们的经济文化是怎么样的。相反，我与他们建立了积极的关系，我的观点会被他们感受到，而且当我发现我的同伴为什么不这样做的时候，经常会修改自己的观点。我有大量可以利用的资产（钱、人脉、知识），我还得想办法应对社会后果，比如被逮捕。我就是这样成为一个犯罪企业家的。可以说，在我自己的倾向性和尼马社会的真实模样之间存在着一种"亲和力"（韦伯引用自歌德）。现在看来，试图把两者区别开来是毫无意义的。

这一切的真正意义在于，我实践了人类学的现代计划，即跨越国家和知识分子与人民的界限。我必须建立社会关系，不是从零开始，而是在极其陌生的环境下；那些接纳我的人帮助我在 20 世纪的矛盾中找到了出路。我学会了整合（当然只是部分地）种族、阶级和文化之间的分裂，这些分类原本将我们分隔开来。最重要的是，我在一个极度不平等的世界里找到了友谊和互惠，在这个世界里一个小男孩所处的权力位置可能凌驾于年纪比他大一倍的人之上。

从那时以来的大部分时间里，我都在努力理解加纳摆脱殖民统治后不久的那段时间。我不得不在美国和加勒比地区生活了很多年；我花了很长时间才终于在另一位世界旅行者 C. L. R. 詹姆斯（C. L. R. James，1992）身上发现了我一直寻找的指引。从他身上，我终于明白，现代世界史是一个整体。现在，我作为母校非洲研究中心的主任，再次回到非洲命题上来。

我最初去阿克拉的时候，以为自己是把世界文明带到了边缘地带。如今，加纳人已经遍布全球，他们只是非洲新移民的一部分，加入到早期奴隶制"中途航道"带来的移民群体中。很多阿克拉人来到了剑桥。在这种情况下，"非洲研究"必须是一项合作事业，汇集各地非洲人及其朋友的资源、知识和行动。尼马的经验，即在不平等的条件下进行平等交换的艰难实践，不能通过某些流行词来捕捉，而是存在于我们重建社会的艰难努力中。

Hart, K. (2006) *African Enterprise and the Informal Economy: an antobiographical note*，载于http://www.thememorybank.co.uk/papers/african_enterprise*

参考文献

Fortes, Meyer (1949) *The Web of Kinship among the Tallensi*, Oxford: Oxford University Press.

---

* 注：本文在原文的基础上略加编辑，原文于1994年以法文出版，名为《非洲企业与非正式经济》(*Entreprise africaine et l'economie informelle*)。另见哈特2006年的著作（Hart, 2006）。

Hart, Keith (1973) 'Informal Income Opportunities and Urban Employment in Ghana', *Journal of Modern African Studies* 11(3): 61–89.

—— (1975) 'Swindler or Public Benefactor? The entrepreneur in his community', in J. Goody (ed.) *Changing Social Structure of Modern Ghana*, London: International African Institute, 1–35.

—— (1982) *The Political Economy of West African Agriculture*, Cambridge: Cambridge University Press.

—— (1988) 'Kinship, Contract and Trust: the economic organisation of migrants in an African city slum', in D. Gambetta (ed.) *Trust: making and breaking social relations*, Oxford: Blackwell, 176–93.

—— (1992) 'Market and State after the Cold War: the informal economy reconsidered', in R. Dilley (ed.) *Contested Markets*, Edinburgh: Edinburgh University Press, 214–27.

—— (1994) 'Entreprise africaine et l'économie informelle', in S. Ellis and Y. Fauré

(eds) *Entreprise et entrepreneurs africains*, Paris: Karthala, 115–24.

—— (2005) *The Hit Man's Dilemma: or business, personal and impersonal*, Chicago: Prickly Paradigm Press.

—— (2006) 'Bureaucratic Form and the Informal Economy', in B. Guha-Khasnobis,

R. Kanbur and E. Ostrom (eds) *Linking the Formal and Informal Economy: concepts and policies*, Oxford: Oxford University Press.

James, C. L. R. (1992) *The C. L. R. James Reader*, ed. A. Grimshaw, Oxford: Blackwell.

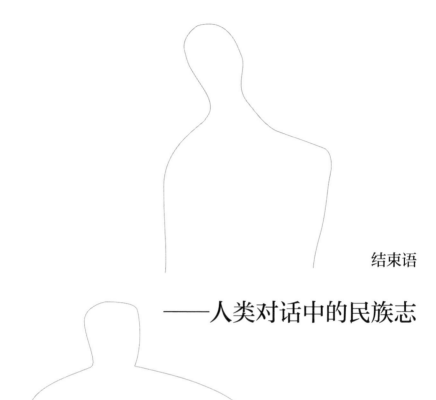

结束语

——人类对话中的民族志

在人类学的世界里，我们总是面临着如何处理数据中的"混乱"的问题。在我们的田野笔记中，不可避免地潜藏着一些我们认为是"无序"、"不合逻辑"和"矛盾"的材料。我们对这些数据冥思苦想，为它们的存在感到内疚，最后必须决定如何处理它们。许多人在困惑中忽视了这些"不合理"的内容，把它们当作来自其他社区的问题儿童对待；另一些人则怀着希望求助于比喻性语言，不是为了展现这些内容的不合常理，而是要体现出一个受宠爱的孩子的形象，一个富有诗意的孩子……

我们经常通过转向更"坚实"的比喻来使自己免于处理那些困扰我们的异质真相。我并不是说在分析的意义上更加"坚实"，相反，我说的是一种情绪反应。对我们来说，接受一个有诗意的报道人要比接受（即使只是在知识层面接受）一个自称有信念的人容易得多，因为根据我们以自身经验为基础的真理条件和正式的逻辑规则，后者相信的东西是完全疯狂、不真实、不合理的。

（Overing，1985：152）

在一篇关于美洲印第安人亲属关系和神话的文章的导言中，乔安娜·奥弗林（Joanna Overing，1985）探讨了民族志调查中的一个基本问题。作为人类学家我们必须预料到，事实上也经常会遇到这样的情况，即他人对现实的理解只在部分程度上与我们自己相同。我们在社会中习得的预期限制了我们吸收某些外来文化假设和实践的能力。如果我们不熟悉别人的信念，那么我们很容易就把它当作毫无意义的东西来处理，这其实是很轻率的。另一种几乎同样简单的做法，是把我们遇到的"无序的"民族志材料仅仅当作一种诗意的比喻或修辞来处理。更艰难的办法在于跳出我们自身知识的惯常参数和普遍假设。采取这一做法很可能意味着否定我们关于有效性的基本标准，或者将我们认为是不证自明的真理变得**相对化**。

在同一篇文章中，奥弗林提供了一种把民族志当作知识的观点：

> 对人类学里任何关于发展一种"客观"、统一的观察语言的尝试，我都表达了自己的怀疑。我们在人类学中的问题不在于获得正确的定义，甚至也不在于做到解读；相反，它是在面对一套建立在与我们之前所知的完全不同的普遍原则的基础上的思想和行为框架时，学习它、获得有关它的知识和理解的过程。
>
> （Overing，1985：156）

人类学家在这类问题上分歧很大，但民族志仍被认为是人类学知识的基础。不过有一件事是清楚的：不管我们是否同意奥弗林对创造一种"统一的语言"来评估民族志发现的怀疑，历史的真相是，人类学从未创造过这样的语言。人类学家没有，也不太可能像物理学家在基本定律上达成一致那样，对一套共同假设达成一致。这里，在人类学（更广泛地说，是社会科学）和"硬"科学之间存在一种不可避免的、令人反感的比较。如果民族志学乃至广义的人类学不能提供一个不断扩展的相互关联的事实和理论体系，并以统一和可预测的方式加以应用，那它又有什么用呢？这反过来又提出了民族志作为一种知识的问题。如果的确有民族志知识，它是什么？它能干什么？

我们将在结束语中介绍三种不同的看待和使用民族志知识的方法。首先，我们将讨论传统意义上的作为知识的民族志——民族志可以提供事实，这些事实可以为提出更多不同的问题创造基础。在 20 世纪，民族志方法创造了一个知识宝库，一个社会形态和实践的记忆库。然而，这些事实进入西方知识的方式常常是作为第二种知识的基础，即否定性辩论或社会挑战。这是作为"挑衅"的民族志：根据民族志的发现，对诸如"人性"之类的常识理解可能值得怀疑并被发现是有所欠缺的。

除了简单地攻击教条之外，第三种知识在于民族志讨论人类的意义时所扮演的解放角色。通过进入和影响对话的术语，民族志的专业知识可以作为一种思想试验，不仅为理解人类经验，而且为作为人类打开可能性。毕竟，这显然是最初吸引人们学习民族志并参与人类学对话的特征之一。对民族志的这三种看法和运用是相互依存的。当然，它们也反过来依赖于使专门的知识对话成为可能的制度资源，民族志学知识正是在这些对话中蓬勃发展的。在本章的结语中，我们将回顾上文概述的三个角色，并指出对民族志和突出民族志的人类学对话具有持久意义的领域。

民族志作为事实

　　民族志作为"事实"、作为真正的知识的观念多年来一直顽强地抵御着攻击。在 20 世纪 80 年代，后现代批评家提出了民族志是"虚构的"这个观念，因为它是一种通过写作媒介来阐述的创造性构建。回想起来，詹姆斯·克利福德在《写文化》导言中对这个话题的评论似乎是不太连贯的（1986：6-8）。克利福德（并不是一位现役人类学家）提出把民族志看作是"虚构的"，因为民族志本身是"局部的……承担任务的、不完整的"（1986：7）。利奇和格尔茨等早期理论家把民族志的分析框架描述为启发式"虚构"和田野经验的并立（Leach, 1964[1954]: xi ; Geertz, 1993a [1973] : 15）。相比之下，克利福德希望把"虚构"的说法扩展到整个民族志。在他看来，有必要突出"虚构"一词所包含的意思，即民族志作品是一种创造性的"谎言"（1986：6-7）。

　　既然现在对这种后现代干预的愤怒早已消散，那么可以提出的一个问题是，哪种知识的构建不是"局部的……承担任务的、不完整的"呢？我们可以想一想生物学家在显微镜下研究细菌或目击者在法庭上的证词。如果没有同时研究显微镜载片、工作台或者他的同事，我们不会说这个生物学家的工作是虚构的。换句话说，我们接受他所做的事会涉及将特定的理论应用到相关的微生物上，并且（a）会具有高度具体的相关参数，因此（b）将是局部的、承担任务的、不完整的。同样地，考虑到目击者在法庭上的陈述只能来源于他们重建的回忆，那他们所说的内容不也必然是局部的吗？我们会说他们的陈述是"虚构"吗？我们不会把这个词的一般用法用于这两种情况。那么，为什么要在说到民族志时特别使用"虚构"一词呢？

我们在第七章中讨论了人类学家不能把他们的叙述作为虚假的东西（完全的"虚构"）提出的一个原因。在那一章中我们指出，尽管最近有一些实验，包括呈现多个作者的声音，或者以其他方式模糊/替代作者声音的所有权，但民族志读者仍会不可避免地要求民族志学者对他们的民族志负责。即使在考虑到风格、修辞和叙事类型的差异之后，民族志仍然会根据其论述的可靠性来被评判。不管他们喜欢与否，民族志学者都要为误导性陈述或误读负责。因此，尽管有民族志作者做了一些叙事呈现的实验，但本书的作者没听说有任何一位人类学家因说谎而获得了持久声誉。相反，关于民族志作为虚构的整个辩论恰好意味着其反面——一种过于活跃的人类学良知。

根本的问题不是民族志是否是虚构的，而是民族志乃至更广泛的人类学是否是"科学"的。这是由于将人类学（其他社会科学也是如此）与"硬"科学相比较，发现其与"事实"的关系存在缺陷。科学家对事实有明显的影响力，而社会科学家没有——科学家可以用事实做事情。由此引出了一场更古老的争论，早在20世纪50年代，人类学家爱德华·埃文斯－普里查德就对此发表了评论：

社会人类学家从学科创立之始就有意或无意地被实证主义哲学所主导，他们一直以来、现在也大多都在直接或间接地以证明人是一种自动机为目标，旨在发现社会学规律，从而解释人的行动、思想和信仰并且对它们进行计划和控制。这种方法意味着人类社会是可以被简化为变量的自然系统。因此，人类学家实际是在以某一门自然科学为他们的范本……

然而，有一种比启蒙运动更早的研究人类社会的传统方法。这种方法之所以把人类社会视为系统，仅仅是因为社会生活必须有某一种模式，因为人作为理性生物，必须生活在一个与周围的关系是有序的、可理解的世界中。自然，我认为以这种方式看待事物的人比其他人对社会现实的理解更清晰，但不管是否如此，这类人的数量正越来越多，并且很可能会继续，因为当下绝大多数的人类学学生都接受过某一类人文学科的训练，而不是像三十年前一样接受的是自然科学的训练。

（Evans-Pritchard，1950：123–124）

普里查德认为，民族志知识没有严格的实践结果，它不能像科学作为技术那样被用来计划和控制现实。民族志是另一种意义上的知识：民族志学者借由自己对一个有序且可理解的社会世界的经验，去接近其他有序且可理解的世界。正如他进一步指出的那样，他们也更有可能被社会现实的人文主义视角所吸引，而不是实证主义视角，因为他们通常没有被训练要应用严格的实证主义方法。这种关于民族志作为人文知识和作为科学知识的争论至今仍然存在。埃文斯－普里查德的说法在当时引起了激烈的争议，雷蒙德·弗思（1953：151）等代表也从更加实证主义的视角回应了他。

民族志用事实扩充了我们关于这个世界的知识，这是不可否认的。例如，20世纪中叶的人类学提供了对各种各样背景下的亲属关系实践的详细考察。即便如此，这些在人类学争论中得到了充分证实的事实，在更广泛的西方思维中往往也没有一个安全的位置。波利·希尔（Polly Hill）的作品就是一个很好的例子。她在《加纳南部迁徙的可可农民》（*Migrant Cocoa Farmers of Southern Ghana*，1963）一书中提出，将母系和父系农民所采用的不同农场制度纳入考虑，对理解加纳南部的经济发展会有极大帮助。

> 这本书在很大程度上是从这一观察到的区别出发：带状分布的农场所有者一般都是从父亲那里继承的，而土地上镶嵌式的农场所有权则与母系社会的性质有关——这类社会认为"血液"只能通过女性传承。
>
> （Hill，1963：3）

但她也认识到，这些事实可能很难被纳入关于发展的主流思维方式，而且很可能被视为"对现代社会的侮辱"而遭到冷落（1963：3）。

我们在第五章已经看到，民族志证据只有在某个论证框架内才能成为事实。第四章指出，对民族志作为知识的叙述有各种不同的风格。反过来，民族志事实所在的论争，是通过参考撰写民族志时正在进行的大型学科讨论（第六章和第八章）而被赋予相关性和稳定性的。作为事实的民族志依赖于这些赋予它真实性的复杂框架，无法逃脱它们。但这本身并没有把民族志转变成谬误。

因此，作为事实的民族志是人类学对话中一个相当脆弱的合成物，尽管它并不比其他学科的事实更脆弱。这里事实的存在取决于参与会话者的诚意、成熟度和以互相可理解的方式使用观点和概念的不同水平。某些民族志的事实往往只被少数学者所理解，而且只在相对深奥的小范围的局部对话中被理解。大众的民主意愿可能希望消灭这种含糊不清的谈话和认知方式，坚持让它们更加开放，接受更大范围的质疑和论证。不幸的是，我们很难预先将非常重要的、以复杂形式进行的理性对话与无法理解的、简单纯粹的无意义对话区分开。

总体来说，到目前为止所回顾的各种特征表明，其他因素在民族志如何或是否被视为真实可靠的知识方面起着至关重要的作用。民族志学者所提供的知识显然要接受读者的评估，评估依据是读者可感知的对自身兴趣的知识重要性。不管对于民族志学者来说多么重要，民族志知识除非对某个特定的人而言具有相关性，通常是一群正思考着相关问题的学者或学生，否则它就是不重要的。同样地，如果民族志学者确实要对他们的知识负责，那么这里的最后一个参照点，他们的权威的来源，就是他们的学术人格。就像我们在日常交谈中衡量一个人是否适合发表某些言论一样，在读者评价民族志时，不可避免地会出现有关民族志学者的技能、成熟度和性格的问题。换句话说，学术事实根植于实际经历的、不断变化的社会关系。

最后需要强调的一点是，民族志事实经常以我们第三章中讨论的全息形式出现在更广泛的人类学对话中。在那一章里，我们说明了"简单"的关系结构，比如特罗布里恩的父子关系，可以如何扩展到具有更多的上下文复杂性和细节，或者在不改变其基本形式的情况下简化为基础轮廓。这些全息例子是人类学对话和辩论的标准参考对象。而且，经过前面几章的讨论之后，我们很清楚这类事实并不是天真的描述。相反，它们呈现的内容中包含了各种交叉的比较、语境化、叙述、论证和元叙述。

民族志知识作为挑衅

那些喜欢清清楚楚的知识的人不会从上面的话中得到多少安慰。民族志事实只能存在于嵌入社会环境的对话中，这些对话的复杂性和重要性各不相同（根据知识网络中创建的不同视角和分组而定）。但随之而来的还有一个更复杂的问题——民族志事实还有承担情感或者道德任务的一面。约翰·巴恩斯（John Barnes）在评论学习人类学的人时，提出了这样一个维度：

> 人类学，至少到目前它还保留着研究他人的传统角色……倾向于招募那些认为自己在其社会中处于边缘地位的人，当然也会在学习这门学科的人中加深这种观念。另一方面，我偶然的观察表明，在西方资本主义社会中，经济学主要招收那些接

受资本主义并希望更多地了解如何在其中成功运作的学生。学生也同样被选择性地招募到各种自然科学中,但这种选择似乎是基于对知识结构的态度,而不是基于对社会的政治态度。

(Barnes,1990:19)

他提出了一种制度框架,也就是大学。他认为大学对某些道德-情感反应加以引导、塑造和训练,从而为多样化的世界观争取空间。这种对制度和制度流程的识别,与相当抽象的人类学家进行对话的图景形成了重要对应。它表明,人类学学术界至少在某种程度上发展出了一种制度化作用,作为对西方社会的一些核心前提的挑衅。也就是说,民族志的定位通常是负面的,是对其他被视为理所当然的知识发出的挑战。奥登在20世纪40年代发表的一首诗中有这样一段话体现了这种意味:

马林诺夫斯基、里弗斯
本尼迪克特和其他人
展示了共同的文化如何
塑造着各自的生活:
母系种族
在睡梦中杀死母亲的兄弟
把姐妹变成妻子。

(Auden,1969:152)

奥登在这里主要是用民族志事实(用诗意而讽刺的方法加

以重组）来表达西方生活以及关注的偶然性和其存在的任意性。这无疑是让民族志事实被更多人注意到的最常见的方式之一。

在这本书的开头我们讨论了比较：民族志本质上是一个从事比较的事业。这本身就暗示了人类学是一种潜在的挑衅。严肃的比较意味着对称，即将同类的东西进行比较。自启蒙运动以来，西方知识和社会实践被（西方人）认为在规模、结构和价值上都毫无疑问要比其他任何社会都更加优越。西方科学发展出的技术的绝对优势似乎也每天都在证明这一点。然而，民族志在 1914—1950 年经历了智识扩张最快的时期，这并非偶然，其间两场席卷全球的战争使欧美人对先进文明和先进技术之间不言而喻的关系失去了信心。

李·德拉蒙德（Lee Drummond）在他的研究《美国梦想时代》（*American Dreamtime*）中讨论了他捕捉到的民族志的一些反复出现的可能性。在文中，他主张将美国电影与澳大利亚土著梦境时代的神话进行认真比较。他认为，美国人的真实生活就像澳大利亚土著居民的真实生活一样，与神话故事交织在一起。

（美国的）"真实生活"是一个难以捉摸的概念，似乎总是处在变成"卷轴生活"的边缘。这个……双关语……贯穿了接下来的大部分内容，并且构成了这次研究的主题之一。"美国"一词等同于一个政治经济巨人、一个"梦工厂"，并且无法与这种形象区分开来，它除了供应堆积如山的消费品和军备，还喷涌出各种流行的言谈举止、时尚、游戏、体育、杂志、电视节目和关于梦想时代的电影。我们的梦想时代和澳大利亚土著人的一样，逃不开人生中的各种命中注定——爱上谁、与谁结婚（可能还有离婚），如何与自己的孩子和平共处（还有其他词吗），以上帝和国家的名义杀死（或者只是忠实地讨厌）谁，平日里做什么，甚至晚上吃什么——我们不可能把它与所谓的客观物质现实分离开来。因此，我在接下来的章节中所探讨的问题是像《星球大战》这样的流行电影是如何，而不是是否，塑造和改变了我们最基本的价值观和所珍视的真理。简而言之，这就是本次对美国生活进行文化分析的目的。

（Drummond，1996：9）

日益富裕的西方国家中六十年的和平，加上西方资本主义对其他政治经济形式的完全控制，使得主流的西方思想面对民族志挑衅时不再那么脆弱。与此同时，在过去的二十五年里，人类学内部的批评集中在人类学对话在多大程度上转向了自身并发展出越来越模糊的理论术语和参考点。但是，正如巴恩斯所指出的那样，关于民主保障的资本主义和个人主义的自信的欧美教条对所有人而言都在逐渐失去说服力。这意味着，只要人类学能提供人们所找寻的（令人信服的）挑衅性的对立视角，许多人就会继续加入到人类学讨论中。

民族志的解放作用

在一篇名为《光之声》的文章中，特里斯坦·普拉特（Tristan

Platt，1997）探讨了安第斯萨满教降神会的声音世界。在这些最初的评论中，他描述了在美洲印第安盖丘亚人的理解中，这个高原村庄的守护神——彭普里的圣詹姆斯（塔塔彭普里）——如何在宇宙中找到了他的位置。普拉特指出，圣詹姆斯（"塔塔"）在西班牙征服者带来的天主教和萨满教所调用的早于西班牙人的力量世界之间起着调解人的作用。

塔塔骑在马背上奔赴战斗，从只由人类组成的步兵头顶经过，他最可怕的武器是闪电（*glurya scintilla*，荣耀的闪光）、雷声和霹雳（*ravu*），这些被想象成他的火绳枪的闪光、上膛声和子弹。雷声也代表了他驰骋在云间时的马蹄声。他的金属子弹（*walas*，来自西班牙语 *bala*）带着闪电划过地球——"卡加！"（*k'aj*，盖丘亚人拟声词）——炸翻动物、房子、教堂塔顶、人群，特别是那些命中注定是萨满（*yachaj*）的人。对于这些人来说，这种经历是一次启蒙：他们死了，但在第二次闪光时被重组，第三次时被复活。复活节的三重意象以及前西班牙时代对查卡斯的崇拜因此在他们的死亡和复活中得以再现。在新的使命中，他们将与彭普里神父沟通，并安排他们的印第安人客户与他进行真实接触，要么用通灵的方法直接传递他的声音，要么以秃鹫为媒介——这些山野精灵是他的仆人。

启蒙发生的地方现在被圣化为 *surti parisirun*（幸运出现的地方），在那里，未来的萨满发现了一颗圣地亚哥的子弹，仍然带着神圣的能量在冒烟。他一边学习成为萨满，一边用神圣的食物（*glurya jampis*）来滋养它。实际上，中和它的危险能量的最好方法，是让它进入某次萨满教会议或委员会（*kawiltu*）……

精神占有本身是危险且耗人精力的：圣灵变成鸟的形状——一般是秃鹫——占有萨满，给他额外的情报（*aswan intilijinti*）、改变他的声音，让观众可以听到他和圣灵作为不同的两个人在交谈。

（Platt，1997：199-200）

他接着描述和解释了在黑暗的乡村小教堂里的降神会的声音，这些声音被磁带录了下来。

动作被蚀刻在黑暗中，手势只能通过听觉被感知。声调，低语和沙沙声，犹豫，瓶子的叮当声和风灌进去的声音，萨满的子弹的"呼啸声"，秃鹫啜饮萨满提供的酒水的声音，特别是他无形栖息在祭坛桌上时有节奏地拍打翅膀的声音——所有声音与遥远的背景噪音结合起来，形成了一个完全是听觉上的意义领域。

（Platt，1997：202）

民族志重要的是什么，很多都包含在了这里。在最理想的情况下，民族志不仅仅是对一个生活世界的富有同理心的描绘和论证分析，它还是一个复杂的思维实验：从这些方面、考虑到这些关系、在这种情感参与和感官反应的框架下、根据这种推理方式……来体验世界会是什么样子？正是作为一种基于同理心的思维实验，民族志才能在关于人类的一般性对话中发挥潜在的解放作用。

很多社会和文化人类学的院系或中心会举办一系列的研讨会和演讲。我们可以把这看作一种民族志知识的对话模式，讨论社会生活和我们在其中所处的位置。通常每个星期都会有一个不同的演讲者介绍一部全新的民族志。所以，本周的演讲可能是关于坦桑尼亚的健康、巫术和医学，下周可能是关于英格兰曼彻斯特的公共场所。每一次，听众都会对民族志作品和其中的分析进行讨论，有时能获得更多的洞见，有时收获很少：你永远不清楚结果会是什么。在这里存在一种可能性，这些多样化的民族志叙述发挥的作用不仅是挑战我们惯常理解社会世界的方式，还超越了这一点，让我们得以从那些思想习惯中解放出来。

在这一点上，民族志与小说和诗歌一样，提供了另一种视角，一个可供欣赏和参与的独特的生活世界。唯一不同的是，民族志学者要对他们的民族志作为知识的真实性负责。这可能意味着民族志在美学上不如小说或戏剧吸引人，但它也会使民族志对解决手头的任务更加有用。因为，如果它是有效的，民族志将不仅戏剧化地描述生活，还将分析生活：它将为超越特定实例去进行思维实验提供分析工具。这暗示了一个反思和持续对话的过程，在这个过程中，对不同民族志生活世界的参考将成为一个主要方面。民族志案例的作用是锁定社会或者文化经验中的某些问题，在尝试重新思考其预设的过程中赋予它们叙述的重点和分析的连贯性。

人类学家玛格丽特·米德与小说家詹姆斯·鲍德温（James

Baldwin）之间一段现存的对话就提供了这种感觉。以《种族饶舌》(*A Rap on Race*) 为题出版的对话中，米德和鲍德温探讨了当代（20世纪70年代初）美国的种族和种族主义问题。他们的谈话时而引人入胜，时而平淡无奇，时而富有洞察力，时而令人振奋，时而令人沮丧。和所有对话一样，他们的对话也是在迂回曲折中进行的，失去某些线索，又重新找到其他线索。其中一条主要线索是历史的分量和对过去的回应，鲍德温对此进行了深入讨论，因为它对美国黑人在一个白人主导的社会中的身份认同有着重要影响。在这部分的交流中，米德提到了波多黎各人和美国黑人不同的历史意识，然后抛出了一个独特的民族志学例子：

> 米德：但是波多黎各人说他们来自波多黎各。后面再没有什么了，什么都没有。没有什么可以追溯到西班牙。没有什么可以追溯到非洲。他们就来自波多黎各。海地农民认为他们起源于海地……非洲的农民形象只是一个神话中的家园。除此以外，他们就住在海地。
>
> 鲍德温：那是一个有趣的地方，不是吗？我试着想象它。
>
> 米德：很难想象，不是吗？
>
> 鲍德温：几乎无法想象。虽然我们是陌生人，但后面的路线很清楚，什么也没有。
>
> 米德：很清楚的。你可能不知道具体的路线，你不知道你的祖先是来自加纳还是哪里，但是你的一些祖先来自非洲的事实是众所周知的。

在新几内亚，我为那里一群记忆力很好的人工作，但他们没有任何家谱意识。他们可以追溯到大约六代以前，最远可以追溯到祖父的祖父，但是大多数人都不这样做。他们拿到基督教圣经时很高兴，觉得现在他们发现了一切是如何开始的。他们以前从来不知道。他们说很高兴知道事情是怎么开始的。

鲍德温：他们没有——？

米德：根本没有起源故事。一个也没有。他们也没有未来。你看，当一个男人死后，他就成了房子的守护神。他死了以后，立刻就变得非常重要。他们把他的头骨放在椽子上，他指挥着全家人。如果人们不做他想做的事，他就会让他们生病。他听妻子们说长道短，并因她们说长道短而惩罚她们。作为一个鬼魂，他管理着一切，直到有人因为没有被他照顾好而死去。之后他的头骨会被扔到海里，另一个人的头骨进到房子里。

从前的守护神变成了低级的幽灵。人们仍然知道他们的名字，他们就在附近的某个地方，但是再也没有地方安置他们了。然后他们变成了海蛞蝓，就这样结束了。

鲍德温：海蛞蝓？……

米德：真的是海蛞蝓……

（Mead and Baldwin，1971：114–115）

米德的最后一个例子［以她前夫里奥·福琼（Reo Fortune，1935）所著的民族志《马努斯宗教》（*Manus Religion*）为基础］与哲学家的假想案例不同。哲学家可能会说"我们来想象一个蓝色人种的社会，他们对过去和未来没有详细的认识"，科幻作家可能会创作出一个类似的虚构版本，两者都可以对我们重新想象社会世界的能力做出重要贡献。再一次，不同之处在于民族志的例子是真实的。它们是已经被实践过的参数、文化逻辑，尽管在这里的叙述中，它们被按照人类学家的意图重新塑造。米德的第一本民族志《萨摩亚人的成年》（1928）的事实基础遭到质疑，当时在美国引起了巨大轰动，这也进一步证明了民族志作为真正知识的重要性。

这种以真知为中心的立场对于民族志的解放潜力至关重要。正如米德的用法，她的例子不仅仅是一种"人们过着其他类型的生活，你不应该那么自以为是"的挑衅。或许有一点这种意思，但目的却并非如此。在大众社会的复杂交往中，我们相对容易依赖习惯性的经验、惯例和理解。这些刻板印象，特别是通过新闻媒体传播的刻板印象之所以持续存在，是因为它们建立在被接受的判断之上，并且是根据简单对立组织起来的。米德的方法，即民族志学作为人类对话的干预手段的价值，在于它起源于这些知识框架之外。民族志带领我们走出大众社会中往往浅薄的二元论的争论结构，转而思考作为人类的其他方式。选择民族志路线就是离开一条狭窄的道路，在这条道路上，除了我们自己对现实的表达之外，其他都是无意义的或者仅仅是诗意的表达。

词汇表

Affine，affinal 姻亲，姻亲的

指一个人通过婚姻与另一个人产生关系。姻亲关系分析在20世纪社会人类学关于亲属关系的辩论中占了很大比重。具体来说，辩论集中在婚姻如何使与外部团体（姻亲）建立联系具有可能性和必要性，以及这种联系所引起的紧张关系和谈判交换过程。

Agency 能动性

社会行动者对他们所处的社会条件或社会关系所具有的影响力和权力的种类和程度。关于能动性的辩论集中在该特性在多大程度上由先决社会条件所决定、在多大程度上由相关个人的选择行为所决定之间的平衡。反过来，这些问题又涉及许多问题，例如，关于个性（以及由此产生的选择）的概念是否是被普遍接受的。

Agnate，agnatic（见 patrilineage, patrilineal）父系亲属，同族的

同族的、源自同一个男性祖先的有血缘关系的人。同族关系／同族群体是在这种共同血统的基础上建立的。

Cognate，cognatic 同族的，同源的

通过共同的女性或男性祖先的血统而与另一个人有血缘关

系的人，而这种血统既可以通过男性也可以通过女性的联系来追溯。同源关系也可被称为双边关系。同源这个词也可以用来指血亲（相对于姻亲）。

Cultural anthropology 文化人类学

这一传统与美国主流人类学及其主要人物有关，如弗朗兹·博厄斯、阿尔弗雷德·克鲁伯、鲁思·本尼迪克特、玛格丽特·米德和克利福德·格尔茨。文化人类学的重点往往是强调文化作为一个模式化的整体，并因此关注对综合的象征和意义模式/系统的解释。这与强调社会关系组织的社会人类学（见 social anthropology）不同。

Diffusionism，diffusionist 传播论，传播论者

20世纪早期的一个重要理论，在英国由威廉·里弗斯和阿尔弗雷德·哈登等人所主导。传播论强调的是文化特征和社会结构在大地理区域的历史扩散。尽管实践的功能得到了强调，但那是被放在一个更大的强调社会转型的历史视角中。这种历史元叙事受到了布罗尼斯拉夫·马林诺夫斯基从功能主义和共时主义视角进行的强烈批判。

Ethnographic present 民族志现在时

在民族志描述中使用现在时态来强调所呈现内容的规律性，比如"争执常常围绕着谁拿着红色力量游侠的手指而展开"，而不是"我好多次看到孩子们为红色力量游侠争论"。这种呈现风格与20世纪中期人类学对共时性和规范性的强调密切相关。

Feminism，feminist 女性主义，女性主义者

女性主义是一系列政治运动、理论和道德观点的集合，关注社会等级和不平等中的性别维度。第一波运动发生在19世纪末20世纪初，主要发生在欧洲和北美。第二波始于20世纪60年代，并已蔓延到全世界。尽管早期的第二波女性主义者主要关注女性相对于男性的从属地位，但后来的女性主义者强调了性别等级和与其他不平等（如阶级或肤色）的交织。女性主义政治运动的关注点和立场、理论和观点可能相互重叠，也可能相互冲突。

Functionalism，function 功能主义，功能

功能主义民族志强调社会和/或文化特征如何对人们产生特定的功能或用途。因此，正如马林诺夫斯基所解释的那样，特罗布里恩岛魔法的作用是减少人们对危险的（海上捕鱼）或他们从根本上依赖的事业（园艺）的不确定性。马林诺夫斯基的功能主义符合一种实用主义的观点，后者认为文化和社会的存在是对基本需求的回应（可与结构功能主义进行比较）。

Gatherer–hunters 采集－狩猎者

他们的生存依赖于从环境中采集植物和狩猎动物。这个词已经取代了狩猎－采集者，因为人们观察到，这类群体获得的大部分营养来自采集，而不是狩猎。

Heuristic picture/model/device/fiction 启发式图景/模型/装置/虚构

启发式模型是一种为了帮助分析者（和他们的读者）理解一种复杂的社会情况而对现实的某些特征进行扩展或形式化的模型。例如，启发式地将数据推到其逻辑极限，可以让我们深入了解看似棘手的信息集群。它通常也被称为"仿佛"模型或

"理想类型"（后者因社会学家马克斯·韦伯而出名）。重要的是，不要将这些启发式装置或虚构与民族志经验本身相混淆。

Historical particularism 历史特殊论

指的是世纪之交以弗朗兹·博厄斯为代表的人类学风格。博厄斯认为，人类学本质上是一种历史解释的或"表意的"事业，而不是一种提供规则的或"通则式的"事业。他希望对特定文化群体的历史特殊性给予充分重视。尽管博厄斯反对大规模的理论化，但他的观点与欧洲传播论者的观点有明显的联系。

Holography，holographic ethnography 全息图，全息民族志

全息图最近成了一个比喻用法，指民族志例子如何以微观形式证明其社会或文化背景。当全息图像被切割成更小的碎片时，它呈现的是同样的图像，只是清晰度较低。通常，民族志的例子可以被视为以同样的方式起作用：具体的例子本身携带着社会-文化宏观世界的基本模式。虽然不一定不相容，但这种全息的观点与把具体例子视为社会或文化整体中的部分或者子系统的观点是不同的。

Hunter-gatherers 狩猎-采集者

那些通过狩猎动物和从他们的环境中采集植物来获取食物的人。参见采集-狩猎者。

Interactionism，interaction 互动论，互动

一种以个体及其策略和选择为出发点的理论方法。

Intersubjectivity 主体间性

对于将个体视为民族志分析中不可削减的元素的人类学家

来说，主体间性的观点非常重要。对于这些民族志学者来说，文化意义和社会实践是建立在不同个体（主体）之间的交流之上的。因此，有必要解释意义是如何在主体间相互作用下产生的。

Lineage 宗族，家系

一个群体，其成员认为他们有共同祖先的血统。

Marxism 马克思主义

马克思主义分析在20世纪70年代中期于人类学中获得了一席之地，这是对经典民族志中缺乏对不平等结构的分析的回应。马克思主义人类学家通过关注群体如何获得和巩固对物质资源的控制来寻找不平等的基础。这种历史唯物主义的观点影响了许多可能不承认自己是马克思主义者的民族志学者。

Matrifocality 母核制

雷蒙德·史密斯创造的一个亲属关系术语，用来描述西印度群岛作为母亲角色的女性成为关系中心的现象。后来史密斯认识到他一开始将母核制和家庭组织联系在一起的做法是有缺陷的，转而强调它在形成社会关系网络中的普遍重要性。史密斯的民族志在当时受到了赞扬，因为它削弱了关于核心家庭的普遍适用性的假设。然而，它也受到了批评，因为它把男性亲属活动置于消极空间。

Matrilineage 母系家族

一个认为自己继承了同一女性祖先血统的群体。母系社会在人类学的理论比较研究中占有重要地位。他们的人际关系组织和文化交流的方式与欧美人的期望形成了鲜明对比。马林诺夫斯基对特罗布里恩岛民的研究就是一个重要的例子。

Meta-narrative 元叙事

一种总体的或框架化的知识世界观,在这个世界观中,特定的个人叙述和论点可以被规范并被赋予更广泛的意义和相关性(参见 paradigm)。

Metonym,metonymic 转喻,转喻的

一种象征关系,其中部分代表整体,就像十字架代表基督教中的献祭或者签名代表个人的权威。

Nomadic pastoralist 游牧民族

跨越广阔的区域,以放牛或放牧其他反刍动物为生的族群。

Norm,normative 规范,规范的

社会生活的某个特征如此典型,以至于具有了一种规律性质,比如"在英国,讨论天气是陌生人之间谈话的一种规范"。规范分析主要关注社会或文化生活中的典型事物,并以此为基础建立论证。规范方法与本世纪中叶的人类学和社会学有关,也与人类学的实证主义倾向以及"民族志现在时"的使用有关。规范这个词在人类学家中已经快被弃用了,但其背后的思想仍然很重要。

Paradigm,paradigm shift 范式,范式转换

指导科学家工作的智力活动的典范模式。库恩将范式转换描述为随着一个新范式的崛起,人们对某种范式的信心迅速崩溃(另见 meta-narrative)。

Patrifocal,patrifocality 以父亲为中心的,父核制

男性作为父亲成了亲属关系的中心。M.G. 史密斯创造了"父核制"一词,作为对 R.T. 史密斯关于母核制观点的回击。

Personhood, social person 人格，社会人

人格描述了源于社会关系网络中某个位置而产生的各种能力形式。社会人一词强调了用这种方法理解人的能力与强调个性或内在个人能力的心理学方法之间的区别。在人类学写作中，人格/社会人一词已逐渐取代"角色"（role）一词。

Phenomenology 现象学

现象学方法在20世纪90年代的人类学中崭露头角，部分原因是为了弥合对人类经验的文化与心理描述之间的鸿沟。现象学强调人类经验和文化积累的过程，因此既反对强势的文化建构主义观点，也反对认为经验本质上是由思想的固有特征所塑造的观点。

Positivism 实证主义

通常是指大卫·休谟和卡尔·波普尔等哲学家阐述的观点，即科学断言必须能够通过进一步的探究得到验证。就民族志学而言，这就要求某些作为特定证据的地点可以被后来的人类学家重新考察，而某些说法的准确性也应该是可以检验的。事实证明，这是很难做到的，因为社会或文化状况会变，而且有时非常迅速。在人类学中，坚定的实证主义思维现在主要（但不仅仅）出现在那些认为人类思想包含某些先天特征，并且这些特征可以用各种数据来证明的学者中。

Post-modernism 后现代主义

描述了20世纪80年代和90年代初形成的一个非常松散的思想联盟，它主要反对人类学中的实证主义或科学化的元叙事。与《写文化》（Clifford and Marcus, 1986）一书尤其密切相关，

在人类学中，后现代主义与一个中心思想——认为民族志写作是"虚构"的，要么是强烈意义上的虚构（一个创造性的谎言），要么是较弱意义上的虚构（在虚构的叙事框架下的真实）——联系在一起。

Reflexivity 反身性

民族志中典型的反身风格是指，民族志学者本身成为了民族志语境、叙述和论证的关键。关于反身性的争论反映了对于民族志学者和报道人之间的相互作用如何影响整体分析的关注。它们还凸显了这样一种疑虑：民族志学者能否创造出一种不是投射或反映自身个性或者说不是自传的叙述。

Reify 物化

字面意思是把一个概念变成一件事物，从而混淆概念和具体事物。尤其明显的物化过程是，将大规模的人群贴上"工人阶级"等群体术语的标签，随后这一概念被转移到个人身上，成为他们固有的某种东西——"你这么说是因为你是工人阶级"。这个概念被与个体的具体行为混淆在一起，因此被物化了。

Relativism，relativising 相对主义，相对比

通常是指引用特定文化背景来解释特定意义的倾向。人类学中不可能存在绝对的相对主义，因为那将排除文化翻译的可能性。强烈的相对性倾向与强烈的普遍化倾向是对立的。普遍主义（universalism）是指根据人类的普遍概念或绝对真理来解释特定意义的倾向。强烈的普遍主义可能会遇到一个基础困难，即针对社会现象如何提出与相关行动者的讨论方式相近的解释。民族志总是相对主义和普遍主义之间的妥协。

Role 角色

作为社会行动者所具有的能力,如"国王的角色"、"裁判的角色"、"孩子的角色"。已经被社会人格这一术语所超越。

Segmentary lineage 裂变宗族

虽然一个大的群体可能承认来自共同祖先的共有血统,但这种大规模的身份认同可能会根据参与者视彼此关系的远近程度而裂变成更小的利益联盟。在埃文斯-普里查德的描述中,在共同的血缘关系下,根据某些条件进行的联盟和另外一些条件进行的分裂,让努尔人得以实践他们的无国籍政治。

Social anthropology 社会人类学

20世纪英国和法国的人类学传统,通常与美国的文化人类学传统相对立。社会人类学家把社会关系作为关注的焦点,并把文化行为或意义视为关系的结果或一个方面,而不将它们本身作为关注目标。由威廉·里弗斯(1922)领导的英国社会人类学家发展了亲属关系理论,将其作为研究他们所认为的社会组织深层结构的一种方法。血缘关系现在仍然是社会人类学家的一个理论基础,在比如关于新生殖技术的讨论中就可以看到这一点。

Social evolutionism 社会进化论

19世纪中期到20世纪占主导地位的社会理论,主要由路易斯·亨利·摩尔根和赫伯特·斯宾塞等人提出。社会进化理论将不同社会按照进步阶梯排列,顶峰是欧洲文明,对摩尔根而言则是美国文明。随着人们对各种不同的社会文化框架的了解增加,尤其是殖民统治下的社会,社会进化的元叙事变得越来越站不住脚。事后看来，传播主义和历史排他主义理论可以被看作向 20 世纪占主导地位的民族志人类学过渡的转折点。

Structural functionalism 结构功能主义

20 世纪 30 年代到 60 年代社会人类学的主导理论方法。结构功能主义衍生自涂尔干的社会学，并与人类学家拉德克利夫－布朗联系在一起，它将社会视为一个各部分相互关联的体系。在这个类比中，每个部分都可以被看作在整个结构中具有某种功能。这与马林诺夫斯基的功能主义是不同的，后者认为文化是对个人基本需求的回应。与他的大多数追随者相比，拉德克利夫－布朗更多地从有机的角度来看待社会，即认为不同的社会机构的作用类似于身体中的特定器官。他的这个类比主要来自社会进化论思想家赫伯特·斯宾塞。

Structuralism 结构主义

列维－斯特劳斯的结构主义理论在 20 世纪 60 年代中期及以后进入英语国家的人类学。列维－斯特劳斯认为文化是人类思维的生产能力的产物。其早期的研究在乱伦禁忌中探寻这些基本的文化生成原则，在他看来，乱伦禁忌促使人类创造出越来越巧妙的方法来解决亲缘关系的组织问题。后来的研究集中在神话上，也是把它作为解决人类社会存在的基本矛盾的认知尝试。结构主义与结构功能主义之间存在着大量的理论交叉点，但其基本假设不同，在历史上曾导致了误解。

Synchronic approach 共时方法

民族志中的共时方法是把田野调查中遇到的社会情况当作代表了当下一种相互联系的模式来处理的方法。这种以现在为导向的观点与历时性的社会分析方法是对立的。马林诺夫斯基和拉德克利夫－布朗强调研究社会需要坚持一个共时的视角，以避免支持社会进化论者和扩散论者对"原始"社会分析的"猜测史学"。

Thick description 深描

克利福德·格尔茨借用哲学家吉尔伯特·赖尔的术语，用"深描"一词论证了文化阐释的方法。他用了眨眼睛的比喻：只有对整个情况有一种阐释的意识，才能知道我们所看到的是一次有意义的眨眼，还是一次无关紧要的抽动。分析虽然不是结论性的，但应该是有说服力的。从这个意义上说，民族志应该具有充分的阐释性。

***Writing Culture*《写文化》**

乔治·马库斯和詹姆斯·克利福德（1986）合编的一本书，其书名已成为人类学后现代趋势的同义词。这本书的一个中心观点是，民族志首先是一种写作，需要把民族志作为文学结构来分析。

参考文献

Abrahams, R. (1991) *A Place of Their Own: family farming in eastern Finland*, Cambridge: Cambridge University Press.
Abu-Lughod, L. (1986) *Veiled Sentiments: honor and poetry in a Bedouin society*, Berkeley: University of California Press.
Antze, P. (1987) 'Symbolic Action in Alcoholics Anonymous', in M. Douglas (ed.) *Constructive Drinking: perspectives on drink from anthropology*, Cambridge: Cambridge University Press.
Auden, W. H. (1969) 'Heavy Date', in *Collected Shorter Poems (1927–1957)*, London: Faber and Faber.
Barnes, J. (1990) *Models and Interpretations: selected essays*, Cambridge: Cambridge University Press.
Barth, F. (1966) *Models of Social Organisation*, London: Royal Anthropological Institute.
Bateson, G. (1958) [1936] *Naven: a survey of the problems suggested by a composite picture of the culture of a New Guinea tribe drawn from three points of view*, Stanford: Stanford University Press.
Battaglia, D. (1997) 'Ambiguating Agency: the case of Malinowski's ghost', *American Anthropologist* 99(3): 505–10.
Behar, R. (1993) *Translated Woman: crossing the border with Esperanza's story*, Boston MA: Beacon Press.
Benedict, R. (1989) [1946] *The Chrysanthemum and the Sword: with a new foreword by Ezra F. Vogel*, Boston MA: Houghton Mifflin.
Bird-David, N. (1990) 'The Giving Environment: another perspective on the economic system of gatherer-hunters', *Current Anthropology* 31(2): 189–96.
Blackwood, E. (2005) 'Wedding Bell Blues: marriage, missing men, and matrifocal follies', *American Ethnologist* 32(1): 3–19.
Bouquet, M. (1993) *Reclaiming English Kinship: Portuguese refractions of British kinship theory*, Manchester: Manchester University Press.
Bourdieu, P. (1984) *Distinction: a social critique of the judgement of taste*, London: Routledge and Kegan Paul.
——(2003) 'Participant Objectivation', *Journal of the Royal Anthropological Institute* 9(2): 281–94.
Bourgois, P. (1995) *In Search of Respect: selling crack in El Barrio*, Cambridge: Cambridge University Press.
Bourgouignon, E. (1973) 'Introduction: a framework for the comparative study of altered states of consciousness', in E. Bourgouignon (ed.) *Religion, Altered States of Consciousness, and Social Change*, 3–35, Columbus OH: Ohio State University Press.
Brettell, C. B. (1993) 'Fieldwork, Text and Audience', Introduction to C. B. Brettell

(ed.) *When They Read What We Write: the politics of ethnography*, Westport CT and London: Bergin and Garvey.

Briggs, J. L. (1970) *Never in Anger: portrait of an Eskimo family*, Cambridge MA: Harvard University Press.

Brown, K. (1991) *Mama Lola: a vodou priestess in Brooklyn*, Berkeley and London: University of California Press.

Busby, C. (2000) *The Performance of Gender: an anthropology of everyday life in a south Indian fishing village*, London: Athlone.

Carsten, J. (1995) 'The Politics of Forgetting: migration, kinship and memory on the periphery of the Southeast Asian state', *Journal of the Royal Anthropological Institute* 1: 317–35.

Clifford, J. (1983) 'On Ethnographic Authority', *Representations* 2: 118–46.

——(1986) 'Introduction', in J. Clifford and G. E. Marcus (eds) *Writing Culture: the poetics and politics of ethnography*, Berkeley: University of California Press.

Clifford, J. and Marcus, G. (eds) (1986) *Writing Culture: the poetics and politics of ethnography*, Berkeley: University of California Press.

Cowan, J. (1990) *Dance and the Body Politic in Northern Greece*, Princeton NJ: Princeton University Press.

Crapanzano, V. (1977) 'Introduction', in *Case studies in spirit possession*, V. Crapanzano and V. Garrison (eds), 1–40, New York: John Wiley & Sons.

——(1986) 'Hermes' Dilemma: the masking of subversion in ethnographic description', in J. Clifford and G. E. Marcus (eds) *Writing Culture: the poetics and politics of ethnography*, Berkeley: University of California Press.

Crook, T. (2006) *Anthropological Knowledge, Secrecy and Bolivip, Papua New Guinea: exchanging skin*, London: The British Academy.

Di Leonardo, M. (1987) 'The Female World of Cards and Holidays: women, families and the work of kinship', *Signs* 12(3): 440–53.

Dilley, R. (1999) *The Problem of Context*, Oxford: Berghahn.

Douglas, M. (1975) *Implicit Meanings: essays in anthropology*, London: Routledge and Kegan Paul.

Drummond, L. (1996) *American Dreamtime: a cultural analysis of popular movies, and their implications for a science of humanity*, London: Littlefield Adams Books.

Evans-Pritchard, E. E. (1950) 'Social Anthropology: past and present', *Man* 50(198): 118–24.

——(1969) [1940] *The Nuer: a description of the livelihood and political institutions of Nilotic people*, New York and Oxford: Oxford University Press.

Fardon, R. (1990a) 'Localizing Strategies: the regionalization of ethnographic accounts', General Introduction to R. Fardon (ed.) *Localizing Strategies: regional traditions of ethnographic writing*, Washington DC and Edinburgh: Smithsonian Institution Press and Scottish Academic Press.

——(1990b) *Between God, the dead and the wild: Chamba interpretations of religion and ritual*, Edinburgh: Edinburgh University Press.

Fauset, A. H. (1971) *Black Gods of the Metropolis: negro religious cults of the urban north*, Pennsylvania PA: University of Pennsylvania.

Feld, S. (1990) *Sound and Sentiment: birds, weeping, poetics and song in Kaluli expression*, 2nd edn, Philadelphia PA: University of Pennsylvania Press.

Firth, R. (1953) 'The Study of Values by Social Anthropologists', *Man* LII(231): 146.

——(1964) [1954] 'Foreword' to Edmund Leach, *Political Systems of Highland Burma: a study of Kachin social structure*, London: Athlone.

——(1983) [1936] *We the Tikopia: a sociological study of kinship in primitive Polynesia*, abridged by the author, with a preface by B. Manilowski, Stanford: Stanford University Press.
Fortune, R. (1935) *Manus Religion: an ethnological study of the Manus natives of the Admiralty Islands*, Philadelphia PA: American Philosophical Society.
——(1947) 'The Rules of Relationship Behaviour in One Kind of Primitive Society', *Man* 47: 108–10.
Freedman, M. (1966) *Chinese Lineage and Society: Fukien and Kwangtung*, London: Athlone Press.
Gay y Blasco, P. (2001) ' "We Don't Know Our Descent": how Gitanos manage the past', *Journal of the Royal Anthropological Institute* 7 (4): 631–47.
Geertz, C. (1973) *The Interpretation of Cultures: selected essays*, New York: Basic Books.
——(1988) *Works and Lives: the anthropologist as author*, London: Polity.
——(1993a) [1973] *The Interpretation of Cultures: selected essays*, New York: Basic Books.
——(1993b) 'Religion as a Cultural System', in *The Interpretation of Cultures: selected essays*, London: Fontana.
——(1995) *After the Fact: two countries, four decades, one anthropologist*, Cambridge MA: Harvard University Press.
Gingrich, A. and Fox, R. G. (eds) (2002) 'Introduction', in A. Gingrich and R. G. Fox (eds) *Anthropology, by Comparison*, London and New York: Routledge.
Gregor, T. (1980) [1977] *Mehinacu: the drama of life in a Brazilian Indian village*, Chicago and London: University of Chicago Press.
Gudeman, S. and Rivera, A. (1990) *Conversations in Colombia: the domestic economy in life and text*, Cambridge: Cambridge University Press.
Hart, K. (1973) 'Informal Income Opportunities and Urban Employment in Ghana', *The Journal of African Studies* 11(1): 61–89.
——(1998) 'The Place of the 1898 Cambridge Anthropological Expedition to the Torres Straits (CAETS) in the History of British Social Anthropology', presented at the conference 'Anthropology and Psychology: the Legacy of the Torres Strait Expedition, 1898–1998', St John's College, Cambridge, 10–12 August 1998.
——(2006) *African Enterprise and the Informal Economy: an autobiographical note*, available at http://www.thememorybank.co.uk/papers/african_enterprise
Helliwell, C. (1996) 'Space and Sociality in a Dayak Longhouse', in M. Jackson (ed.) *Things as They Are: new directions in phenomenological anthropology*, Bloomington and Indianapolis IN: Indiana University Press.
Herskovits, M. J. (1941) *The Myth of the Negro Past*, New York: Harper.
Herzfeld, M. (1985) *The Poetics of Manhood: contest and identity in a Cretan mountain village*, Princeton NJ: Princeton University Press.
Hill, P. (1963) *Migrant Cocoa Farmers of Southern Ghana*, Cambridge: Cambridge University Press.
Hobart, M. (1987) 'Summer's Days and Salad Days: the coming of age of anthropology?', in L. Holy (ed.) *Comparative Anthropology*, Oxford and New York: Blackwell.
Hodge, H. A. (1944) *Wilhelm Dilthey: an introduction*, London: Kegan Paul.
Hugh-Jones, C. (1979) *From the Milk River: spatial and temporal processes in Northwest Amazonia*, Cambridge: Cambridge University Press.
Hugh-Jones, S. (1979) *The Palm and the Pleiades*, Cambridge: Cambridge University Press.

Hunter, M. (1937) 'Bantu on European-owned Farms', in I. Scapera (ed.) *The Bantu-Speaking Tribes of South Africa*, London: Routledge and Kegan Paul.
Hutchison, S. E. (1996) *Nuer Dilemmas: coping with money, war and the State*, Berkeley: University of California Press.
Hymes, D. (ed.) (1974) *Reinventing Anthropology*, New York: Vintage Books.
Jackson, M. (1989) *Paths Toward a Clearing: radical empiricism and ethnographic inquiry*, Bloomington IN: Indiana University Press.
Junod, H. A. (1962) *The Life of a South African Tribe*, New York: University Books.
Kaberry, P. (1939) *Aboriginal Woman: sacred and profane*, London: Routledge.
Kaneff, D. (2004) *Who Owns the Past? The politics of time in a 'model' Bulgarian village*, Oxford: Berghahn.
Kondo, D. K. (1990) *Crafting Selves: power, gender, and discourses of identity in a Japanese workplace*, Chicago: University of Chicago Press.
Kucklick, H. (1991) *The Savage Within: the social history of British anthropology, 1885–1945*, Cambridge: Cambridge University Press.
Kuhn, T. (1962) *The Structure of Scientific Revolutions*, Chicago: University of Chicago Press.
Kulick, D. (1998) *Travesti: sex, gender and culture among Brazilian transgendered prostitutes*, Chicago: University of Chicago Press.
Latour, B. (1996) *Aramis or the Love of Technology*, Cambridge MA: Harvard University Press.
Lawrence, P. (1984) *The Garia: an ethnography of a traditional cosmic system in Papua New Guinea*, Manchester: Manchester University Press.
Leach, E. (1964) [1954] *Political Systems of Highland Burma: a study of Kachin social structure; with a foreword by Raymond Firth*, London: Athlone Press.
Lévi-Strauss, C. (1966) *La pensée sauvage (The Savage Mind)*, London: Weidenfeld and Nicolson.
——(1984) [1955] *Tristes Tropiques*, trans. John and Doreen Weightman, Harmondsworth: Penguin.
Lewis, I. M. (1989) *Ecstatic religion: an anthropological study of spirit possession and shamanism*, London: Routledge.
Majnep, I. S. and Bulmer, R. (1977) *Birds of My Kalam Country*, Auckland and Oxford: Auckland University Press and Oxford University Press.
Malinowski, B. (1927) *Sex and repression in savage society*, London: Routledge and Kegan Paul.
——(1967) [1957] 'Preface', in R. Firth, *We, The Tikopia: kinship in primitive Polynesia*, 2nd edn, Boston MA: Beacon Press.
——(1974) [1925] 'Myth in Primitive Psychology', in *Magic Science and Religion: and other essays*, London: Souvenir Press.
——(1978) [1922] *Argonauts of the Western Pacific: an account of native enterprise and adventure in the archipelagos of Melanesian New Guinea*, London and New York: Routledge and Kegan Paul.
Marcus, G. E. (1998) *Ethnography Through Thick and Thin*, Princeton NJ: Princeton University Press.
Mead, M. (1928) *Coming of Age in Samoa: a study of adolescence and sex in primitive societies*, New York: Morrow.
——(1963) [1935] *Sex and Temperament in Three Primitive Societies*, New York: Morrow.
Mead, M. and Baldwin, J. (1971) *A Rap on Race*, London: Michael Joseph.

Metraux, R. (2000) 'Resonance in Imagery', in M. Mead and R. Metraux (eds) *The Study of Culture at a Distance*, vol. I, New York: Berghahn.
Milton, K. (2002) *Loving Nature: toward an ecology of emotion*, London and New York: Routledge.
Moore, H. (1986) *Space, Text and Gender: an anthropological study of the Marakwet of Kenya*, Cambridge: Cambridge University Press.
Morgan, R. (2002) *Altered Carbon*, London: Gollancz.
Munn, N. (1992) *The Fame of Gawa: a symbolic study of value transformation in a Massim*, Cambridge: Cambridge University Press.
Nourse, J. (1996) 'The Voice of the Winds versus the Masters of Cure: contested notions of spirit possession among the Laujé of Sulawesi', *Journal of the Royal Anthropological Institute* (n.s.) 2, 425–43.
Obeyesekere, G. (1981) *Medusa's hair*, Chicago: University of Chicago Press.
Okely, J. (1983) *The Traveller-Gypsies*, Cambridge: Cambridge University Press.
Olwig, K. F. (1981) 'Women, "Matrifocality" and Systems of Exchange: an ethnohistorical study of the Afro-American family on St John, Danish West Indies', *Ethnohistory* 28(1): 59–77.
Ong, A. (1988) 'The Production of Possession: spirits and multinational corporation in Malaysia', *Annual Review of Anthropology* 15, 28–43.
Overing, J. (1985) 'Today I Shall Call Him Mummy', in J. Overing (ed.) *Reason and Morality*, London: Tavistock.
Parkin, D. (1972) *Palms, Wine, and Witnesses: public spirit and private gain in an African farming community*, San Francisco: Chandler Publishing Company.
Piasere, L. (1985) *Mare Roma: catégories humaines et structure sociale: une contribution à l'ethnologie Tsigane*, Paris: Etudes et Documents Balkaniques et Méditerranéens.
Pina-Cabral, J. de. (1992) 'Against Translation: the role of the researcher in the production of ethnographic knowledge', in J. de Pina-Cabral and J. Campbell (eds) *Europe Observed*, Basingstoke: Macmillan, in association with St Antony's College, Oxford.
Placido, B. (2001) 'It's All To Do With Words': an analysis of spirit possession in the Venezuelan cult of María Lionza', *Journal of the Royal Anthropological Institute* 7: 207–24.
Platt, T. (1997) 'The Sound of Light', in *Creating Context in Andean Cultures*, Oxford: Oxford University Press.
Radcliffe-Brown, A. R. (1979) *Structure and Function in Primitive Society: essays and addresses*, London: Cohen and West.
Rapport, N. (1993) *Diverse World-Views in an English Village*, Edinburgh: Edinburgh University Press.
——(1994) 'Trauma and Ego-Syntonic Response', in S. Heald and A. Deluz (eds) *Anthropology and Psychoanalysis*, London: Routledge.
Rattray, R. S. (1927) *Religion and Art in Ashanti*, Oxford: Clarendon Press.
Rivers, W. H. R. (1914) *The History of Melanesian Society*, vol. 1, Cambridge: Cambridge University Press.
——(1924) *Social Organization*, London: Kegan Paul.
Rosaldo, M. Z. and Lampher, L. (1974) 'Introduction', to M. Z. Rosaldo and L. Lamphere (eds) *Woman, Culture and Society*, Stanford: Stanford University Press.
Rosaldo, R. (1980) *Knowledge and Passion: Ilongot notions of self and social life*, Cambridge: Cambridge University Press.
——(1986) *When Natives Talk Back: Chicano anthropology since the late sixties*,

Tucson: University of Arizona, Mexican American Studies and Research Centre, Renato Rosaldo Lecture Series Monograph, vol. 2.

Rumsey, A. (2004) 'Ethnographic macro-tropes and anthropological theory', *Anthropological Theory* 4(3): 267–98.

Scheper-Hughes, N. (1992) *Death Without Weeping: the violence of everyday life in Brazil*, Berkeley: University of California Press.

Scheper-Hughes, N. and Sargent, C. (1998) 'Introduction', in N. Scheper-Hughes and C. Sargent (eds) *Small Wars: the cultural politics of childhood*, Berkeley: University of California Press.

Schieffelin, E. (1976) *The Sorrow of the Lonely and the Burning of the Dancers*, New York: St Martin's Press.

Sen, A. (1976) *Poverty and Famines: an essay on entitlement and deprivation*, Oxford: Clarendon Press.

Smith, M. G. (1962) *West Indian Family Structure*, Washington WA: Washington University Press.

Smith, R. T. (1998) [1956] *The Negro Family in British Guiana: family structure and social status in the villages*, London: Routledge.

Strathern, M. (1981) *Kinship at the Core: an anthropology of Elmdon, a village in north-west Essex in the nineteen sixties*, Cambridge: Cambridge University Press.

——(1984) 'Subject or Object? Women and the circulation of valuables in Highlands New Guinea', in R. Hirschon (ed.) *Women and Property, Women as Property*, London: Croom Helm.

——(1988) *The Gender of the Gift: problems with women and problems with society in Melanesia*, Berkeley: University of California Press.

——(1991) *Partial connections*, Savage MD: Rowman and Littlefield.

Talle, A. (1993) 'Transforming Women into "Pure" Agnates: aspects of female infibulation in Somalia', in V. Broch-Due, I. Rudie and T. Bleie (eds) *Carved Flesh, Cast Selves: gendered symbols and social practice*, Oxford: Berg.

Tambiah, S. J. (1990) *Magic, Science, Religion and the Scope of Rationality*, Cambridge: Cambridge University Press.

Tsing, A. L. (1993) *In the Realm of the Diamond Queen: marginality in an out-of-the-way place*, Princeton NJ: Princeton University Press.

Vogel, E. F. (1989) 'Preface', to R. Benedict, *The Chrysanthemum and the Sword*, Boston MA: Houghton Mifflin.

Wardle, H. (1999) 'Gregory Bateson's Lost World: the anthropology of Haddon and Rivers continued and deflected', *Journal of the History of the Behavioural Sciences* 35(4): 379–89.

——(2000) *An Ethnography of Cosmopolitanism in Kingston, Jamaica*, New York: Edwin Mellen.

Weber, M. (1962) 'The concept of social relationship', in *Basic concepts in sociology*, London: Peter Owen.

Weiner, A. B. (1976) *Women of Value, Men of Renown: new perspectives in Trobriand exchange*, Austin TX and London: University of Texas Press.

Wharton, E. (2006) [1920] *The Age of Innocence*, Oxford: Oxford University Press.

Whyte, W. F. (1943) *Street Corner Society*, Chicago: University of Chicago Press.

Williams, P. (2003) *Gypsy World: the silence of the living and the voices of the dead*, Chicago and London: University of Chicago Press.

How To Read Ethnography
by Huon Wardle and Paloma Gay y Blasco
ISBN: 978-0-415-32867-8
Copyright © 2007 Routledge, Taylor and Francis
All Rights Reserved.

Authorized translation from English language edition published by Routledge Inc., part of Taylor & Francis Group LLC.
本书原版由 Taylor & Francis 出版集团旗下 Routledge Inc. 出版公司出版，并经其授权翻译出版。版权所有，侵权必究。

East China Normal University Press is authorized to publish and distribute exclusively the Chinese (Simplified Characters) language edition. This edition is authorized for sale throughout Mainland of China. No part of the publication may be reproduced or distributed by any means, or stored in a database or retrieval system, without the prior written permission of the publisher.
本书中文简体翻译版授权由华东师范大学出版社独家出版并限在中国大陆地区销售，未经出版者书面许可，不得以任何方式复制或发行本书的任何部分。

Copies of this book sold without a Taylor & Francis sticker on the cover are unauthorized and illegal.
本书封面贴有 Taylor & Francis 公司防伪标签，无标签者不得销售。

Simplified Chinese translation copyright © 2022 East China Normal University Press Ltd.
All rights reserved.
上海市版权局著作权合同登记 图字：09-2018-705 号